MANUFATURA ENXUTA COMO ESTRATÉGIA DE PRODUÇÃO

Dalvio Ferrari Tubino

MANUFATURA ENXUTA COMO ESTRATÉGIA DE PRODUÇÃO

A chave para a produtividade industrial

SÃO PAULO
EDITORA ATLAS S.A. – 2015

© 2015 by Editora Atlas S.A.

Capa: Nilton Masoni
Composição: Set-up Time Artes Gráficas

Dados Internacionais de Catalogação na Publicação (CIP)
(Câmara Brasileira do Livro, SP, Brasil)

Tubino, Dalvio Ferrari
Manufatura enxuta como estratégia de produção: a chave para a produtividade industrial / Dalvio Ferrari Tubino – São Paulo: Atlas, 2015.

Bibliografia.
ISBN 978-85-97-00139-6
ISBN 978-85-97-00140-2 (PDF)

1. Administração da produção 2. Indústrias manufatureiras 3. Manufaturas – Controle de qualidade 4. Manufaturas – Inovações tecnológicas 5. Produtividade industrial I. Título.

15-05598
CDD-670

Índice para catálogo sistemático:

1. Manufatura : Engenharia de produção : Tecnologia 670

TODOS OS DIREITOS RESERVADOS – É proibida a reprodução total ou parcial, de qualquer forma ou por qualquer meio. A violação dos direitos de autor (Lei nº 9.610/98) é crime estabelecido pelo artigo 184 do Código Penal.

Depósito legal na Biblioteca Nacional conforme Lei nº 10.994, de 14 de dezembro de 2004.

Impresso no Brasil/*Printed in Brazil*

Editora Atlas S.A.
Rua Conselheiro Nébias, 1384
Campos Elísios
01203 904 São Paulo SP
011 3357 9144
atlas.com.br

Garota, eu vou para a Califórnia
Viver a vida sobre as ondas
Vou ser artista de cinema
O meu destino é ser star

(De Repente, Califórnia, Lulu Santos e Nelson Motta)

SUMÁRIO

Prefácio, xiii

1   A estratégia de produção enxuta, 1
1.1   Introdução, 1
1.2   Estratégias Competitivas e Sistemas de Produção, 4
1.3   A Manufatura Enxuta como uma Estratégia Competitiva, 9
1.4   Limites da Estratégia de Produção Enxuta, 16

2   Princípios da manufatura enxuta, 19
2.1   Introdução, 19
2.2   Melhorias Contínuas, 21
2.3   Eliminar Desperdícios, 28
    2.3.1   Desperdícios de Superprodução, 29
    2.3.2   Desperdícios de Estoque, 31
    2.3.3   Desperdícios de Transporte, 32
    2.3.4   Desperdícios de Espera, 33
    2.3.5   Desperdícios de Processamentos Desnecessários, 35
    2.3.6   Desperdícios de Movimentos Improdutivos, 36
    2.3.7   Desperdícios de Elaborar Produtos Defeituosos, 38
    2.3.8   Desperdício Intelectual, 39
2.4   Práticas da Manufatura Enxuta, 40

3   Análise da demanda e nivelamento do PMP, 49
3.1   Introdução, 49
3.2   Importância da Previsão da Demanda na Organização do Sistema Produtivo, 51
3.3   Entendendo as Características da Demanda na Estratégia da Diferenciação, 58
3.4   Nivelamento do Plano-mestre à Demanda, 69
3.5   Demanda e Parcerias de Longo Prazo, 84

viii MANUFATURA ENXUTA COMO ESTRATÉGIA DE PRODUÇÃO • Tubino

4 Produção em fluxo, 93
4.1 Introdução, 93
4.2 Focalização da Produção, 96
4.3 Células de Manufatura, 109
4.4 Linhas de Montagem, 117

5 Balanceamento dos centros de trabalho e polivalência, 131
5.1 Introdução, 131
5.2 Demanda, 135
5.3 Tempo de Ciclo e *Takt time*, 136
5.4 Operações-padrão, 142
5.5 Rotina de Operações-padrão, 148
5.6 Estoques dentro do Centro de Trabalho, 163
5.7 Polivalência, 167

6 Programação puxada pelo cliente, 175
6.1 Introdução, 175
6.2 Programação Puxada *versus* Empurrada, 179
6.3 Dispositivos da Programação Puxada, 187
    6.3.1 Cartão *Kanban*, 187
    6.3.2 Quadro ou Painel *Kanban*, 196
    6.3.3 Supermercado e Contenedores, 200
6.4 Dimensionamento dos Supermercados, 210
6.5 Regras Básicas da Programação Puxada, 224

7 Redução no tamanho dos lotes, 227
7.1 Introdução, 227
7.2 Formação dos *Lead Times* Produtivos, 230
    7.2.1 Redução nos Tempos de Esperas para Programação, 235
    7.2.2 Redução nos Tempos de Espera na Fila, 236
    7.2.3 Redução nos Tempos de Espera Dentro do Lote, 240
    7.2.4 Redução nos Tempos de Inspeção, 245
    7.2.5 Redução nos Tempos de Transporte, 251
7.3 Teoria do Lote Econômico, 253

8 Redução dos tempos de preparação, 271
8.1 Introdução, 271
8.2 Eliminação dos *Setups* via Desenvolvimento Enxuto de Produtos, 276
8.3 Troca Rápida de Ferramentas TRF, 284
    8.3.1 Identificar e Separar as Atividades de *Setup* e Eliminar as Desnecessárias, 286
    8.3.2 Converter as Atividades do *Setup* Interno em *Setup* Externo, 297
    8.3.3 Simplificar e Melhorar Pontos Relevantes para o *Setup*, 301
    8.3.4 Montar Rotina de Operações-padrão com *Checklist* para o *Setup*, 307

Bibliografias históricas citadas, 315

GLOSSÁRIO DE SIGLAS E ABREVIATURAS

A – Custo Unitário de Preparação

APS – Sistema de Programação Avançada (sequenciador)

C – Custo Unitário da Peça

CCQ – Círculo de Controle da Qualidade

CD – Custo Direto

CEP – Controle Estatístico de Processo

CIM – Manufatura Integrada pelo Computador

CM – Custo de Manutenção de Estoques

CP – Custo de Preparação

CT – Custos Totais (ou Centro de Trabalho)

D – Demanda

d – Taxa de Demanda

DEP – Desenvolvimento Enxuto de Produtos

ERP – Planejamento dos Recursos da Empresa

GBO – Gráfico de Balanceamento Operacional

I – Taxa de Encargos Financeiros sobre os Estoques

JIT – Justo no Tempo

Kp – *Kanban* de Produção

Kpa – *Kanban* de Peças Acabadas

Kpc – *Kanban* de Peças Componentes

Km – *Kanban* de Movimentação

Kmp – *Kanban* de Matérias-primas

LT – *Lead Time* ou Tempo de Atravessamento

m – Taxa de Entrega

MASP – Método de Análise e Solução de Problemas

ME – Manufatura enxuta

MFV – Mapa do Fluxo de Valor

MP – Matérias-primas

MRP – Planejamento das Necessidades de Materiais

MTM – Medição do Tempo Através do Método

N – Número de Preparações

ND – Número de Dias de Estoque

NK – Número de *Kanbans*

NKamarelo – Número de *Kanbans* na Faixa Amarela

NKverde – Número de *Kanbans* na Faixa Verde

NKvermelho – Número de *Kanbans* na Faixa Vermelha

NQA – Nível de Qualidade Aceitável

OB – Ordens de Beneficiamento

OC – Ordens de Compra

OCT – Tempo de Atravessamento do Lote

OF – Ordens de Fabricação

OJT – Treinamento no Chão de Fábrica

OM – Ordens de Montagem

OTED – Troca em um Único Toque

PA – Produtos Acabados

PC – Peças Componentes

PCP – Planejamento e Controle da Produção

PDCA – Planejar, Executar, Acompanhar e Avaliar e Agir Corretivamente

PMP – Plano-mestre de Produção

PT – Professor Tubino

Q – Tamanho do Lote

Q* – Lote Econômico

Qm – Estoque Médio
RM – Requisições de Materiais
ROP – Rotina de Operações-padrão
S – Fator de Segurança
SMED – Troca de Ferramentas em um Simples Minuto
SMPA – Supermercado de Peças Acabadas
SMPC – Supermercado de Peças Componentes
SMMP – Supermercado de Matérias-primas
STP – Sistema Toyota de Produção
TC – Tempo de Ciclo
TCC – Trabalho de Conclusão de Curso
TD – Tempo Disponível de Produção ou Trabalho
TI – Tecnologia da Informação
TK – *Takt Time*
TMA – Taxa de Mínima Atratividade
Tmov – Tempo Total de Movimentação
Tprod – Tempo Total de Atravessamento da Produção
TQC – Controle de Qualidade Total
TOC – Teoria das Restrições
TRF – Troca Rápida de Ferramentas
TX – Taxa de Produção
UFRGS – Universidade Federal do Rio Grande do Sul
UFSC – Universidade Federal de Santa Catarina
WIP – Estoque em Processo (*Work in Process*)

PREFÁCIO

Entrei para o Departamento de Engenharia de Produção e Sistemas (EPS) da Universidade Federal de Santa Catarina (UFSC) em março de 1980. Logo no início, tive a sorte de ser escalado para dar as disciplinas chamadas então de gestão da produção e gestão de materiais. Nessa época, acho que no final de 1984, um colega meu, o Professor Júlio, bateu na minha porta e perguntou se eu não queria, para minhas aulas de gestão de materiais, ficar com uma cópia do livro do Monden, Sistema Toyota de Produção (STP), que ele acabara de trazer de um curso realizado em São Paulo. Tinha lá um negócio chamado sistema *kanban*; ele me disse que talvez me interessasse. A vida é simples e conectada por atos simples como estes. Não só me interessou o assunto da Toyota, como acabou direcionando toda a minha carreira profissional até a aposentadoria em agosto de 2013, quando finalmente tive um tempo livre para colocar as ideias em ordem e escrever este livro.

Nele procuro apresentar em oito capítulos o que aprendi nestes 33 anos de Professor Tubino com relação à gestão da produção, produtividade e manufatura enxuta (ME). É no fundo um livro autobiográfico, pois resume minha carreira de professor e as experiências práticas que tive, a grande maioria delas na área industrial. Tudo o que coloco neste livro foi vivenciado por mim, com exceção de dois ou três exemplos clássicos do Monden e do Shingo que não poderiam faltar. Práticas que não tive a oportunidade de aplicar mais a fundo, como a manutenção produtiva total, deixei de fora, mesmo sendo muito relevantes na nossa área. Aviso que este não é um livro teórico simplesmente, mas um livro onde cada teoria, ou prática, apresentada foi testada por mim em diferentes ambientes industriais. O título foi intencionalmente escolhido para deixar claro meu ponto de vista sobre ME, ou *lean*, se preferirem pensar dessa maneira, pois, como defendo há algum tempo, a ME é uma estratégia de produção focada na diferenciação, baseada em um conjunto de práticas, oriundas do STP, cujo objetivo é melhorar continuamente o sistema produtivo por meio da eliminação das atividades que não agregam valor ao cliente, chamadas hoje em dia de desperdícios. Discuto os principais pontos dessa minha definição e suas limitações nos Capítulos 1 e 2. Espero com esses capítulos colocar um pouco de ordem acadêmica na definição de ME.

No restante do livro explico como essa estratégia de produção deve ser desdobrada em táticas e operações no chão de fábrica para gerenciar os recursos de produção (pessoas, máquinas e materiais). Nesses capítulos emprego uma figura para facilitar a explicação da ME com foco na dinâmica de planejamento e programação dos recursos de produção, que chamo de ciclo virtuoso da ME. Apesar de ser um ciclo em que cada um dos pontos leva à melhoria dos outros, sua dinâmica pode ser explicada a partir do entendimento da demanda neste tipo de estratégia de produção. Logo, começo no Capítulo 3 com vários exemplos práticos das características da demanda na estratégia da diferenciação e seu potencial de nivelamento no plano-mestre de produção. Com a demanda nivelada em pequenos lotes no plano-mestre de produção, vamos obter também reduções nos lotes de programação, abordadas nos Capítulos 7 e 8. Essa programação em pequenos lotes, por sua vez, irá facilitar a disseminação da programação puxada com base em supermercados, tema do nosso Capítulo 6. Esses supermercados, por outro lado, darão mais rapidez e flexibilidade à produção, discutidas nos Capítulos 4 e 5. Sendo rápido e flexível (são os critérios ganhadores de pedido na estratégia de produção focada na diferenciação, discutidos no Capítulo 1), podemos nivelar melhor a demanda, que leva a nova redução nos lotes de programação, na implantação de supermercados etc. etc. Esse é o ciclo virtuoso da ME alavancando nossa estratégia produtiva, sendo que no meio dele estão pessoas planejando e decidindo com base na gestão a vista, e voltando para casa com a sensação de que fazem parte da solução dos problemas, como ressaltaremos com exemplos práticos em todos os capítulos.

Dado que engenheiro gosta muito de regras em livros, para não ficar para traz, criei também as minhas. São apenas oito regras do Professor Tubino (PT1 a PT8), uma para cada capítulo. Apesar de não serem pragmaticamente 10 regras, espero ficar famoso, pois se não ajudarem no chão de fábrica, pelo menos servem muito bem para verificar seu estado de humor. Se você não rir e ficar curioso para ler os meus capítulos é porque seu estado de espírito não está bom. Relaxe, pois a vida é curta, vá dar uma volta, tome um café ou um "chima" e só retorne ao nosso livro quando achar que essas regras são boas para darmos umas risadas, e ao mesmo tempo entender o que é manufatura enxuta e o que ela pode fazer pela sua fábrica. São elas:

PT1 – *Uma cosa é uma cosa, outra coisa é uma cosa bem diferente*: a Manufatura Enxuta é uma estratégia de produção para os sistemas repetitivos em lotes.

PT2 – *Desculpe Taylor, você estava certo*: o importante é manter as pessoas trabalhando, nem que para isso tenhamos que reduzir seu ritmo padrão e distribuir parte do lucro.

PT3 – *Deu a louca no PCP*: o que se vende muito se produz pouco, o que se vende pouco se produz muito.

PT4 – *Tempos Modernos: máquinas param, pessoas, não*: pessoas são custos fixos mensais, máquinas são custos variáveis por produção.

PT5 – *CIM: o último a sair apaga a luz*: na estratégia da diferenciação, são as pessoas que comandam a fábrica.

PT6 – *Kepler e sua navalha*: a natureza é por si mesma econômica, optando invariavelmente pelo caminho mais simples.

PT7 – *Elvis está vivo*: o conceito de lote econômico continua válido, pois, na maioria das vezes, não é viável o lote unitário.

PT8 – *Não durma no ponto*: o melhor *setup* é o que não existe, pois direciona o lote econômico para a unidade.

Ressalto que procurei escrever este livro de uma forma mais livre em relação aos meus livros anteriores, com uma linguagem menos formal, como se estivesse contando uma história em sala de aula para meus alunos ou na fábrica para os colaboradores. Todo o material teórico escrito e os casos práticos de aplicação relatados são resultado, vamos chamar assim, do acúmulo de conhecimento de minha vida acadêmica incorporado às minhas aulas. Com raras exceções, a teoria que apresento não foi criação minha; nestes 33 anos de universidade devo ter lido o que escrevi em algum outro livro, ou em uma tese ou dissertação, em um artigo de congresso, ou simplesmente obtido através de uma conversa com outros colegas de área. Já me antecipo nas desculpas por não ter feito as devidas referências, não tenho uma boa memória. Na verdade, minha ideia inicial era que este fosse um livro de "autoajuda" para a gestão da fábrica; tinha pensado inclusive em colocar um título do tipo "duas ou três coisas que o engenheiro de produção precisa saber sobre produtividade", ou algo parecido. Busquei escrever apenas o básico que, segundo meu ponto de vista, funciona, pois vivenciei sua aplicação, em alguns casos como na programação puxada (e empurrada) em muitas oportunidades. E para dar ênfase de que por trás das práticas implantadas existiam pessoas de verdade, em alguns pontos do livro usei o recurso de citar o nome de colaboradores das empresas que atuaram nessas implantações. Na realidade, todas essas aplicações foram realizadas em grupos de melhorias; logo, ao ler um nome de um colega da sua empresa sinta-se também citado, pois a referência se estende ao grupo como um todo.

É claro que, apesar de este livro ter sido escrito por mim, nele estão as contribuições de muitas pessoas que de forma direta ou indireta fizeram parte destes meus 33 anos de ensino, pesquisa e extensão, a começar pelos meus alunos, perto de 5.000 pelas minhas contas (33 anos × seis turmas/ano × 25 alunos/turma), sendo mais de 60 em orientações de mestrado e doutorado, que sofreram na minha mão, uns mais, outros menos, à medida que fui melhorando minhas aulas, orientações e materiais didáticos. Agradeço também aos meus colegas e funcionários do EPS da UFSC, pois não poderia ter vivido em um ambiente profissional mais tranquilo e estimulante para colocar em prática minhas ideias, pois sempre tivemos no EPS muita liberdade para seguir nossas vocações. Aos colegas peço desculpas pelas piadas inoportunas nas reuniões e por nunca ter me candidatado a chefe de departamento, pois considerava um piano muito pesado para ser carregado por alguém que não gostava nada de fazer política, requisito que o cargo exige.

Quero agradecer em especial a três professores doutores ligados ao meu Laboratório de Simulação em Sistemas de Produção (LSSP) que, se tivessem tempo, poderiam eles mesmos ter escrito este livro, pois não só discutimos e preparamos muito material didático para nossas aulas em conjunto, como passamos por todas as experiências práticas relatadas neste livro em parceria nestes últimos 15 anos, além é claro de horas e horas em aeroportos e estradas engarrafadas conversando sobre a vida, o que nos tornou grandes amigos. Logo, agradeço a minha colega Silene Seibel, atualmente professora do Centro de Artes (CEART) da UDESC, com grande experiência na indústria têxtil, inclusive como Diretora Industrial, e um dom especial em conduzir reuniões e traçar planos e metas exequíveis, por ter me levado da teoria à prática na

ME. Agradeço também ao meu colega Gilberto Andrade, atualmente professor do Departamento de Aquicultura da UFSC, por seu entusiasmo e dedicação em se envolver sempre em novos projetos, agora no campo das microalgas. Lembro-me de sua grande disposição no nosso primeiro sistema *kanban* em uma malharia, quando tivemos que adaptar muitas coisas que não eram uma "Toyota". E fechando essa trinca *lean* de amigos, tenho que agradecer ao colega Glauco Silva, o mais novo da turma. Se a Silene fez dourado comigo e o Gilberto fez mestrado e doutorado, o Glauco, que chegou depois, se superou, não só fez mestrado e doutorado comigo, como passou no concurso do EPS para a minha vaga e assumiu as minhas disciplinas de PCP, o LSSP e a tutela do Glean. Que sorte nossos alunos tiveram! Durmo tranquilo, pois sei que eles estão em boas mãos.

Não posso também deixar de agradecer às empresas que nos permitiram aplicar as práticas da ME relatadas neste livro, pois na engenharia de produção o chão de fábrica é nosso laboratório, e sempre que nos deram oportunidades, buscamos testar e aprimorar nossos conhecimentos, em geral com bons resultados. Ressalto que no texto do livro sempre faço referência à situação anterior encontrada na empresa, e a como ficou após o grupo de melhorias da empresa ter implantado a prática enxuta naquele momento em que estávamos ajudando no processo. Muito provavelmente, em função da própria dinâmica de melhorias das empresas, essa situação já foi modificada para melhor. Meus comentários no texto unindo a teoria à prática, como não poderia deixar de ser, são sempre elogiosos à empresa e aos amigos com quem tive oportunidade de conviver nesse período de aprendizado mútuo. Creio ser um importante fator motivacional ao leitor, nossos alunos em geral, saber que em Joinville (SC), Jaraguá do Sul (SC), Mandaguari (PR), Apiúna (SC), Indaial (SC), Braço do Norte (SC), entre outras cidades do sul do Brasil, existem empresas inovadoras tanto quanto as que lemos em livros japoneses, europeus ou americanos. Não deixamos nada a desejar, essa é também uma mensagem importante que gostaria de passar com este livro.

Em algumas empresas, por falta de tempo, ou ainda por não termos a experiência necessária na época, aplicamos algumas técnicas de forma isolada. Contudo, à medida que fomos ganhando experiência e cabelos brancos, em algumas delas nos foi possível pensar durante vários anos a ME como uma estratégia de produção integrada, e acompanhar seus resultados, conforme os exemplos que serão descritos no livro e sem os quais a teoria relatada não faria sentido. Logo, agradeço em especial ao Grupo Romagnole, fundado pelos irmãos Vicente e Álvaro Romagnole em Mandaguari no norte central do estado do Paraná, presidido atualmente pelo Alexandre Romagnole. Nas três unidades de negócios do grupo (transformadores, ferragens eletrotécnicas e artefatos de concreto) encontrei sempre pessoas dispostas e motivadas que ao final de oito anos de relacionamento considero como grandes amigos. Meus agradecimentos também aos amigos colaboradores da Brandili Têxtil, empresa fundada pela Dona Lili, que tive o prazer de conhecer, e seu marido Carl Heinz Brandes, em Apiúna, cidade do alto vale do Itajaí, SC. Na Brandili tivemos a oportunidade de participar e acompanhar de perto durante muitos anos, conforme os vários exemplos relatados neste livro, o crescimento da empresa no segmento de moda infantil, onde hoje ocupa um lugar de destaque. E, não posso deixar de agradecer também aos amigos colaboradores da INMES Industrial, fabricante inovadora de máquinas para a indústria moveleira, situada em Braço do Norte, sul de SC. Desde nosso primeiro contato, sentimos que o Silvio Bianchini (e seu irmão Charles) e o Gustavo Schlickmann (e seu irmão Cleyton), jovens empreendedores, compartilhavam nossa visão de organização de fábrica voltada para a ME, o que facilitou a implantação de uma série de mudanças no chão de fábrica, algumas delas relatadas neste livro.

Não posso deixar de fazer também um agradecimento especial às pessoas com as quais convivi neste processo de implantação da ME. Já peço desculpas, pois é claro, não vou me lembrar de todas elas. Um grande abraço aos meus amigos da Romagnole, em especial ao Ayrton Bardeja e Roberto Tarellho, sempre presentes nas soluções e apaixonados pela ME, assim como ao Dalbem, Michel, Alexandre, Rosimar, Xavier. André, Dogani, Valdinéia, Paulo Henrique, Yugo Yokoo, Valdeclei, Nelson, Florisvaldo, Alcides, Alysson, Décio, Hélio, Buenos, Luciano, entre outros. Agradeço também aos amigos que fiz nas empresas da área têxtil, setor que posso dizer hoje em dia que conheço bem. Um abraço ao Luiz Felipe Cherem e ao Mauro Coutinho, bem como ao Blanes, Diego, Emerson, Ernani, Fábio, Saul, Márcia, Josemar e Rodrigo. Já para meu amigo Zigfrid, um aperto de mão, e abraços ao Alvin, Dieter, Fischer, Rubens, Sílvio, Débora, Karina, Ivo, Garcia, Marines, Lucas, Alexandre, Andrei, Marciel, Bruno, Vilson, Martin, e muitos outros. Um abraço também à turma de colaboradores do Gustavo em Braço do Norte, ao Marcos, Luciano, Thiago, Felipe, Maichel e Cleyton, entre outros. Agradeço também ao Jonhann pela confiança depositada, e ao Walter Kohls e ao Fernando Tank pela vibração com o desafio que enfrentamos; ao Paulo, Márcio, Sandro, Valter, Uilson e ao Professor Dalla da UDESC, bem como ao Marlon, Edson, Alexandre e a muitos outros que me faltam à memória. Obrigado a todos, este livro não seria completo sem a participação de vocês.

Finalmente, agradeço a Editora Atlas por me apoiar em mais esta iniciativa. Temos um ótimo relacionamento desde 1997, quando editaram meu primeiro livro de planejamento e controle da produção.

E para encerrar este prefácio gostaria de explicar o que o verso do Lulu Santos "viver a vida sobre as ondas" faz na minha dedicatória deste livro sobre fábrica, produtividade e ME. O fato é que sem a prática do *surf* eu não teria levado a vida que vivi, pois 10 anos antes de o livro do STP aparecer na minha frente, em 1974, mais precisamente no feriado de páscoa que passei em Santos com meus colegas da EPCAR de Barbacena (sim, fui menino em Barbacena), subi pela primeira vez em uma prancha de *surf* (marca Gledson, pelo que me lembro). E isso mudou a minha vida, e com este livro talvez mude a sua. De forma que cheguei a Florianópolis em janeiro de 1979, com todo o meu patrimônio na bagagem: um diploma de engenharia metalúrgica recém-conquistado na UFRGS e uma moto CG 125 da Honda, comprada com um estágio na Siderúrgica Riograndense. Vim atrás do meu sonho: morar na praia e pegar ondas. Se eu não podia ser artista de cinema e ir para a Califórnia viver a vida sobre as ondas, como cantava o Lulu, pelo menos com o meu diploma de engenheiro eu podia fazer o mestrado em engenharia de produção e, assim que abrisse a siderúrgica (planejada na época pelo governo federal) em Imbituba, buscar uma vaga por lá.

Até hoje os terrenos na beira da BR 101 em Imbituba estão vazios nos esperando (eu e a siderúrgica), confirmando a grande vocação empreendedora de nossos governos e políticos, herdada dos tempos do meu conterrâneo Getúlio. Mas, como sou um cara de sorte, em março de 1980, com o mestrado já encaminhado, fiz concurso e entrei no EPS, que estava precisando de professores. Virei Professor Tubino, coisa que nunca tinha pensado em ser. Em 1981, mestre. Em 1994, doutor. Agora aos 60 anos sou aposentado e com tempo para, finalmente, levar com calma meu pranchão para a Praia Mole, onde moro e, na volta, sem pressa de chegar à minha aula de PCP das 13:30h, terminar de escrever este livro, o qual dedico ao *surf* (agora em 2014 com um campeão mundial), este esporte que oxigena o cérebro e o pulmão e que me dá um pique extra para tocar essa melhor idade, a famosa idade do "condor".

E por aqui fico, me sentindo com o dever cumprido; creio que não voltarei a escrever mais sobre engenharia de produção, pois o que aprendi procurei repassar neste livro, fechando minha carreira docente. Devolvo à sociedade tudo o que aprendi, pois sempre estudei em escolas públicas e devia este retorno à sociedade. Passo a bola agora para vocês. Boa leitura!

Professor Dalvio Ferrari Tubino, Dr. (Dezembro de 2014)

1

A ESTRATÉGIA DE PRODUÇÃO ENXUTA

Regra PT1

Uma *cosa* é uma *cosa*.
Outra coisa é
uma *cosa* bem diferente!

A manufatura enxuta é uma
estratégia de produção para os
sistemas repetitivos em lote!

1.1 Introdução

A teoria sobre planejamento estratégico, estratégia competitiva e a função de produção já é bem conhecida. Neste primeiro capítulo será apresentado um resumo destes conceitos de planejamento estratégico que iremos unir ao de manufatura enxuta (ME) no sentido de definir uma estratégia de produção como uma "Estratégia de Produção Enxuta", pois segundo nosso entendimento, quando falamos em ME, estamos falando em uma teoria sobre uma determinada estratégia de produção, ou seja, da diretoria no chão do escritório aos colaboradores no chão de fábrica, todos devem entender o que, como e por que (vamos deixar o "por quanto" para mais adiante) as práticas enxutas devem ser implantadas. Inclusive, a maioria dessas práticas afeta não só decisões na produção, como também nas demais áreas da empresa, principalmente marketing, finanças e recursos humanos e, portanto, devem ser entendidas por todos na empresa como uma estratégia de produção.

Por definição, na guerra do mundo corporativo, o processo de planejamento estratégico tem por objetivo maximizar os resultados das operações e minimizar os riscos nas tomadas de decisões das empresas. Os impactos das decisões estratégicas são de longo prazo e afetam a natureza e as características das empresas no sentido de garantir o atendimento de sua missão/visão. Para efetuar um planejamento estratégico, a empresa deve entender os limites de suas forças e habilidades no relacionamento com o meio ambiente, de maneira a criar vantagens competitivas em relação à concorrência, aproveitando-se de todas as situações que lhe trouxerem ganhos. A implantação das práticas da ME é uma delas.

Este processo de planejamento estratégico começa com a definição da missão/visão corporativa, conforme pode ser visto na Figura 1.1, e se desdobra em três níveis hierárquicos subsequentes: o nível corporativo, o nível da unidade de negócios e o nível funcional. O nível corporativo define estratégias globais, a chamada estratégia corporativa, apontando as áreas de negócios nas quais a empresa irá participar e a organização e distribuição dos recursos para cada uma dessas áreas ao longo do tempo, com decisões que não podem ser descentralizadas. O nível da unidade de negócios é uma subdivisão do nível corporativo, no caso de a empresa atuar com unidades de negócios semiautônomas. Cada unidade de negócios terá uma estratégia de negócios, também chamada de estratégia competitiva, definindo como o seu negócio compete no mercado, o desempenho esperado e as estratégias que deverão ser conduzidas pelas áreas operacionais para sustentar tal posição. O terceiro nível é o da estratégia funcional. Nesse nível, estarão descritas as políticas de operação das diversas áreas funcionais da empresa, consolidando as estratégias corporativa e competitiva.

Como resultados da definição de uma estratégia funcional são gerados os planos de ação dentro das áreas funcionais da empresa. No caso da função de produção, temos o plano estratégico de produção para montar a fábrica, buscando recursos humanos e materiais, o plano tático de produção (conhecido como plano-mestre de produção ou PMP) para planejar o uso desta fábrica montada com esses recursos e, por fim, a programação da produção, que irá disparar uma determinada forma de operação para acionamento desses recursos.

Figura 1.1   A manufatura enxuta e sua abrangência estratégica

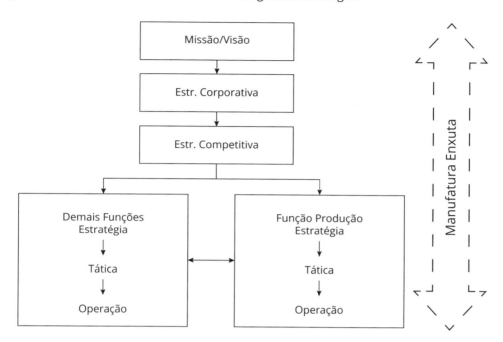

Como as práticas da ME são bastante simples, de fácil entendimento, e na maioria das vezes de fácil aplicação (espero que ao final do livro você concorde comigo), cabe ressaltar dois pontos quanto à ME, conforme apresentado na Figura 1.1, que fazem dela muito mais do que um *pensamento* a ser disseminado pela fábrica:

✓ primeiro, sua profundidade: por ser uma estratégia, começa com a definição da Missão/Visão do negócio em que a empresa está ou vai entrar, passa pela estratégia corporativa e competitiva e adentra na montagem da fábrica e sua operação;

✓ segundo, sua amplitude: ela é colocada em prática como uma estratégia competitiva, logo afeta, e muito, as demais funções da empresa, principalmente marketing e finanças, quebrando famosos paradigmas na demanda e em custos, e sem o entendimento e ajuda deles quanto à estratégia competitiva que se está buscando adotar, não vamos competir com ninguém.

Dito isto, vamos em frente para discutir as diferentes estratégias competitivas que uma empresa pode escolher para montar seu sistema de produção e explicar o que isto tem a ver com a ME.

1.2 Estratégias Competitivas e Sistemas de Produção

A estratégia competitiva, ou estratégia da unidade de negócios, se preocupa em propor como os diferentes negócios da empresa irão competir no mercado, através da escolha de uma determinada posição competitiva, conforme ilustrado na Figura 1.2. A escolha por uma determinada estratégia competitiva define a alocação de recursos e as habilidades organizacionais necessárias para a produção dos bens e/ou serviços oferecidos ao mercado. Dessa forma, uma determinada gama de custos produtivos gera um conjunto de benefícios (bens e/ou serviços) para os clientes. A opção custo/benefício tomada pela empresa irá competir com as demais opções dos concorrentes no mercado. Os clientes, por sua vez, ao perceberem as vantagens e desvantagens de cada oferta, definirão a margem de lucro aceitável e o volume de vendas para atender as suas necessidades. Assim sendo, a melhor relação entre margem de lucro e volume vendido definirá a escolha por determinada estratégia competitiva. Normalmente, a margem de lucro é inversamente proporcional ao volume vendido.

Figura 1.2   A escolha por uma posição competitiva

Em teoria, existem três estratégias empregadas pelas empresas na competição pelo mercado que levam à obtenção de margens de lucro e volumes de vendas diferentes, bem como possuem custos para a empresa e oferecem benefícios para os clientes também diferenciados. Essas estratégias são geralmente chamadas de liderança de custos, diferenciação e focalização. A Figura 1.3

ilustra a relação dessas três estratégias competitivas com os sistemas produtivos, os benefícios para os clientes, os custos para a empresa, as margens de lucro e os volumes de vendas.

Figura 1.3   A escolha por uma posição competitiva

Estratégias Competitivas	Sistemas de Produção	Benefícios para Clientes	Custos para Empresa	Margens de Lucro	Volumes de Vendas
Lideranças de Custos	*Em Massa*	Menores	Baixos	Pequenas	Grandes
Diferenciação	*Repetitivo em Lotes*	Médios	Médios	Médias	Médios
Focalização	*Sob Encomenda*	Maiores	Altos	Grandes	Pequenos

Na liderança de custos, a empresa, ou uma de suas unidades de negócios, deverá buscar a produção ao menor custo possível, preservando é claro a qualidade do produto, podendo com isso praticar os menores preços do mercado e aumentar seu volume de vendas. Quando se opta por essa estratégia, se monta um sistema produtivo chamado, em geral, de produção em massa. Na estratégia de diferenciação se busca melhorar algumas características do produto que sejam mais valorizadas pelos clientes. Nesse sentido, não desprezando as questões referentes a custo para este volume de produção, pode-se trabalhar em cima da qualidade diferenciada do produto, da imagem da marca, da assistência técnica, da entrega imediata e pontual de certa variedade etc., procurando diferenciar seus produtos e com isto obter uma margem maior de lucro. Essa estratégia é praticada pelo sistema de produção repetitivo em lotes. Já na terceira estratégia, a de focalização, a empresa deverá focar suas habilidades em um determinado grupo de clientes e com isto atendê-los melhor do que os demais competidores do mercado oferecendo-lhes exclusividade no projeto e fabricação do produto. É a estratégia aplicada ao sistema de produção chamado de sob encomenda.

Antes de associar a estratégia da produção enxuta a um desses sistemas cabe detalhar um pouco mais que características, ou critérios de desempenho, se obtêm nos sistemas produtivos montados com base em cada uma das estratégias competitivas, ressaltando que em geral qualquer produto pode ser fabricado dentro dessas três estratégias. Por exemplo, uma camiseta de malha pode ser fabricada em um processo em massa (camisetas básicas brancas), em um processo em lotes (camisetas com cores e/ou estampas variadas), ou ainda, em um processo sob encomenda (algumas camisetas com cor e/ou estampa exclusiva). O mesmo vale para automóveis (têm-se fábricas de 100 a 150 mil carros padrões por ano, de 18 mil utilitários esportivos por ano e, ainda, de 400 esportivos de luxo por ano), motores elétricos (padrões para linha branca, variados para motobombas, ou exclusivos para mover comportas de hidroelétricas), cervejas etc. etc.

Então, que características ou critérios de desempenho se obtém de um sistema produtivo quando se monta uma fábrica para atuar em determinada estratégia competitiva? A Figura 1.4 ajuda a ilustrar esse ponto. O sistema de produção em massa é montado para altos volumes de produção e demanda, enquanto que o sistema de produção sob encomenda busca um volume de produção baixo (até unitário) para acompanhar a pequena demanda. Entre esses dois extremos têm-se os sistemas de produção repetitivos em lotes que precisam atender a uma demanda média de itens variados. Por exemplo, a estampa de um tecido, ou malha, pode ser feita em um processo rotativo contínuo para grandes lotes uniformes, em um processo de lotes repetitivos em máquinas com vários quadros (um para cada cor) trocados a cada mudança de estampa, ou, ainda, com máquinas *plotters* para fazer estampas exclusivas.

Figura 1.4   Variações nos critérios de desempenho dos sistemas produtivos

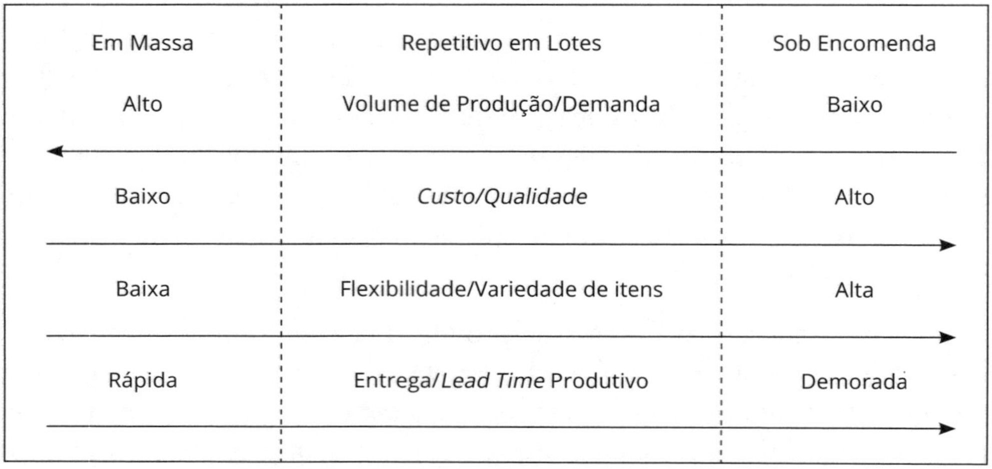

Em Massa	Repetitivo em Lotes	Sob Encomenda
Alto	Volume de Produção/Demanda	Baixo
Baixo	*Custo/Qualidade*	Alto
Baixa	Flexibilidade/Variedade de itens	Alta
Rápida	Entrega/*Lead Time* Produtivo	Demorada

Como consequência, tem-se uma redução de custos (e em geral de qualidade, pelo menos aos detalhes do produto) na medida em que se utilizam recursos produtivos, muitas vezes automatizados, voltados para a produção/demanda em grade escala, com menos envolvimento das pessoas e melhor aproveitamento de matérias-primas e insumos. Como já é bem conhecido por todos, os custos fixos de uma fábrica são diluídos pela quantidade produzida. Seguindo o exemplo da estamparia, o custo por peça estampada (e a qualidade da estampa) de uma máquina rotativa é muito menor do que o de uma máquina de quadros, assim como esse é menor do que o custo (e a qualidade da estampa) gerado por uma *plotter*. Esse custo pode ser até de zero, no limite da produção em massa, no caso da camiseta padrão branca, sem estampa.

Da mesma forma, quando olhamos para os critérios de flexibilidade e variedade de itens que podem ser produzidos em um sistema produtivo, eles se reduzem na medida em que se migra do sistema sob encomenda para o repetitivo em lotes, bem como deste para o em massa. Com certeza, uma estampa feita na *plotter* pode assumir qualquer desenho (via *setup*) muito mais rápido do que em uma máquina de 12 quadros, que por sua vez é mais rápida do que a troca de cilindros e tintas em uma máquina de estampa rotativa.

O quarto grupo de critérios ligado aos sistemas produtivos, que é importante salientar para a discussão da estratégia de produção enxuta, é o associado às características de entrega (rapidez e confiabilidade) e de tempo de atravessamento, ou *lead time*, produtivo. Quando se monta uma fábrica para a produção em massa, dado ao ritmo grande e regular das demandas e aos lotes grandes e uniformes de produção (consequência dos *setups* altos segundo a teoria do lote econômico), é possível se trabalhar com a política de formação de estoques reguladores de forma que os (poucos) produtos estejam sempre à disposição dos clientes externos ou internos. Já quando se monta uma fábrica com a estratégia sob encomenda, essa alternativa não está presente, talvez apenas para algumas matérias-primas, dado que o projeto do produto ainda nem foi definido pelo cliente, e se levará um tempo maior de atravessamento do pedido pela fábrica, pois cada etapa produtiva vai esperar pela conclusão da anterior.

Para finalizar esse curto resumo das estratégias competitivas e os sistemas de produção e encaminhar finalmente a discussão para o lado da estratégia enxuta, cabe colocar apenas mais um ponto elementar, mas que não pode ser esquecido pelo engenheiro de produção, a não ser que você esteja querendo vender gato por lebre para uma empresa: porque não se monta uma fábrica, por exemplo, com o sistema de produção em lote, para atender a todas as demandas? A matriz ilustrada na Figura 1.5 ajuda na explicação de por que um gato não é uma lebre. Um sistema de produção repetitivo em lotes é eficaz, ou seja, tem um conjunto de critérios a oferecer (custo/qualidade/flexibilidade/ entrega) melhor que os demais sistemas, quando a demanda que ele busca atender tem volume e variedade médios (com determinada margem de lucro × volume de vendas).

Se por acaso a empresa resolve usar esse sistema produtivo para atender a um patamar de volume/vendas maior (margens menores × volumes maiores), por exemplo, duplicando a solução de fábrica encontrada, ela acabará tendo custos variáveis (mão de obra, matérias-primas, supervisão etc.) mais altos quando comparados com os custos de um sistema de produção em massa. Por exemplo, por mais que uma empresa adicione máquinas de estampa em quadros para atender a um aumento de demanda, a partir de determinado patamar ela vai simplesmente aumentar seus custos variáveis bem acima dos obtidos com a estampa rotativa e valeria mais a pena mudar para o sistema em massa.

Figura 1.5   Matriz de eficácia dos sistemas produtivos

Demanda	Sistemas de Produção		
	Em Massa	Repetitivo em Lotes	Sob Encomenda
Grande Volume Baixa Variedade	Eficaz	Custos Variáveis Altos	Custos Variáveis Altos
Médio Volume Média Variedade	Custos Fixos/ Estoques Altos	Eficaz	Custos Variáveis Altos
Pequeno Volume Grande Variedade	Custos Fixos/ Estoques Altos	Custos Fixos/ Estoques Altos	Eficaz

Da mesma forma, caso a empresa resolva entrar no (aparentemente) lucrativo mercado da exclusividade (margens maiores × volumes pequenos), ela tem duas alternativas: ou aciona a máquina para lotes médios e guarda a sobra por um bom tempo (custos de estoques altos) ou gasta muito tempo de *setup* para produzir lotes pequenos, aumentando os custos fixos do processo com a máquina quase sempre parada. Por exemplo, um lote normal na estamparia em quadros é de 400 a 800 peças (em torno de quatro a cinco horas de produção), dado que o *setup* dessas máquinas está na faixa de meia a uma hora. Para atender a uma demanda de duas peças ou você programa 400 e torce para aparecerem outros pedidos para usar a sobra de 388 peças, ou você fica meia hora com a máquina parada e produz em quatro minutos as duas peças. De qualquer forma é melhor pensar em comprar uma *plotter* ou então deixar esse mercado para quem tem o foco em um sistema produtivo sob encomenda.

Em resumo, mude estamparia do setor têxtil para usinagem do automobilístico ou, ainda, para fermentação na cervejaria, independente da estratégia competitiva que montamos, conforme pode ser visto na Figura 1.5, sempre que nos afastamos da diagonal da matriz (onde está escrito eficaz) teremos, em relação à concorrência, melhor posicionada na sua estratégia competitiva, ou custos variáveis mais altos para atender aumentos de demanda, ou teremos custos fixos/estocagem mais altos para atender demandas menores.

A teoria sobre estratégia competitiva e sistemas de produção pode ser simples assim e creio que todo mundo a entende, mas como as linhas pontilhadas da Figura 1.4 raramente podem ser traçadas no chão de fábrica, isso faz com que seu limite em um setor vá para a esquerda e em outro vá para a direita. O difícil mesmo é recusar aquele pedido nos moldes chinês cujo grande volume irá (?) reduzir nossos custos fixos (em geral de um setor), ou aquele tentador pedido exclusivo com uma bela margem de lucro (?) para ser feito atravessado no meio da nossa produção regular.

A estratégia da manufatura enxuta, pelo menos como será explicada neste livro, pode não ser a solução para esses problemas, mas com certeza vai fazer com que a empresa, ao assumir esses riscos (mercados diferentes), entenda onde está se metendo. Depois voltaremos a esse assunto quando falarmos de demanda e classificação ABC no Capítulo 3. Seguindo em frente nesse nosso *pensamento* estratégico, no próximo item vamos explicar e definir qual é a estratégia de produção enxuta frente a essas três estratégias competitivas, e para isso, se vocês me permitem, vamos falar da já bastante batida globalização, competitividade, Sistema Toyota de Produção (STP) e necessidades de clientes.

1.3 A Manufatura Enxuta como uma Estratégia Competitiva

Algum tempo atrás (no Brasil em particular foi ontem), a conquista e estabilidade da demanda eram garantidas pelas empresas com base na exclusividade da tecnologia de produção empregada e na procura do mercado consumidor cativo. Em um ambiente assim, a estratégia competitiva escolhida pela maioria das empresas era a da produção em massa, que permite uma maior redução nos custos fixos. Eram os velhos tempos do "capitalismo selvagem", onde a força bruta do capital mandava (na tecnologia e na formação dos oligopólios), em geral com a ajuda do governo de plantão (e por que não dos sindicatos que tinham seu poder também ampliado).

Tudo estaria bem para os clientes (consumidores finais ou participantes da cadeia produtiva) se, por um lado, essa redução de custo obtida pelo volume produzido fosse passada para os preços finais, e se, por outro, os clientes ficassem satisfeitos com a baixa variedade e qualidade dos produtos ofertados. Parafraseando Ford, na minha juventude, por exemplo, você poderia escolher qualquer carro, desde que fosse um fusca ou um chevette. Contudo, sem concorrência e sem direito de escolha, posso estar errado, mas o capitalismo não funciona, ou melhor, não é nem capitalismo.

Bem, voltando para a questão da fábrica e sua estratégia de produção, em um ambiente assim, sem concorrência, caso algum problema na fábrica levasse a um aumento de custos de produção, a manutenção do lucro era facilmente mantida com um aumento equivalente, quando não maior, no preço dos produtos. A equação que vigorava na época era a da Figura 1.6, onde o preço dos produtos era definido com base no lucro que se queria obter acrescido dos custos produtivos. Chegamos a ter no Brasil (espero que o verbo fique no passado) uma "câmera setorial de preços", organizada pelo governo, para administrar essa equação. Não é preciso ser muito esperto, nem contar quem eram os participantes da tal câmera, para adivinhar quem saía ganhando depois das reuniões.

E o mundo gira, e o tempo passa, e chegamos aos dias atuais com a globalização dos mercados e produtos. Hoje, como exemplo, temos no Brasil mais de 14 montadoras, ficando até difícil guardar os nomes de tantos modelos de automóveis ofertados. E várias de computadores, de eletrodomésticos, de confecções, de bebidas etc. etc. Ou seja, com raras exceções (não vamos aqui falar mal das nossas queridas empresas públicas, como aquela que começa com "PE" e termina com "BRAS"), a estratégia corporativa das organizações consiste em levar seus negócios (e fábricas com suas estratégias competitivas) até perto dos clientes e tentar convencê-los de que o melhor carro, ou computador, ou televisão, ou tênis, é o produzido por ele. Isso faz com que os mercados sejam mais competitivos, como ilustrado na Figura 1.7, de forma que a determinação dos preços não cabe mais às empresas (muito menos às bolivarianas câmeras setoriais), mas sim ao mercado, inviabilizando a transferência de custo da ineficiência produtiva para os clientes. Na equação, agora, o lucro (L), que era predefinido pela empresa, é a variável dependente, depende do preço de venda (P) e dos custos produtivos (C).

Figura 1.6 A concorrência (ou a falta de) e a produção em massa

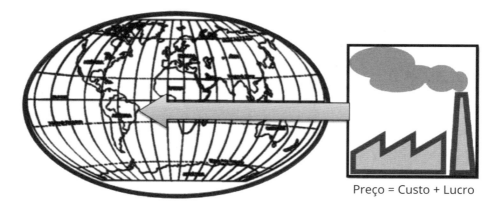

Preço = Custo + Lucro

Logo, o primeiro desafio da globalização para as empresas está ligado à divisão da demanda. Como as quantidades estão agora sendo diluídas entre as empresas concorrentes, a montagem de um sistema de produção em massa nos moldes antigos pode, ao invés de reduzir custos para ganhar mercado, agir justamente no sentido contrário, aumentando os custos fixos por subutilização dos recursos e/ou aumentando os custos de manutenção de estoques excedentes, como discutido anteriormente. Por exemplo, onde antes na indústria automobilística se concentrava toda a produção de um milhão de carros/ano em grandes fábricas, hoje em dia se montam fábricas distribuídas, ou focalizadas, junto a seus mercados para produzir de 80 a 120 mil carros por ano.

Já o segundo desafio da globalização para as empresas está ligado à facilidade com que hoje em dia se tem acesso às informações (preços, qualidades, prazos e variedades) dos produtos ofertados para comparação na hora de fechar os negócios. Os critérios competitivos listados na Figura 1.4, que antes eram considerados como critérios excludentes, ou seja, na produção em massa você montava uma empresa para obter redução de custo e não para obter variedade ou uma qualidade superior, enquanto que na produção em lotes você montava uma empresa para obter variedade e não custos baixos, hoje em dia são entendidos como critérios qualificadores, ganhadores ou indiferentes. Os qualificadores possibilitam que a empresa participe do mercado que se pretende atingir, já os ganhadores definem a escolha do cliente pela empresa, uma vez que ela esteja qualificada. Por fim, têm-se ainda os critérios indiferentes, que são aqueles que não afetam a decisão do cliente na escolha pela empresa.

Figura 1.7   A concorrência nos dias atuais

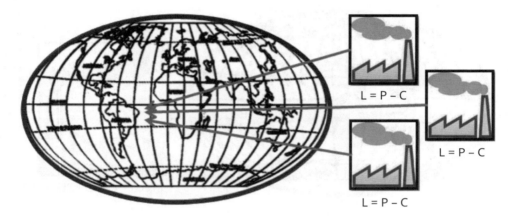

Pode-se afirmar que o custo (na realidade, o preço ofertado ao cliente) e a qualidade do produto são hoje considerados critérios qualificadores, em qualquer um dos mercados. Tem-se um padrão de custo/qualidade para um carro de linha, ou uma estampa rotativa, tem-se um padrão de custo/qualidade para um utilitário esportivo, ou uma estampa em quadros, assim como tem-se um padrão de custo/qualidade para um esportivo de luxo, ou uma estampa via *plotter*. Se você não oferece esse padrão, você não entra nesse mercado para competir pelos clientes. Da mesma forma, o critério ético-social está se tornando qualificador, pelo menos no Primeiro Mundo, pois ninguém compra um produto que está poluindo a natureza ou utilizando mão de obra infantil.

Já para uma empresa se destacar nesse mercado concorrido e globalizado é esperado que seu sistema produtivo ofereça aos clientes, sem fugir do custo/qualidade qualificador, vantagens no prazo de entrega e na flexibilidade do pedido. Vantagem no prazo de entrega significa que meu processo produtivo é mais confiável e mais rápido no atendimento dos pedidos dos clientes do que a concorrência, assim como vantagem na flexibilidade do pedido significa que eu posso mudar alguma característica do produto, por exemplo, a cor de verde para vermelho, sem custos adicionais para o cliente.

Para clientes finais, nós pessoas físicas, praticamente todos os produtos básicos (os exclusivos são, é claro, encomendados) estão disponíveis para pronta-entrega nas diferentes opções. Se a loja não tiver o modelo e cor que você quer, e os prazos forem altos para esperar, passe na loja do lado, ou dê uma olhada na Internet, que você vai achar o que busca. Agora, para que esses produtos cheguem às nossas mãos, em geral eles precisam passar por uma intricada cadeia produtiva (e logística), onde cada empresa é fornecedora e cliente de outras empresas. Por exemplo, em um produto simples como uma camiseta de malha, talvez umas 20 empresas interajam na cadeia produtiva, algumas do mesmo grupo. Já para um produto complexo como um automóvel tem-se dentro da indústria automobilística uma gama de 300 empresas intera-gindo. Nesse caso, ser rápido e confiável no prazo de entrega e flexível quanto a pequenas mudanças de *mix* nos pedidos da empresa cliente, sem aumento de custo ou perda de qualidade, faz toda a diferença. E essa diferença é o que estamos chamando de *estratégia de produção enxuta*!

Como todos hoje sabem (existem vários livros relatando esta história evo-lutiva da família e da empresa), a Toyota Motors Company foi pioneira no desenvolvimento de práticas voltadas para a flexibilidade e desempenho de entrega como estratégia de produção em um ambiente industrial que na época (pós segunda guerra) era de produção em massa focada na redução de custos. A surpresa maior ocorreu porque a Toyota não só melhorou a flexibilidade e entrega, tornando-as ganhadoras de pedidos, como fez isso jogando os crité-rios qualificadores de custo (reduzindo) e qualidade (aumentando) para no-vos patamares.

Vários livros foram editados para descrever como as práticas de chão de fábrica implantadas na Toyota levaram a empresa a conseguir esta estratégia competitiva, começando pelo excelente livro de Monden (1984), meu livro preferido, cujo título *Sistema Toyota de Produção* ou STP virou sinônimo dessa estratégia competitiva. Esse nome (STP), durante toda a década de 1980, dis-putou com outros, como técnicas de manufatura japonesas, zero estoques, fa-bricação classe mundial, *just-in-time*, reinventando a fábrica, até que o resultado de uma ampla pesquisa de *benchmarking* no setor automobilístico, promovida pelo *Massachusetts Institute of Technology* (MIT) e patrocinada pela assustada in-dústria automobilística americana, gerou o livro *A máquina que mudou o mundo*, de Womack, Jones e Roos (1990), no qual os autores cunharam o termo *enxuta* (*lean*) para caracterizar o STP com suas práticas. E desde então esse termo virou o padrão de referência, razão pela qual o estamos usando aqui.

A Figura 1.8 apresenta um quadro comparativo da época entre a GM e a Toyota, onde se podem ver as diferenças, que passaram a ser chamadas de desperdícios, nas duas estratégias produtivas que levaram os autores a criar o termo *enxuta*. Enquanto a Toyota gastava 18 horas para montar um carro, sendo que destas apenas duas horas eram desperdiçadas no processo, a GM precisava de 40,7 horas, com um desperdício de 9,3 horas na montagem. Ao acelerar o fluxo de transformação na linha da Toyota seria esperado que o desperdício da má qualidade aumentasse, mas ocorreu justamente o contrário, como pode ser visto no quadro. O resultado pode ser também sentido no desperdício de estoque e na necessidade (desperdício) de espaço físico para montar um carro. Realmente, os autores da pesquisa foram felizes em definir a Toyota como uma fábrica enxuta.

Figura 1.8   Indicadores da GM e Toyota na década de 1980

Indicadores de Fábrica	GM	Toyota
Horas brutas de montagem por carro	40,7	18
Horas líquidas de montagem por carro	31	16
Defeitos de montagem por 1.000 carros	130	45
Estoque médio de peças	2 semanas	2 horas
Espaço (m²) de montagem por carro	0,75	0,45

Fonte: Womack e outros, 1990.

Por ter sido a primeira a desenvolver essa estratégia e obtido uma boa vantagem competitiva em relação às demais montadoras, não foi surpresa que em 2007 a Toyota assumisse a liderança do mercado automobilístico mundial, passando a líder GM em termos de veículos vendidos. Contudo, o que chamou mais a atenção foi o fato de as diferenças continuarem gritantes, conforme se pode ver nos dados apresentados pela *Revista Exame* em reportagem de 09/05/2007, resumidos na Figura 1.9. Pode-se afirmar, sem dúvida, que apesar de ser muito estudada e já bem conhecida, essa estratégia de produção não é tão simples de ser colocada em prática, principalmente em uma cadeia produtiva tão grande quanto a automobilística.

Figura 1.9   Indicadores da GM e Toyota em 2007

Indicadores do Negócio	GM	Toyota
Valor de mercado (bilhões US$)	18	219
Produção (1 trimestre/07 em milhões de veículos)	2,26	2,35
Faturamento em 2006 (bilhões US$)	207	179
Resultado em 2006 (bilhões de US$)	– 2	12
Núm. Empregados	284 mil	296 mil

Fonte: Revista Exame, maio 2007.

Depois dessa introdução sobre planejamento estratégico, estratégia competitiva, sistemas produtivos, globalização, critérios de desempenho qualificadores e ganhadores e Sistema Toyota de Produção, podemos finalmente apresentar a nossa definição para manufatura enxuta (espero estar contribuindo para melhorar o nível das citações em trabalhos acadêmicos onde se define em geral ME como um "pensamento", o que é uma definição muito pobre, e pouco acadêmica):

✓ **A manufatura enxuta (ME) pode ser definida como uma estratégia de produção focada na diferenciação, baseada em um conjunto de práticas, oriundas do Sistema Toyota de Produção, cujo objetivo é melhorar continuamente o sistema produtivo por meio da eliminação das atividades que não agregam valor ao cliente, chamadas de desperdícios.**

Essa definição apresenta dois pontos importantes que serão explicados no próximo capítulo e detalhados nas práticas expostas na continuação do livro. Primeiro, a manufatura enxuta como estratégia de produção focada na diferenciação tem por base a melhoria contínua do sistema produtivo via eliminação dos desperdícios (parece aquela velha, mas eficiente, definição dos livros de qualidade total da década de 1980, mas vou me esforçar para mostrar as diferenças). E, segundo, existe um conjunto de práticas que, apesar de serem oriundas do STP, no setor automobilístico, precisam ser entendidas e adaptadas para que possam ser aplicadas para outros setores onde, por exemplo, os produtos são substituídos a cada quatro meses, ou então onde nem toda a demanda pode ser prevista e precisa ser parcialmente empurrada, entre outras situações práticas que tenho me defrontado, pois na vida real nem tudo é tão perfeito quanto imagino (e tenho lido) que é dentro de uma fábrica da Toyota.

Talvez o fato de nunca ter trabalhado com uma montadora de automóveis acabe sendo uma vantagem, pois encontrei pela frente nas aplicações práticas onde atuei uma série de limitações que precisaram ser vencidas, e apesar de já ter estudado tudo sobre os grandes mestres da Toyota (são mais de trinta anos desde a descoberta do Monden), vou utilizar nas minhas explicações basicamente exemplos práticos de outros setores onde tive oportunidade de interagir com o pessoal da fábrica no sentido de melhorar seus processos produtivos. Afinal, como disse no prefácio, este é um livro de memórias: as minhas histórias de engenheiro de produção.

1.4 Limites da Estratégia de Produção Enxuta

Antes de encerrar esse assunto de estratégia e ir para o chão de fábrica, que é o meu chão, me vejo obrigado a limitar a abrangência da manufatura enxuta enquanto estratégia de produção focada na diferenciação, pois esse "conjunto de práticas cujo objetivo é melhorar continuamente o sistema produtivo por meio da eliminação dos desperdícios", por mais que eu caminhe cinco ou seis passos para lá e para cá e fique pensando em como buscar a perfeição ao fazer minha yoga matinal, não é a solução para todos os problemas. A Figura 1.10 irá me ajudar nessa discussão.

Primeiro, note que a seta que representa a estratégia da ME da figura está centrada no sistema de produção repetitivo em lotes. A estratégia competitiva da diferenciação é onde este conjunto de práticas irá fazer a maior diferença, e maior aqui não é força de linguagem. Quem está dentro desse mercado/estratégia e ainda não se encaminhou para a manufatura enxuta pode se preparar para sair dele assim que seus concorrentes enxutos chegarem. Note também que a seta entra um pouco, tanto na produção em maior escala, como na produção de alguns itens especiais, que é justamente a forma como a maioria das empresas trabalha, ou seja, é possível conciliar a estratégia da manufatura enxuta para que a mesma admita alguma produção em escala e alguma produção sob encomenda.

Figura 1.10   Limites da aplicação da estratégia de produção enxuta

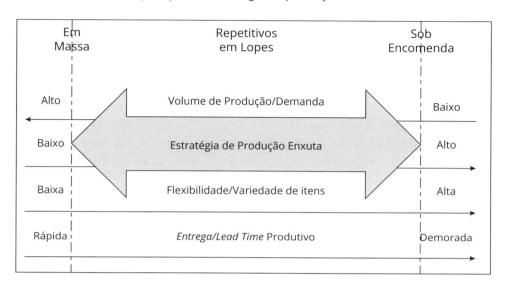

Segundo, note que a seta não vai até o final da produção em massa. Isso porque na produção de grandes lotes padronizados de um único produto (com grandes demandas padronizadas também), seja na indústria química, metalúrgica, alimentícia ou linhas de montagem dedicadas você não precisa das práticas enxutas, pois a forma mais eficaz de produção é em grandes lotes padronizados mesmo, mantendo estoques (reveja a matriz de eficácia dos sistemas produtivos da Figura 1.5). Se você tem uma empresa para produzir camisetas de algodão branca a 50 centavos de dólar, ou uma grande fábrica automatizada de latas de alumínio, você não tem problemas de programação e sequenciamento, com *setups* constantes. Também não tem filas por desbalanceamento das capacidades; pode e deve manter estoques reguladores, sua mão de obra já é bem especializada, suas operações são padrões com máquinas automatizadas etc. Por mais que você pense enxuto, não caia na bobagem de montar uma fábrica para fundir e produzir latas de alumínio de uma em uma (recomendação de um engenheiro metalúrgico, turma de 78 da UFRGS).

E terceiro, note que a seta também não vai até o final da produção sob encomenda, por uma razão bem simples: a demanda é desconhecida e, sem conhecimento da demanda, nada se enxuga! Neste mercado de "vestido de noiva", eu só vou saber a demanda quando a noiva vier encomendar o vestido e estiver disposta a pagar caro (margem de lucro × volume de vendas) pela exclusividade. Logo, posso até armazenar alguma renda e aviamentos, mas não posso organizar a produção com as práticas enxutas visto que a variável demanda é (muito) desconhecida. Brincadeiras à parte, troque o *atelier* por uma ferramentaria, ou por um fornecedor de motores elétricos de grande porte etc., posso até manter um pouco de aço e fio de cobre ou alumínio em estoque, mas não posso planejar e disparar a produção com base nas práticas da ME que serão detalhadas neste livro.

Em resumo, a manufatura enxuta (ME) pode ser definida como uma estratégia de produção focada na diferenciação, baseada em um conjunto de práticas, oriundas do Sistema Toyota de Produção, cujo objetivo é melhorar continuamente o sistema produtivo por meio da eliminação das atividades que não agregam valor ao cliente, chamadas de desperdícios. Logo, como diria o meu vizinho "manezinho da ilha" da barra da lagoa: *uma cosa é uma cosa, outra coisa é uma cosa bem diferente!* Se sua empresa não tem uma estratégia de produção voltada para a diferenciação, pelo menos na maioria de seus produtos, não jogue seu dinheiro fora com modismos, eles vão passar, não se preocupe. Entre em uma aula de yoga, que é uma boa forma para elevar o pensamento; se não resolver os problemas da sua fábrica, pelo menos você vai ficar mais calmo nas reuniões. Vamos chamar esta de primeira regra de PT1 (regra número 1 do Professor Tubino, desde março de 1980 no DEPS da UFSC).

Dito isso, no próximo capítulo vamos discutir então o que é esse melhoramento contínuo com base na eliminação dos desperdícios e quais são as práticas enxutas que levam um sistema produtivo repetitivo em lotes a ser enxuto e que serão apresentadas nos demais capítulos deste livro (com novas regras do PT que espero lhe façam mais feliz).

2

PRINCÍPIOS DA MANUFATURA ENXUTA

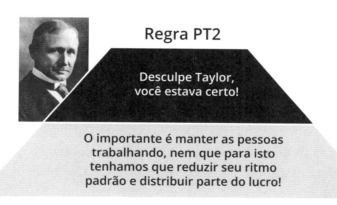

2.1 Introdução

Dado que definimos a manufatura enxuta como uma estratégia de produção focada na diferenciação, baseada em um conjunto de práticas, oriundas do Sistema Toyota de Produção, cujo objetivo é melhorar continuamente o sistema produtivo por meio da eliminação das atividades que não agregam valor ao cliente, chamadas de desperdícios, há necessidade de apresentarmos com um pouco mais de detalhe, antes de discutirmos o conjunto de práticas enxutas, estes dois princípios básicos que fazem parte da nossa definição: a melhoria contínua com a eliminação de desperdícios. Não é um tema novo, muito menos exclusividade da estratégia da produção enxuta. Por exemplo, a teoria da Qualidade Total (TQC) aborda esses dois princípios desde a década de 1980, e hoje em dia até *pet shop* na propaganda da televisão está "agregando valor ao cliente", o que é ótimo para os nossos bichinhos de estimação.

Agora, olhando para dentro de uma fábrica, podemos começar afirmando que, sem dúvida, nada evoluiu tanto nestes últimos trinta e tantos anos do que a relação "capital × trabalho". A odiada "mais valia" que o capital retirava do trabalho sofreu uma grande derrota quando os sistemas produtivos, em especial os japoneses, mostraram na prática que o "capital + trabalho" consegue gerar mais lucro (se achar feio o termo *lucro*, troque por *benefícios*) do que o "capital × trabalho". E, claro, todo bom capitalista quer aumentar seu lucro, mesmo que para isso ele tenha que o repartir (leia-se implantar um sistema de participação nos lucros ou PPL) com os seus agora colaboradores (antigos operários).

É bom relembrar que estamos falando de uma estratégia de produção voltada para os sistemas produtivos repetitivos em lotes, onde a participação da mão de obra é intensiva e representativa nos custos de produção. Não sou da área de custos, apesar de ter começado minha vida acadêmica em 1980 ministrando uma disciplina para a engenharia de produção de custos industriais e outra de qualidade, mas já li em alguns dos livros históricos do STP (e concordo) que a mão de obra é um custo fixo; se você não utilizá-la adequadamente, terá de pagá-la ao final do mês de qualquer forma, enquanto que as máquinas e instalações são custos variáveis, ou seja, se você não utilizar uma máquina (lembrando que nos processos repetitivos em lotes as máquinas devem ser menores e mais flexíveis, pois assim é sua demanda), você não a está consumindo (gerando custo) e sim a guardando para o próximo período.

Lógico que o ideal é seguir a diagonal da matriz de eficácia dos sistemas produtivos (Figura 1.5), já discutida no Capítulo 1, e utilizar sempre os recursos produtivos disponíveis de acordo com suas capacidades. Mas nas situações reais, com demandas variáveis e sazonais, nem sempre isso é possível, e recomendo rever sua posição quanto a Taylor, e pensar na minha segunda regra (PT2), onde o importante é manter as pessoas trabalhando. Você diria: ora caro PT (Professor Tubino), recomendar é fácil, mas como fazer isso na prática?

Bem, você pode terminar de ler o livro, mas já vou adiantando que a ideia é você montar na fábrica um sistema produtivo que possibilite o envolvimento das pessoas, apoiado pela gestão a vista, na tomada de decisões, principalmente nas de médio (planejamento das capacidades) e curto prazos (programação), como, por exemplo:

- ✓ organizar *layouts* que permitam a movimentação dos colaboradores entre máquinas ou estações para mantê-los ocupados e produtivos;
- ✓ implantar polivalência e montar rotinas de operações-padrão para demandas (e tempos de ciclos) diferentes;
- ✓ mudar o sistema de avalição e remuneração dos colaboradores, de produtividade individual para atendimento de metas do grupo;
- ✓ implantar um sistema de programação, em geral puxado pelo cliente, com regras de sequenciamento simples e claras, executadas pelos próprios colaboradores e que permita identificar rapidamente a capacidade de produção necessária;
- ✓ etc.

E para que essas mudanças possam acontecer você tem que implantar junto (se já tiver antes melhor) um método que formalize e estimule a participação dos colaboradores, o qual chamaremos de melhorias contínuas, e uma direção ou meta para onde esse método, ou essas melhorias, devem se voltar, a qual chamaremos de desperdícios. Vamos a eles.

2.2 Melhorias Contínuas

A melhoria contínua, ou *kaizen* em japonês, é o princípio de que nenhum dia deve se passar sem que a empresa melhore sua posição competitiva. Se ficarmos satisfeitos em como projetamos, produzimos e vendemos nossos produtos, e pararmos de evoluir, logo alguém estará nós copiando ou, o que é mais provável, nos superando. Esse princípio ficou conhecido na década de 1980, onde o foco era principalmente na Qualidade Total (TQC), a partir do livro do Professor Imai, chamado *Kaizen: the kay to Japan's competitive success* (1986).

E a forma de melhorar essa posição competitiva é considerar que um problema, ou um erro, acontecido dentro do sistema produtivo não deve ser escondido, mas sim visto como uma oportunidade de melhoria ao sistema. Quanto mais à vista for a gestão deste sistema produtivo, mais fácil ficará a identificação dos problemas, ou das oportunidades de melhoria, e é por isto que as práticas da estratégia de produção da manufatura enxuta estão voltadas para a gestão a vista, como será explicado ao final do capítulo.

Outro ponto importante desse princípio é que todos dentro da empresa devem ser responsáveis por esse movimento de melhoria, e devem trabalhar nesse sentido dentro de sua esfera de atuação. Por exemplo, no dimensionamento dos supermercados dentro da fábrica, ou na definição dos tempos de ciclos da montagem, a área comercial deve estar comprometida não só com a demanda informada para esse dimensionamento, como também em compartilhar os custos decorrentes dos estoques na fábrica gerados por esse dimensionamento.

Lógico que no nível mais alto (estratégico/tático) as melhorias, em geral chamadas de inovações, terão uma abrangência maior, como, por exemplo, a compra de equipamentos ou a montagem de um sistema de programação puxado, enquanto que nos níveis mais operacionais (tático/operacional) essas melhorias terão um foco mais restrito ao ambiente atual de trabalho do colaborador, como, por exemplo, uma melhoria na ergonomia do trabalho ou a mudança de um dispositivo no *setup* da máquina. Contudo, conforme ilustrado na Figura 2.1, nada impede que tanto inovações como melhorias possam ser trabalhadas em todos os níveis organizacionais. Neste livro, não faremos distinção entre inovações e melhorias, pois para nós é apenas uma questão de investimentos e prazos, mas não de método de implantação da melhoria.

Figura 2.1   Atribuições sobre as inovações e melhorias

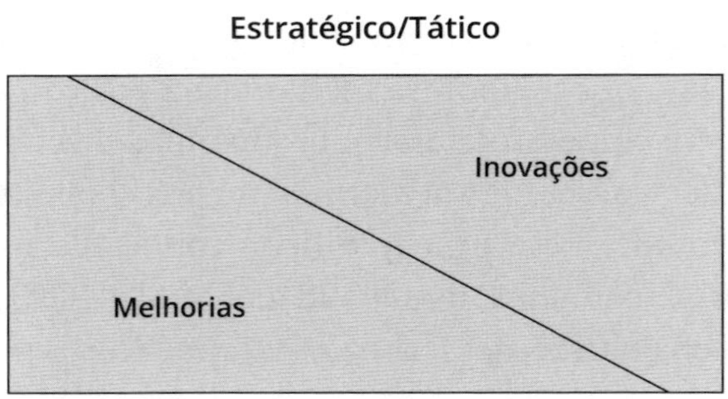

Estratégico/Tático

A forma de trabalho que tem se mostrado mais adequada para comprometer as pessoas com as melhorias é o trabalho em grupo. Se você juntar em uma reunião quem projetou, quem vendeu, quem planejou a produção, quem produziu e quem recebeu o produto e componentes, e direcionar essa turma, através de um método de trabalho em grupo, para discutir formas de melhorar o processo, com certeza todos os lados serão ouvidos e, ao final, a solução será de consenso e com grande chance de ser implantada com sucesso.

Vamos chamar esses grupos de grupos de melhorias, ou talvez grupos *kaizen* ou ainda grupos de *gemba kaizen* (onde gemba é chão de fábrica em japonês). O nome não é o mais importante, mas sim o método como esses grupos vão operar, o nome que a empresa escolher, ou estiver usando, está sempre bom para mim. A única ressalva que faço é que nesse caso não é conveniente misturar esse trabalho de manufatura enxuta com o da qualidade nos CCQs (círculos de controle da qualidade), dado que o foco das melhorias e a dinâmica de montagem do grupo são um pouco diferente.

Entrando agora na questão do método para a implantação das melhorias no grupo de melhorias, praticamente todos os principais métodos que conheço têm por base o famoso ciclo PDCA (idealizado por Shewhart e divulgado por Deming, inicialmente dentro do contexto do TQC). Dificilmente alguém vai discordar que para identificar, analisar e resolver um problema devemos planejar (*Plan*), executar (*Do*), acompanhar e avaliar (*Check*) e agir corretivamente, ou preventivamente, caso necessário (*Act*), conforme ilustrado na Figura 2.2. Cabe ressaltar que, no tocante a melhorias contínuas, o PDCA "roda" no sentido das setas indefinidamente, ou tanto quanto a meta possa ser melhorada.

Uma das aplicações mais difundidas do PDCA, principalmente dentro dos CCQs no contexto do TQC, é o MASP (método de análise e solução de problemas), onde este ciclo é dividido em oito etapas: identificação do problema, observação, análise e plano de ação (*Plan*), ação (*Do*), verificação (*Check*), padronização e conclusão (*Act*). Também aqui, o método em si não é o mais importante, dado que todos têm o viés do PDCA e vão permitir a melhoria contínua.

Figura 2.2   Ciclo PDCA

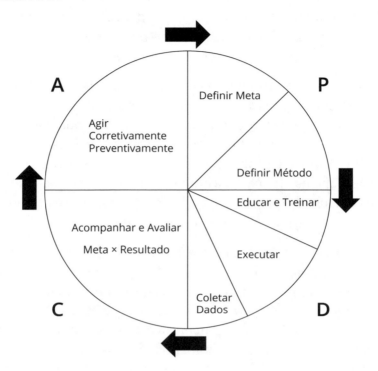

No meu caso, como dinâmica para os grupos de melhorias tenho aplicado o que chamamos de método *gemba kaizen*, com apenas quatro etapas, conforme ilustrado na Figura 2.3. Normalmente, as empresas já possuem alguma forma de trabalho em grupo, e tento adaptar essas quatro etapas ao sistema já utilizado na empresa. Em geral, esse método, bem como o conhecimento teórico/prático das práticas da ME, deve ficar sob a responsabilidade de um líder em ME (chamado de *lean* líder, para dar mais *charme* ao cargo). Em fábricas maiores essa responsabilidade e conhecimento podem ser desmembradas em facilitadores *lean* setoriais, que darão apoio ao *lean* líder no setor. É o *lean* líder ou seus facilitadores que vão administrar a dinâmica do método *gemba kaizen*.

O método *gemba kaizen* começa pela identificação de uma necessidade de melhoria dentro da fábrica, seja através do planejamento dessa melhoria em uma visão de futuro para a fábrica (por exemplo, utilizando o método de mapeamento do fluxo de valor ou MFV), seja através de indicadores da gestão a vista que precisam ser melhorados, ou ainda, seja através de solicitação direta dos colaboradores em sistemas de sugestões, como as caixinhas de sugestões. Essas possibilidades de melhorias são encaminhas ao *lean* líder, que as coloca na fila de prioridade. Nem sempre há recursos físicos e financeiros para atacar todas as necessidades de melhorias identificadas de imediato, mas depois que o método se difundir na empresa e a fila diminuir é bom traçar uma meta de melhorias, ou de *kaizens*, por setor por mês para manter todos focados em identificar potenciais melhorias.

Figura 2.3   Método *Gemba Kaizen*

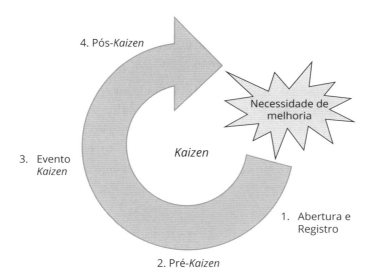

Escolhida uma melhoria prioritária, a primeira etapa do método consiste em realizar a abertura e registro desse *kaizen*. Isso pode ser feito pelo *lean* líder, ou seu facilitador, no conhecido formulário A3, ou até em uma planilha simples do Excel. Em geral, se registrarão as seguintes informações: origem do *kaizen*, setor de aplicação, líder do *kaizen*, facilitador *lean*, equipe participante, data de início e local, objetivo, situação atual e resultado esperado com o respectivo indicador para item de controle.

Uma vez aberto o *kaizen*, na etapa chamada de *pré-kaizen*, o facilitador *lean*, junto com o líder do *kaizen*, providenciam todas as condições e recursos necessários, inclusive a coleta de informações prévias (um filme da situação atual a ser melhorada é uma boa ideia) e a convocação da equipe para a realização do evento *kaizen*. Talvez no início o facilitador precise nessa etapa passar para o líder do *kaizen* algum conhecimento teórico sobre as práticas da ME que serão utilizadas para a realização da melhoria. Com o tempo essas práticas já serão de conhecimento de todos os líderes.

Na data marcada teremos então a reunião da equipe, chamada de evento *kaizen*. Nessa reunião, inicialmente, o facilitador apresenta um rápido *workshop* sobre as práticas que serão utilizadas na melhoria e o líder apresenta a situação atual (pode passar o filme), o indicador e meta a ser atingida. A partir daí se iniciam as discussões sobre como a melhoria será encaminhada. Havendo um consenso no caminho a ser seguido, se monta um plano de ação para executar a melhoria. Em melhorias bem simples, uma reunião apenas é suficiente, mas em melhorias mais complexas, vários testes pilotos seguidos de novas reuniões de ajustes serão necessários, podendo abranger vários meses. Ao final se documenta esse novo padrão de trabalho e se define uma forma de monitorar a consistência da mudança com base no indicador escolhido.

Uma vez executada a melhoria, a quarta etapa (*pós-kaizen*) do método consiste em o facilitador *lean* se reunir periodicamente com o líder do *kaizen* durante um tempo, por exemplo, de um a três meses, e verificar se as ações pendentes foram cumpridas e se as metas foram atingidas e estão estabilizadas. Se o novo processo estiver sobre controle, o *kaizen* é encerrado. Caso contrário, mantém-se o *kaizen* aberto e promove-se novo ciclo de eventos *kaizen* para correção de rumos.

É muito importante dentro desse método haver uma dinâmica de apresentações de *kaizens* realizados, que pode ser após o evento *kaizen* ou apenas no fechamento do projeto. Essas apresentações rápidas, em geral de 10 a 15 minutos, feitas pela equipe do *kaizen*, trarão dois resultados indispensáveis para a melhoria contínua: estimularão a participação dos colaboradores (principalmente se um gerente ou diretor estiver presente) e permitirão que soluções encontradas em um setor possam ser mais rapidamente passadas para outros. Posso afirmar que nas empresas onde essas dinâmicas de apresentação, e metas por setor, foram aplicadas, a implantação das práticas da ME foram mais facilmente introduzidas e absorvidas pelos colaboradores.

Para fechar esse tópico sobre o princípio de melhorias contínuas e um método de implementação, gostaria de complementar o assunto discorrendo um pouco sobre a questão das metas a serem colocadas, ou seja, vamos melhorar quanto (o tópico seguinte sobre desperdícios será o "o que" melhorar). Sob a visão do melhoramento contínuo é importante estabelecer metas bastante otimistas, mesmo que inatingíveis, principalmente em um sistema produtivo repetitivo em lotes, como forma de direcionar o incremento de produtividade. Pode-se fazer uma analogia (Figura 2.4) com a questão de quantos pulos um sapo tem que dar em direção a uma parede com uma saborosa mosca pintada para alcançá-la, dado que em cada pulo ele chega 50% mais perto. A resposta é simples: ele pode dar infinitos pulos que nunca chegará à parede com a mosca. Contudo, o que me interessa na estratégia de produção da ME é que esse sapo, agindo assim, pode parecer meio doido, mas nunca vai tomar uma decisão que o afaste desta parede e de seu potencial almoço!

Figura 2.4   A meta da ME e o sapo

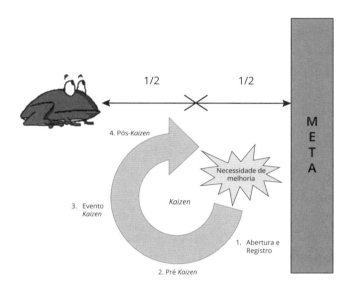

Logo, sob a ótica da melhoria contínuas, as metas dentro da fábrica enxuta têm que ser uma sucessão de zeros: zero de defeitos, zero de estoques, zero de movimentações, zero de tempos de *setups*, lotes unitários, *lead times* iguais aos tempos de operação-padrão etc. Lógico que defeitos sempre irão ocorrer, e estoques serão utilizados na produção, bem como teremos que movimentar os lotes entre os postos de trabalho e fazer *setups* nas máquinas etc. Mas se formos numa feira comprar máquinas novas e voltarmos com uma onde o *setup* é alto (como também será seu lote econômico), ou se decidirmos por uma mudança de *layout* que aumentará a movimentação dos lotes, estaremos pulando para o lado errado do nosso almoço.

Por fim, uma ressalva, quando você vir naquele livro um título de impacto, como, por exemplo, o excelente livro do Shingo chamado *Estoque Zero*, não leve ao pé da letra o título, pois na produção repetitiva em lotes se trabalha com estoques, inclusive a programação puxada consiste em colocar estoques na fábrica. O que ele está na realidade afirmando é que uma programação puxada com dois dias de estoque é praticamente "zero" em relação aos que ainda estão trabalhando com dois meses de estoque na programação empurrada.

2.3 Eliminar Desperdícios

Como vamos usar dentro da estratégia de produção enxuta um método de trabalho em grupo para melhorias contínuas no sistema produtivo, devemos é claro indicar aos colaboradores que tipos de melhorias são esperadas, principalmente em se tratando de melhorar os sistemas de produção em lotes. São os chamados desperdícios, e conceituados como tudo aquilo que não agrega valor ao cliente, ou seja, quando compramos rolos de malha acabadas para cortar e fazer nossas camisetas, ou quando compramos motores elétricos para montar na nossa motobomba, ou ração para nosso cachorro, só gostaríamos de pagar (ou custear se a produção é interna) aquelas atividades que no sistema produtivo dos fornecedores (externos ou internos) transformaram matérias-primas e componentes em produtos acabados.

A Figura 2.5 ilustra que tipos de atividades se têm em cada processo, ou etapa, de um sistema produtivo repetitivo em lotes. São elas: espera (na programação, na fila do recurso e no próprio lote de produção), processamento, inspeção e transporte. A princípio, os principais desperdícios estão dentro das atividades de espera, inspeção e transporte, contudo podem ocorrer também em uma atividade de processamento mal dimensionada. Essa figura ajuda também a mostrar que em sistemas produtivos, quanto mais processos separados tivermos, mais desperdícios (espera, inspeção e transporte) ocorrerão. Esse assunto será detalhado no Capítulo 7 dentro da discussão da formação dos *lead times* produtivos.

Figura 2.5   Atividades na produção repetitiva em lotes

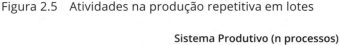
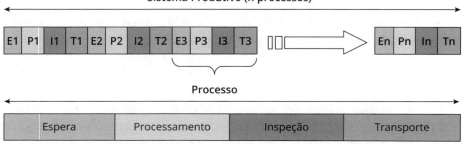

Os desperdícios que ocorrem nessas atividades dos sistemas produtivos, principalmente em lotes, ilustrados na Figura 2.6, são em geral classificados em oito categorias: superprodução, estoque, defeitos, transporte, movimento improdutivo, espera, processamento desnecessário (esses são os ditos sete desperdícios de Shingo) e intelectual (esse é mais recente e acho que não tem pai). Na sequência vamos fazer uma rápida explicação de cada um deles, com alguns exemplos de situações práticas vivenciadas como as das fotos na figura.

Figura 2.6 Os oito desperdícios dos sistemas de produção em lotes

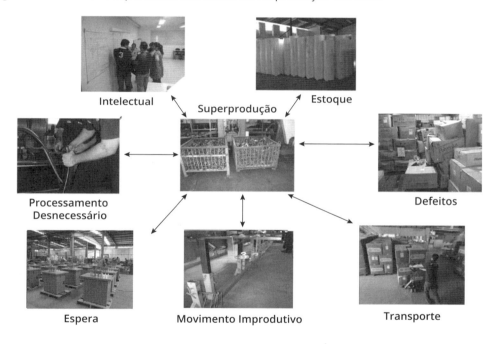

2.3.1 Desperdícios de Superprodução

Os desperdícios de superprodução ocorrem quando produzimos mais do que o necessário (superprodução quantitativa) ou quando produzimos muito antes do que o necessário (superprodução temporal) para atender a demanda do momento. Ele está colocado no centro da Figura 2.6 por ser considerado justamente a principal fonte dos demais desperdícios. Essa é a razão por que antes de surgir o nome *lean*, na década de 1990, utilizávamos o termo *produção just-in-time* (JIT) para denominar a estratégia de produção da manufatura enxuta. A superprodução tem sua origem atrelada a três causas principais:

✓ lotes econômicos grandes: seja porque as máquinas estão superdimensionadas para a demanda, seja porque os tempos de *setup* são altos, ou ainda, porque se quer reduzir com esses grandes lotes os custos fixos locais;

✓ demandas instáveis passadas diretamente para a fábrica e programação empurrada: onde hora se produz muito e hora não se produz nada;

✓ falta de capacidade produtiva: parece incoerente se gerar superprodução com falta de capacidade, mas o fato de não termos, ou pelo menos, não identificarmos a capacidade produtiva em determinados momentos, como em um pico de sazonalidade em uma família, leva a ação preventiva de produzir muito acima da necessidade imediata, potencializando em cascata a falta de capacidade.

Como consequência, o desperdício de superprodução leva a um consumo desnecessário de material e capital antes do tempo e a uma ocupação também desnecessária dos recursos produtivos (máquinas, mão de obra e espaços físicos). E como estamos com a fábrica trabalhando em algo que não é necessário nesse momento, fica difícil responder a demandas novas de programação de curto prazo, a não ser, é claro, com estoques formados anteriormente, que induzem a novas superproduções.

Em empresas onde o projeto do produto é mais dinâmico, como em confecções e malharias, pode-se após quatro meses perder-se a validade do produto excedente, ou em muitas situações ter que continuar com o modelo antigo até se esgotar toda a superprodução dos componentes antigos armazenados. Na Figura 2.7 é apresentado um exemplo de superprodução de componentes para postes metálicos e a solução encontrada pelos colaboradores no grupo de melhoria para eliminação dessa superprodução com o uso de programação puxada, via carrinho *kanban*, em lotes com 1/5 do tamanho anterior.

Figura 2.7   Desperdícios de superprodução e sua eliminação

2.3.2   Desperdícios de Estoque

Um efeito direto da superprodução é a necessidade de se ter que armazenar a sobra do que se produziu e não foi consumido no momento da produção. Logo, a origem desse desperdício é a mesma que gerou a superprodução, ou seja: lotes econômicos grandes, demandas instáveis passadas diretamente para a fábrica com programação empurrada e falta momentânea de capacidade produtiva.

A consequência dessa necessidade de armazenagem adicional é a utilização de espaços físicos de fábrica, nobres e caros, para guardar os materiais, bem como sistemas de controle e pessoas envolvidas nesse processo. Além desses custos diretos, deixar materiais parados durante muito tempo pode gerar problemas de qualidade e dificulta a aplicação do FIFO (o primeiro que entra é o primeiro que sai) como regra para manter um estoque mais saudável.

Na Figura 2.8 tem-se um exemplo claro dos desperdícios associados ao estoque excessivo em uma malharia. As duas fotos foram tiradas do mesmo local, o supermercado de malhas, com diferença de um ano. Na primeira, com níveis de estoques mensais, antes da implantação da ME, pode-se ver que nem os corredores (ao fundo, que ligam ao beneficiamento) foram poupados como área de armazenagem. Quase nunca se conseguia chegar ao final da pilha de malhas, pois sempre um novo lote de produção era colocado na frente, e a coleta de malhas para a formação da carga para a tinturaria era uma verdadeira "caça ao tesouro", atrasando sempre a programação. Basta olhar para a segunda foto do mesmo supermercado após a implantação da ME na malharia, com estoques de dias, para ver que esses problemas foram solucionados. Só por curiosidade, a foto antiga é mais escura porque havia nas janelas superiores do supermercado, vistas à direita na foto nova, cortinas tapando o sol, dado que as pilhas de malhas iam quase até o teto, e o sol direto sobre elas gerava problemas de qualidade.

Figura 2.8   Desperdícios de estoque na malharia e sua eliminação

2.3.3   Desperdícios de Transporte

A movimentação de lotes de produtos entre máquinas e departamentos, ou entre locais de armazenagem, não agrega nenhum valor para o cliente, e é um tipo de desperdício inerente aos processos produtivos repetitivos em lotes, nos quais o compartilhamento de máquinas em departamentos é o *layout* mais usual. Tem sua origem então no tipo de *layout* departamental e na produção de grandes lotes com necessidade de armazenagem. A consequência é um aumento de custo em equipamentos de movimentação (em geral gargalos) e pessoas, necessidade de espaços físicos grandes para deslocamento nos corredores e entre as máquinas, e não raro acaba contribuindo para a geração de problemas de qualidade, com batidas e quedas dos produtos.

A Figura 2.9 ilustra como o desperdício de transporte pode ser eliminado, muitas vezes com soluções simples, quando se implanta a ME. O exemplo é o da fabricação de parafusos máquina em eletroferragens, cuja produção exigia o deslocamento de um contenedor cheio de parafusos entre as cinco diferentes operações (rosquear acima, rosquear abaixo, furar, escarear e repassar), por meio de empilhadeiras, como se pode ver na primeira foto, com operação monofuncional. O lote ficava pronto em dois dias. A solução encontrada pelo grupo de melhorias foi aproximar as máquinas, formando uma célula de parafusos, ligando-as por rampas que farão a movimentação por gravidade. O operador passou a ser polivalente e a trabalhar em pé, se deslocando entre as máquinas para completar imediatamente o que foi produzido antes, conforme pode ser visto na foto da direita. Além de eliminar o custo, ou desperdício, de transporte, o tempo de atravessamento do lote passou a ser de apenas 4 horas.

Figura 2.9 Desperdícios de transporte na fabricação de parafusos e sua eliminação

2.3.4 Desperdícios de Espera

Espera é aquele tempo que o produto passa na fábrica sem ser processado, movimentado ou inspecionado, portanto, não se está agregando nenhum valor para o cliente. Pode-se considerar como espera os tempos gastos em programação das ordens, os tempos parados dessas ordens nas filas dos recursos, bem como o tempo do item parado dentro do próprio lote esperando a conclusão da ordem. Talvez seja o desperdício mais clássico, e também o mais encontrado em sistemas produtivos em lotes, por isso a estratégia de produção da ME ao buscar eliminar esse desperdício traz tantos ganhos às empresas com esse sistema.

A origem desses desperdícios está novamente em lotes econômicos muito grandes, na complexidade do sequenciamento das ordens e no ciclo alto (em geral semanal) de programação empurrada, tornando difícil a identificação no curto prazo dos gargalos. A ênfase dada à manutenção corretiva dos equipamentos também tem sua influência visto que a potencial quebra das máquinas é coberta (na realidade encoberta) pelo aumento dos níveis de segurança no dimensionamento dos lotes, aumentando o tamanho dos mesmos.

O resultado desses desperdícios de espera é o aumento no tempo de conclusão dos lotes (como relatado no exemplo da Figura 2.9), a necessidade de espaço físico junto às máquinas (área nobre na fábrica), bem como a geração de problemas técnicos de qualidade (por exemplo, uma malha não pode ficar mais do que cinco horas após sair de um tingimento esperando para ser seca e fixada na rama).

Na Figura 2.10 tem-se um bom exemplo da contribuição de um processo mais rápido, no caso o corte, para a formação da fila de entrada do processo gargalo seguinte, a separação dos pacotes, no setor de preparação para a confecção de roupas. A fila dos lotes já cortados é tão grande que parece que não há pessoas trabalhando na separação quando a foto foi tirada, mas estão todas atrás das pilhas a serem separadas. O que fazer? A resposta é fácil quando consideramos essas pilhas de malhas não como produção, mas sim como desperdícios. Uma solução consiste em dimensionar a capacidade das mesas de separação dos pacotes, colocando uma pequena folga dado que é um trabalho manual, e limitar os espaços nas mesas e a produção das máquinas de corte a essa capacidade.

Figura 2.10   Desperdícios de espera

Outro exemplo nesse caso de desperdício de espera dentro do lote pode ser visto na Figura 2.6 na foto identificada como espera. A linha de montagem de coladeiras, antes da implantação da ME, empregava dois ou três operadores que trabalhavam suas rotinas de operações-padrão (ROP) em lotes de 20 máquinas, ou seja, para uma coladeira que acabou de entrar na linha, o tempo de atravessamento (ou *lead time*) dependia de as outras 19 ficarem prontas também (a demanda média era de cinco coladeiras por dia), sendo que a cada momento apenas duas ou três delas estavam agregando valor, as demais ficavam paradas na linha. A solução, é claro, implantada pelo grupo de melhorias da empresa, foi passar a montar lotes de cinco coladeiras por dia, nivelando a produção com a demanda, ou seja, a cada dia cinco coladeiras ficavam prontas.

Esse tipo de desperdício é recorrente em linhas de montagens convencionais, onde o foco parece ser o de acelerar as operações pela repetição das mesmas nos grandes lotes em detrimento da produção em fluxo com o nivelamento do plano-mestre a demanda. Constatamos isso novamente em um trabalho de melhoria executado em uma linha de montagem de motobombas, onde a linha empregava quatro operadores que trabalhavam suas rotinas de operações-padrão (ROP) com lotes de 10 motobombas em cada posto, ou seja, para uma motobomba que acabou de entrar na linha, o tempo de atravessamento dependia de as outras 39 à sua frente ficarem prontas, sendo que a cada momento apenas quatro delas estavam agregando valor, as demais estavam paradas em cima da linha. A solução encontrada pelo grupo de melhorias na empresa será apresentada nos Capítulos 4 e 5 sobre focalização e ROP.

2.3.5 Desperdícios de Processamentos Desnecessários

Quando as instruções de trabalho são pouco claras ou inexistentes, ou quando os requisitos dos clientes (internos ou externos) não estão definidos, ou até quando as especificações de qualidade estão mais rigorosas do que realmente são necessárias, surge o que se chama de desperdícios de processamentos desnecessários. Esse tipo de desperdício pode ser definido como decorrente de acrescentar ao processo mais trabalho ou esforço do que o requerido pelas especificações do cliente.

As consequências são operadores executando tarefas desnecessárias, com aumento de custo sem agregação de valor para o cliente. Veja, por exemplo, o último operador da prensa da célula de braçadeiras, apresentada na Figura 2.11. Antes da consciência de que se estava praticando um desperdício, o grupo achava normal que o operador tivesse que sacudir fortemente uma braçadeira para que ela desgrudasse da macarronada de braçadeiras que a prensa anterior formava. Com a implantação da ME na empresa, ficou claro para o grupo a necessidade de não só encurtar a distância entre as máquinas, mas principalmente passar as braçadeiras de uma a uma para o último operador, o que trouxe uma redução de 30% no tempo de atravessamento, afinal, macarronada só na hora do almoço.

Figura 2.11   Desperdícios de processamentos desnecessários e sua eliminação

Mudando de ramo, indo para o setor têxtil, encontramos muitos desses desperdícios de processamento em função dos desbalanceamentos de processos. Por exemplo, em um trabalho realizado em linhas de costura de toalhas constatamos que o excesso de produção entre os postos sobre as mesas de inspeção, dobra e a embalagem gera uma operação de "arrumação" das pilhas de toalhas sobre a mesa de forma que novos lotes possam ser colocados; contudo, vamos combinar, não agrega valor à toalha. A solução é a mesma do exemplo anterior: produção em fluxo e balanceamento das ROP.

Mais um exemplo pode ser visto na Figura 2.6 na foto marcada como processamento desnecessário. Nessa foto podem-se ver os operadores da injetora desconectando e conectando com uma chave de boca uma série de mangueiras (refrigeração e ar comprimido) durante o *setup* da máquina. Como o tempo total de troca era de 2:40 h, os operadores achavam normal desperdiçar mais de 20 minutos nessas operações, mas quando o *setup* foi reduzido para 1:10 h ficou claro que o uso de engate rápido nas mangueiras era a solução para eliminar esses desperdícios e tempos.

2.3.6   Desperdícios de Movimentos Improdutivos

Complementando os desperdícios do ambiente de trabalho, além dos processamentos desnecessários na operação, podem-se incluir os desperdícios de movimentos improdutivos decorrentes da desorganização do ambiente de trabalho e da movimentação desnecessária dos operadores. A origem desses desperdícios está no entorno da máquina, em geral são os procedimentos incorretos de carga e descarga associados a lotes econômicos grandes e excesso de estoques.

Como consequência, os operadores executam funções que aumentam os tempos e os custos, sem padrão operacional, o que leva normalmente a problemas de qualidade. Não raro ocorrem também problemas ergonômicos em decorrência desses movimentos improdutivos, como o exemplo da laminadora de hastes da Figura 2.12. Como se pode ver na primeira foto, o operador que auxiliava no abastecimento da máquina sofria um esforço na coluna lombar de 233 kg nessa operação (cada haste pesa 5 kg), segundo o levantamento do grupo de melhorias que trabalhou nesse *kaizen* para melhorar o processo. A solução encontrada, como se pode ver na segunda foto, foi desenvolver uma mesa de apoio, da altura da máquina, onde o lote de produção das hastes era depositado. Apesar de a quantidade total de produção por hora cair de 678 para 618 hastes, dado que o operador da máquina na nova rotina teve que incluir mais alguns procedimentos, houve um ganho de produtividade de 82%, visto que agora se tem apenas um operador no processo.

Figura 2.12   Desperdícios de movimentos improdutivos e sua eliminação

Outro exemplo semelhante pode ser visto na Figura 2.6 na foto identificada como movimento improdutivo, só que agora em uma linha de montagem (solda) de armaduras para postes. Pode-se ver na foto que os componentes necessários para a montagem da armadura ficavam colocados abaixo do cavalete, gerando problemas de ergonomia, pois os montadores precisavam se agachar várias vezes ao dia no processo de montagem das armaduras. A solução desenvolvida pelo grupo de melhorias da fábrica de artefatos, conforme pode ser vista na Figura 2.13, foi posicionar os componentes acima do cavalete, além de identificá-los para evitar trocas de posição na armadura.

Figura 2.13   Sistema de abastecimento de linhas de armaduras

2.3.7   Desperdícios de Elaborar Produtos Defeituosos

Esse sem dúvida é o desperdício mais elementar em uma fábrica, pois utilizar matérias-primas, máquinas e pessoas para gerar produtos defeituosos não é nada inteligente, além de ser um "desrespeito à condição humana dos operadores", como li em 1984 no livro *Sistema Toyota de Produção*, de Monden. Confesso que naquela ocasião não entendi muito bem a razão dessa frase, já que todos recebem para trabalhar. Quando a ficha caiu, mais à frente, ficou claro que ir para casa depois de produzir "defeitos" na fábrica é o que tem de mais desmotivador para as pessoas, independentemente do seu nível hierárquico.

A origem dos defeitos pode vir de procedimentos incorretos, de lotes econômicos muito grandes que escondem os problemas, ou então, de equipamentos desregulados sem manutenção. A solução convencional para isso é a inspeção por amostragem, que não garante 100% de qualidade, e leva a clientes (internos e externos) insatisfeitos, identificação tardia dos problemas, produtos rejeitados e retrabalhos com atrasos em cascata na produção.

A aplicação das práticas da Qualidade Total, já bem difundidas nas empresas, apoiadas pelas práticas da ME, como, por exemplo, a redução dos tamanhos dos lotes econômicos, dando mais visibilidade aos problemas de qualidade, me parece que é o caminho. Já no meu primeiro livro de 1998 sobre ME, chamado *Sistemas de Produção: entendendo a produtividade no chão de fábrica*, eu colocava que o JIT (como chamávamos na época a ME) e o TQC se complementam, um olhando para o chão de fábrica e o outro para a qualidade. Continuo com a mesma opinião, só mudei o nome JIT para ME. No Capítulo 7, sobre redução dos *lead times*, trataremos desse ponto explicando o conceito de "autonomação" oriundo do STP.

Um exemplo desse tipo de desperdício no processo de zincagem de arruelas, e sua solução com a redução do tamanho do lote, podem ser vistos nas fotos da Figura 2.14. Na primeira foto estão as arruelas com defeitos decorrentes da impossibilidade de se movimentar o lote de 15.000 arruelas colocado no grande contenedor da foto da direita. Ao ficarem grudadas umas nas outras, surgiam os defeitos (manchas) que eram separados na montagem final. A solução encontrada pelo grupo de melhorias no *kaizen* realizado, com base nos conceitos de autonomação, foi de reduzir o tamanho do lote para 5.000 arruelas, que colocadas em um contenedor menor possibilitou a utilização de um motor para "sacudir" o lote, evitando que elas se grudassem na zincagem.

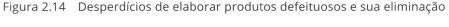

Figura 2.14 Desperdícios de elaborar produtos defeituosos e sua eliminação

2.3.8 Desperdício Intelectual

Por fim, esse é o oitavo desperdício da lista, criado mais recentemente para dar realce ao fato de que não aproveitar as ideias e sugestões dos colaboradores é uma grande falha de liderança na fábrica. Na realidade, como já demos bastante destaque dentro do princípio de melhorias contínuas ao trabalho em grupo e ao método *gemba kaizen*, talvez não precisasse dar ênfase a esse oitavo desperdício. Contudo, é bom frisar que a falta de uma dinâmica de sugestões, bem como a falta de motivação dos colaboradores, em geral pelo baixo estímulo das lideranças e da gerência, são as origens desse problema.

Como consequência desse não aproveitamento intelectual tem-se a identificação tardia dos problemas, a geração de produtos defeituosos e retrabalhos e a experiência das pessoas desperdiçadas. A Figura 2.15 apresenta uma das muitas sugestões dadas por colaboradores que tenho presenciado nas implantações da ME. Essa melhoria foi sugerida pelo montador alguns meses depois de já termos balanceado as rotinas e reduzido o comprimento da linha de montagem de 15 para cinco metros. Na prática, não importa se ele trouxe essa ideia de outra empresa onde trabalhou ou se ele teve um sonho feliz com o professor Pardal, o ponto importante é que ele estava suficientemente motivado pela gerência para apresentar ao grupo seu "contenedor giratório de parafusos", que reduziu mais alguns centímetros da linha.

Figura 2.15 Desperdício intelectual – contenedor giratório de parafusos

2.4 Práticas da Manufatura Enxuta

Repassando a definição de ME: é uma estratégia de produção focada na diferenciação, baseada em um conjunto de práticas, oriundas do STP, cujo objetivo é melhorar continuamente o sistema produtivo por meio da eliminação das atividades que não agregam valor ao cliente, chamadas de desperdícios.

Neste capítulo, até aqui, apresentamos de uma forma um tanto rápida e padrão a segunda parte da definição de ME, sem dúvida indispensável para se entender o contexto das mudanças exigidas nas fábricas. Contudo, se fosse apenas para escrever sobre melhorias contínuas e desperdícios, não me sentiria muito motivado, pois acho que não estaria trazendo novas contribuições sobre o tema. Por isso, o objetivo principal deste livro é explicar a primeira parte da definição de ME: o conjunto de práticas a serem implantadas nos sistemas de produção repetitivos em lotes, e como essas práticas oriundas do STP, ou seja, de uma indústria automobilística com suas particularidades, podem ser generalizadas para qualquer outro tipo de fábrica repetitiva em lotes. Esse para mim é o ponto principal, ou seja, o que é geral e o que é específico nessas práticas que os japoneses, principalmente da Toyota, implantaram na gestão de seus processos repetitivos em lotes. Quando tenho a oportunidade de me defrontar com problemas práticos em empresas com sistemas bem diferentes do padrão Toyota, como fazer esta adaptação? Por onde começar? O que podemos deixar como está por enquanto e o que devemos tentar rapidamente mudar?

Para começar é bom termos um padrão de referência (que não encontraremos na vida real) de sistema produtivo repetitivo em lotes convencional e um de sistema produtivo enxuto para discutirmos as diferenças. Na fábrica convencional típica, ilustrada à esquerda na Figura 2.16, o *layout* na fabricação dos componentes é do tipo departamental, onde as máquinas são agrupadas por funções específicas, fazendo com que os diferentes itens fabricados, geralmente em grandes lotes econômicos, sigam seus roteiros de fabricação indo de encontro às máquinas nesses departamentos, exigindo equipamentos e espaços para movimentação. Devido à falta de balanceamento das capacidades produtivas dos recursos e à grande variedade de itens processados nos mesmos locais, há muita formação de estoques entre as operações, os chamados *work-in-process* (WIP). Os operadores são especializados em determinadas funções, podendo, eventualmente, acionar várias máquinas idênticas. A ênfase no trabalho, e na avaliação do mesmo, é individual, existindo pouca cooperação entre operadores.

Figura 2.16 Sistema convencional *versus* sistema enxuto de produção repetitiva em lotes

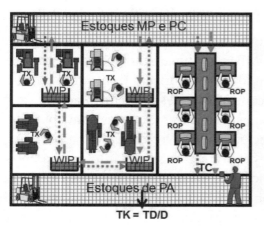
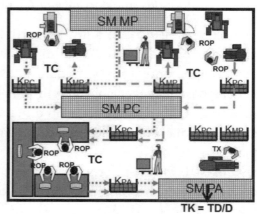

Quanto à linha de montagem, ela é projetada de forma a garantir um fluxo linear de trabalho nos produtos. Para evitar eventuais paradas na linha, colocam-se estoques protetores (*buffers*) entre os postos de trabalho. Esses postos retiram os produtos da linha para executar suas rotinas de operações-padrão (ROP), recolocando-os na linha depois de concluídas, tornando-os independentes uns dos outros. A capacidade de produção da linha é controlada pela adição, ou subtração, de montadores em cada posto de trabalho.

Notam-se grandes áreas de armazenagem tanto no início, para matérias-primas e peças componentes, como no fim do processo produtivo para produtos acabados. Esses estoques são decorrentes da falta de confiabilidade nas funções internas de produção e nas funções externas de relacionamento com clientes e fornecedores da cadeia produtiva. Há necessidade de se montar uma estrutura formal de administração de materiais, com vários níveis de segurança, para administrar essas funções.

O fluxo de informações e de materiais para a produção é do tipo "empurrado", ou seja, o setor de planejamento e controle da produção (PCP) periodicamente, a partir de uma previsão de vendas pouco precisa devido ao baixo nível do relacionamento com os clientes, monta um plano-mestre de produção (PMP) para os produtos acabados considerando a existência de estoques em mãos. Esse PMP é a base para o cálculo das ordens de montagem (OM), ordens de fabricação (OF), requisições de materiais (RM) e ordens de compra (OC) que irão acionar o sistema produtivo da empresa. Geralmente, empregam-se *softwares* sofisticados para executar essas funções, quando então são avaliadas as ordens em andamento, emitidas no período anterior, e os diversos estoques do sistema. Uma vez emitidas, essas novas ordens são "empurradas" para os vários elos da cadeia produtiva que passam a trabalhar em cima das mesmas. No próximo período de planejamento, o processo se repete.

Além desses pontos citados, outros fatores caracterizam os sistemas convencionais de produção repetitiva em lotes. Com grandes lotes, a ênfase na qualidade é dada à inspeção final dos produtos. A manutenção dos equipamentos e instalações é basicamente corretiva. Os lotes econômicos de fabricação e movimentação são grandes devido ao alto tempo de *setup* das máquinas. O sistema de custo emprega o conceito de "valor adicionado", fazendo com que recursos parados sejam vistos como perda de oportunidade para agregar valor aos itens. Existe alta rotatividade da mão de obra como forma de adaptar a capacidade produtiva à demanda, gerando baixo envolvimento dos funcionários no atendimento dos objetivos globais da empresa. Também é baixa a sinergia entre os diversos departamentos de apoio à produção, entre outros fatores.

Olhando agora para o desenho da direita da Figura 2.16, pode-se ver a típica fábrica enxuta para a produção repetitiva em lotes. A primeira grande diferença encontra-se na forma como estão dispostos os recursos produtivos. No sistema de produção enxuto, os recursos produtivos sempre que possível devem ser focalizados para a produção de uma gama limitada de produtos, com *layout* tipo celular, onde as máquinas são dispostas segundo o roteiro de fabricação dos itens, buscando-se o fluxo contínuo de produção. O objetivo é que o processo de produção dentro das células de fabricação e montagem obtenha as vantagens da produção contínua em lotes econômicos unitários, acelerando a conversão de insumos em produtos acabados e eliminando a necessidade dos estoques em processo (WIP).

Para operar essas células de fabricação há necessidade de empregar operadores polivalentes que possam, dentro de um determinado tempo de ciclo (TC), executar um conjunto de operações-padrão (ROP) em sincronia com os demais companheiros, de forma que ao final de cada tempo de ciclo uma unidade de produto acabado seja completada. A capacidade de produção é administrada pela inclusão, ou exclusão, desses operadores polivalentes dentro das células de fabricação e montagem. Nesse sistema produtivo, a ênfase é no trabalho em grupo, onde cada operador é cliente do operador anterior e fornecedor do operador subsequente. Qualquer problema que surja, como não se projetam estoques protetores internos, leva à interrupção do fluxo produtivo e à necessidade de imediata solução, com a participação de todos os envolvidos no processo.

Com a focalização da produção, os estoques, antes centralizados em grandes almoxarifados, são distribuídos em supermercados colocados estrategicamente entre dois pontos para conexão do fluxo produtivo. O fluxo de informações e de materiais para a produção é do tipo puxado, ou seja, só se produz ou movimentam-se materiais quando houver efetivo consumo dos mesmos. O sistema *kanban* é o mais empregado para gerenciar essa lógica de funcionamento. No sistema enxuto, dentro do conceito de produção puxada, o PCP elabora o PMP com o objetivo de dimensionar os estoques, em termos de número de *kanbans*, e os ritmos de trabalho, traduzidos em termos de tempo de ciclo (TC), de forma que o sistema produtivo no curto prazo, ou seja, quando os clientes forem confirmando seus pedidos, tenha condições de responder a essa demanda real sem a necessidade de contar com grandes estoques de produtos ou componentes. A informação que dispara a produção pode ser passada apenas à linha de montagem; os demais setores se comunicam com base no consumo real do setor cliente.

A produção econômica de pequenos lotes é viabilizada dentro da ME, por um lado, através da busca contínua pela redução dos tempos de *setup* dos equipamentos com a aplicação das técnicas de troca rápida de ferramentas (TRF), e por outro, pela própria eliminação dos *setups*, seja reduzindo as variedades, seja focalizando a produção com a montagem de células balanceadas à demanda de famílias de itens.

A estabilidade e previsibilidade na demanda são obtidas pela revisão dos antigos paradigmas que norteiam as relações entre empresas. Dentro da estratégia de produção da ME busca-se estabilizar a base de clientes e fornecedores, compondo uma cadeia logística de produção e distribuição que privilegie a confiança e o relacionamento de longo prazo em detrimento da convencional concorrência entre os atores dessa cadeia. A concorrência, dentro dessa nova ótica, dar-se-á entre cadeias produtivas e não mais dentro das mesmas. Dessa forma, os planejamentos de longo e médio prazos podem ser repassados aos fornecedores, reduzindo-se as atividades especulativas.

Além desses pontos, outros fatores complementares diferenciam o sistema de produção convencional do sistema enxuto. A ênfase na qualidade deve ser dada à prevenção dos potenciais problemas. Logo, a manutenção dos equipamentos e instalações deve ser preventiva e a qualidade deve ser garantida para todos os itens. Com a focalização da produção, os custos passam a ser mais diretos e o sistema de custos por atividades pode ser utilizado.

Muito bem, pintados esses dois quadros, um convencional e outro enxuto, não posso deixar de reconhecer que nunca encontrei nenhum deles na prática. Já conheci empresas muito boas e já trabalhei com empresas que estavam bem perto desse quadro convencional que depois de um ano tinham, com muita dedicação e méritos próprios, avançado bastante na ME. Em geral, as empresas possuem algumas dessas características convencionais misturadas com outras das enxutas. Por exemplo, é comum hoje em dia encontrar empresas trabalhando com células de fabricação, ou com um *kanban* entre duas máquinas, obtendo ganhos locais, mas dentro de um viés convencional nos outros aspectos. Logo, a função de termos esses dois padrões é de facilitar o diagnóstico e o caminho a ser percorrido (plano de ação) para transformar no que for possível um sistema convencional em um enxuto.

Esse caminho passa pelo que chamo de ciclo virtuoso da ME, conforme ilustrado na Figura 2.17. Esse ciclo é uma forma acadêmica de explicar como as práticas da ME estão interligadas e se apoiam umas nas outras para obter melhorias (contínuas) cada vez maiores, eliminando os famosos desperdícios. Através dele podemos ir avançando na teoria de organização da fábrica sem perder a direção do todo. Ele também tem me sido muito útil na hora de explicar para o pessoal na fábrica, de uma forma simples, o que estou fazendo ali e no que posso ajudá-los.

É um ciclo, apesar de não ter sido desenhado redondo como o PDCA, pois cada conjunto de práticas leva a possibilidade de implantação de outro conjunto de práticas, e é virtuoso porque não só é uma palavra bonita e de efeito para colocar no meio do nome, mas também porque carrega a ideia de virtude ou boas práticas. Podemos começar por qualquer ponto, mas é mais lógico explicar a partir da demanda. Começando pela análise da demanda e seu nivelamento no PMP vamos obter reduções nos lotes de programação, que por sua vez irão facilitar a disseminação da programação puxada com base em supermercados, que por sua vez darão mais rapidez e flexibilidade à produção. Sendo rápido e flexível (relembrando, são os critérios ganhadores de pedido na estratégia de produção focada na diferenciação) podemos nivelar melhor a demanda, que leva a nova redução nos lotes de programação etc. etc. Eis o ciclo virtuoso da ME alavancando nossa estratégia produtiva, e no meio dele estão pessoas planejando e decidindo com base na gestão a vista e voltando para casa com a sensação de que fazem parte da solução dos problemas (respeito pela condição humana dos colaboradores).

Figura 2.17   Ciclo virtuoso da ME

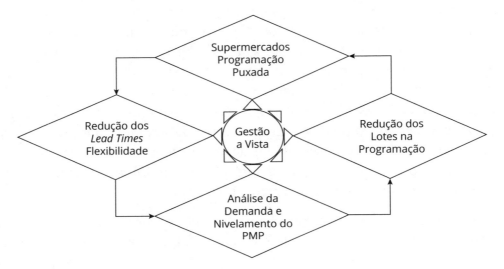

A análise da demanda e o nivelamento do PMP tem a função de entender e interagir no comportamento da demanda de forma a produzir, na medida do possível, apenas as necessidades do cliente final com base em pedidos confirmados, dando atenção às seguintes práticas:

- ✓ estudando as características da demanda segundo a classificação ABC;
- ✓ fazendo parcerias com a cadeia produtiva (clientes e fornecedores) para se ter uma previsão de demanda mais confiável e pedidos em carteira dentro do *lead time* de produção;
- ✓ fazendo um planejamento-mestre de produtos acabados (que aciona o final do processo produtivo) de forma a permitir planejar a capacidade de produção (ritmos e supermercados) e programar os produtos acabados apenas de acordo com as necessidades dos clientes, ou seja, nivelados à demanda.

O segundo ponto do ciclo tem relação com a redução do tamanho dos lotes de programação cuja função é desenvolver um sistema produtivo que troque a produção de grandes lotes econômicos pela produção de lotes econômicos tão pequenos quanto possíveis, de preferência unitários, dando atenção às seguintes práticas:

- ✓ entendendo a importância dos tamanhos dos lotes na formação dos *lead times* produtivos;
- ✓ entendendo e aplicando o conceito de lote econômico;
- ✓ eliminando ou reduzindo os tempos (e custos) de preparação para obtenção do lote:
  - – Nos itens produzidos internamente, eliminando ou reduzindo os tempos de preparação das máquinas, através do desenvolvimento enxuto de produtos e da troca rápida de ferramentas.
  - – Nos itens comprados, eliminando ou reduzindo os tempos do processo de compra promovendo relacionamentos eficientes de longo prazo com a cadeia de fornecimento.

Já a terceira parte do ciclo, a famosa programação puxada, tem a função de montar um sistema de programação da produção que permita produzir de acordo com as necessidades imediatas puxadas pelos clientes (externos e internos), pelo menos para os principais itens, dando atenção às seguintes práticas:

- ✓ fazendo previsões de demanda confiáveis;
- ✓ flexibilizando a capacidade de produção e reduzindo o tamanho dos lotes econômicos;
- ✓ priorizando a produção em fluxo;
- ✓ planejando e montando supermercados;
- ✓ treinando os colaboradores e delegando autoridade para a programação.

Montando os supermercados abastecedores, a quarta parte do ciclo tem a função de desenvolver um sistema produtivo que, buscando o fluxo mais contínuo de materiais, reduza os *lead times* e aumente a flexibilidade de resposta ao mercado, dando atenção às seguintes práticas:

- ✓ focalizando os recursos a famílias de produtos;
- ✓ evitando supermáquinas;
- ✓ trocando o *layout* departamental pelo *layout* celular;

- ✓ reconfigurando as linhas de montagem;
- ✓ desenvolvendo rotinas de operações-padrão (ROP) para cada posto de trabalho com base nos tempos de ciclo ou *takt times* (TC/TK);
- ✓ implantando a polivalência.

Por fim, para fazer com que esse ciclo virtuoso da ME gire continuamente, temos a gestão a vista ligando todas as partes, cuja função é desenvolver dentro da produção mecanismos de gestão que fiquem à vista de todos e que possam prevenir, identificar e avisar da ocorrência de problemas antes mesmo que eles apareçam, dando atenção às seguintes práticas:

- ✓ desenvolvendo um método para o trabalho em grupos de melhorias;
- ✓ disponibilizando as informações de planejamento, programação e controle da produção;
- ✓ implantando sistemas de controle autônomo de problemas, chamados de autonomação ou Jidoka.

E é a partir dessa ideia de ciclo virtuoso e suas práticas que pretendemos explicar e interligar os demais capítulos do livro com base em experiências vivenciadas na implantação dessa estratégia. No Capítulo 3, iremos abordar a questão da análise da demanda e o nivelamento do PMP; no Capítulo 4, será tratada a produção em fluxo contínuo, complementada com o Capítulo 5, onde apresentaremos o balanceamento de linha, as rotinas de operações--padrão e a polivalência. O Capítulo 6 será dedicado à programação puxada pelo cliente, seguida no Capítulo 7 da teoria sobre a importância da redução dos *lead times* e os lotes econômicos, e no Capítulo 8 é discutida a redução, ou até a eliminação, dos tempos de preparação dos lotes de reposição. Em todos os capítulos procuro dar ênfase e apresentar exemplos de dispositivos de gestão a vista para enfatizar a necessidade da participação de todos na gestão do ambiente fabril.

Espero não ter exagerado neste capítulo de conceitos básicos, mas não desanime, agora é que a coisa vai ficar boa, pelo menos para quem tem a engenharia de produção no sangue, com o detalhamento dessas práticas e exemplos vivenciados pelo PT.

3

ANÁLISE DA DEMANDA E NIVELAMENTO DO PMP

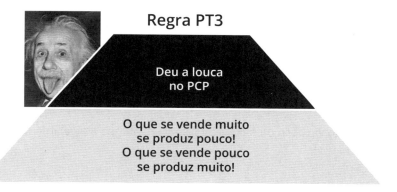

3.1 Introdução

Tudo começa com a demanda. Sem demanda nada de empresa e de sistema produtivo. E dependendo do tamanho da demanda, como já explicado no Capítulo 1 (Figura 1.4), temos uma estratégia competitiva mais adequada a essa demanda. Grandes demandas uniformes, grandes sistemas produtivos em massa, pequenas demandas variáveis (diria até imprevisíveis), pequenos sistemas produtivos sob encomenda. E no meio desses extremos temos as demandas médias atendidas pelos sistemas produtivos repetitivos em lotes, onde a estratégia de produção da ME tem seu foco de atuação pela busca dos critérios competitivos de redução e garantia dos prazos e de flexibilidade na produção.

Logo, nosso objetivo aqui neste capítulo é estudar as características das demandas médias e verificar como essas características podem contribuir para a implantação de sistemas produtivos cada vez mais eficazes ou enxutos, conforme sintetizado no ciclo virtuoso da Figura 3.1. A ideia é que possamos entender e interagir no comportamento dessa demanda média de forma a produzir, na medida do possível, apenas as necessidades imediatas do cliente final com base em pedidos confirmados. Dessa forma, seguindo o ciclo, a solicitação de componentes para a fábrica e fornecedores será em lotes menores. Isso pode ser ruim ou pode ser bom, depende dos lotes econômicos praticados. Se conseguirmos produzir e comprar lotes econômicos menores, seguindo o ciclo, podemos trabalhar com a reposição da maioria dos itens na programação puxada sem aumentar muito os estoques. Tendo supermercados na maioria dos itens, reduziremos as flutuações das demandas internas e, seguindo o ciclo, seremos mais rápidos, confiáveis e flexíveis no atendimento aos clientes, que por sua vez, seguindo o ciclo, alavancam a parceria entre clientes e fornecedores (internos e externos) com o uso de demandas mais previsíveis e niveladas na elaboração do plano-mestre de produção (PMP). A gestão a vista com o envolvimento das pessoas ajuda e simplifica a tomada de decisões dentro da fábrica nesse sentido.

Figura 3.1   O ciclo virtuoso da ME e a análise da demanda e nivelamento do PMP

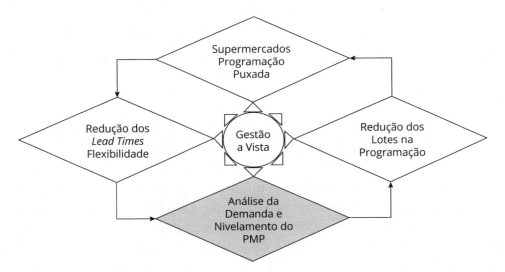

Para implementar essa dinâmica do ciclo virtuoso no que se refere à demanda é importante que se entendam três pontos fundamentais associados à demanda que serão discutidos neste capítulo:

1. a importância da previsão da demanda e suas características no sistema produtivo repetitivo em lotes;
2. o conceito de nivelamento do PMP a demanda e sua interação com a programação da produção;
3. as práticas que estimulam a parceria entre clientes e fornecedores com resultados positivos na previsão da demanda.

3.2 Importância da Previsão da Demanda na Organização do Sistema Produtivo

Para efeito de organização dos sistemas produtivos, conforme ilustrado na Figura 3.2, a demanda pode ser subdividida em três categorias: previsões de longo prazo, previsões de médio prazo e pedidos em carteira. À medida que o horizonte das previsões se estende, é normal que os erros sejam maiores.

A previsão de longo prazo, em geral baseada em técnicas qualitativas, é utilizada para executar o planejamento estratégico da produção, no que é chamado de plano de produção. É nesse plano que se define a capacidade futura, com a compra de máquinas, montagem de instalações e contratação de pessoas e fornecedores. A previsão de médio prazo, onde as técnicas quantitativas têm sua aplicação maior, é utilizada para planejar o uso da capacidade instalada, no que se chama de planejamento-mestre da produção (e cálculo grosseiro de capacidade ou RCCP). Por fim, no dito período congelado, se não tivermos toda a capacidade vendida nos pedidos em carteira, essa mesma previsão de médio prazo é empregada em conjunto com os pedidos em carteira para montar a programação da produção, que de fato irá acionar com suas ordens de compra, fabricação e montagem, o sistema produtivo.

Figura 3.2 Previsão da demanda e sua utilidade na organização dos sistemas produtivos

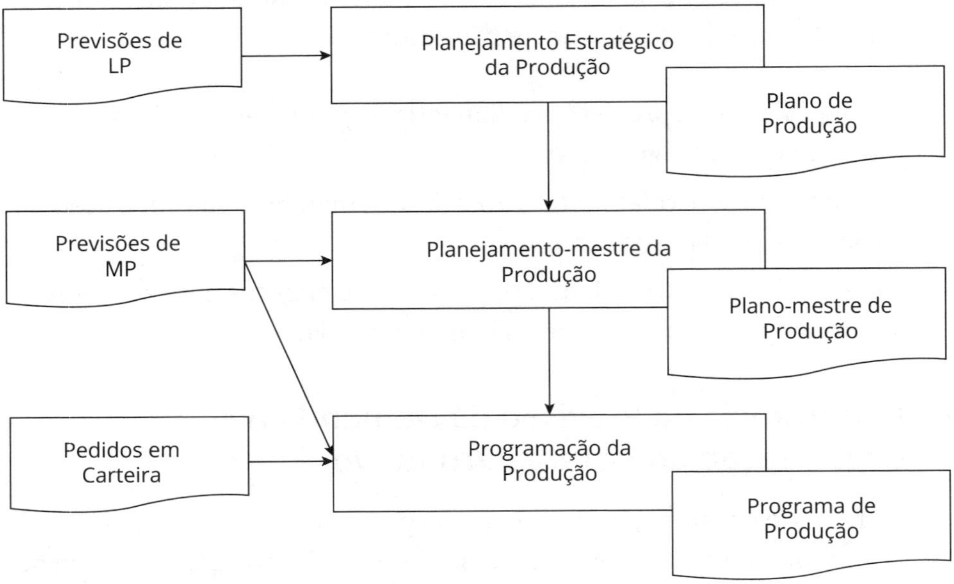

```
┌──────────────┐        ┌────────────────────┐
│ Previsões de │───────▶│ Planejamento       │
│      LP      │        │ Estratégico        │    ┌──────────────┐
└──────────────┘        │ da Produção        │    │   Plano de   │
                        └────────────────────┘    │   Produção   │
                                                   └──────────────┘

┌──────────────┐        ┌────────────────────┐
│ Previsões de │───────▶│ Planejamento-mestre│
│      MP      │        │ da Produção        │    ┌──────────────┐
└──────────────┘        └────────────────────┘    │ Plano-mestre │
                                                   │ de Produção  │
                                                   └──────────────┘

┌──────────────┐        ┌────────────────────┐
│  Pedidos em  │───────▶│ Programação da     │
│   Carteira   │        │ Produção           │    ┌──────────────┐
└──────────────┘        └────────────────────┘    │  Programa de │
                                                   │   Produção   │
                                                   └──────────────┘
```

Voltando para as previsões de longo prazo e a estruturação da fábrica, na estratégia da diferenciação, quando buscamos montar os sistemas repetitivos em lotes, ou seja, as mesmas instalações, máquinas e pessoas irão produzir diferentes variedades de produtos; tem-se a vantagem de se fazer essa previsão de forma agregada, o que faz com que os erros acabem se anulando, ou seja, erramos a mais em alguns itens e erramos a menos em outros.

Por exemplo, na coleção de verão na área têxtil, a meia malha crua a ser produzida pode ser tanto tinta em várias cores como utilizada no corpo de vários produtos, o que faz com que a sua previsão para a organização estratégica da malharia seja bastante confiável, o que não ocorre com cada uma das referências acabadas que se alteram muito no momento das vendas. Da mesma forma, a previsão de rotores fundidos empregados em motobombas direcionará as estratégias da fundição e usinagem e, como um mesmo tipo de rotor será montado em várias motobombas diferentes, a previsão de rotores terá um erro menor do que de uma motobomba específica.

Por que estou dando ênfase a essa característica da previsão da demanda de longo prazo na estratégia da diferenciação, foco da ME? Porque como trabalhamos com variedades, entendo que é difícil em uma fábrica convencional traduzir o volume dessas variedades de produtos acabados em capacidades setoriais de forma a identificar previamente gargalos que deverão ser evitados estrategicamente. Essa dificuldade leva à falsa ideia de que o importante é vender primeiro, mesmo que muito fora das previsões de longo prazo (muito sujeita a erros, como todos sabem), e depois a produção que se vire para entregar.

Já na estratégia de produção da ME nós vamos utilizar essas previsões de longo prazo para montar um sistema produtivo eficaz, mas eficaz para essa capacidade produtiva. Logo, dentro da estratégia de produção da ME recomendo sempre às empresas:

✓ não tentem vender acima de sua capacidade instalada; se a previsão de longo prazo era para 20 toneladas/dia de meia malha, ou de 500 rotores/dia, procurem manter estas cotas, mesmo que o mercado esteja comprador. Alterem seu plano, e fábrica, com tempo suficiente para se comprar máquinas, construir galpões e contratar pessoas e fornecedores;

✓ usem essas previsões de longo prazo para montar um sistema flexível, mesmo que elas apontem para demandas maiores. Mantenham o foco na flexibilidade evitando comprar equipamentos de grande porte ou excessivamente automatizados (não caiam no papo da inovação como salvação da pátria), pois nós vamos precisar fazer *setups* e produzir alguns itens em baixa escala para atender ao *mix* da demanda;

✓ se for para errar no plano estratégico de produção, errem nas máquinas (flexíveis é claro), comprando um pouco mais de capacidade do que precisam. É um custo variável, se não usar fica para o próximo período, e, ao diminuir as filas dentro da fábrica, se diminuirão também os supermercados e custos de estoques, incrementando ainda mais a flexibilidade e garantido prazos (critérios ganhadores lembram!).

Dito isso sobre a previsão da demanda de longo prazo, podemos discutir com um pouco mais de detalhes a previsão da demanda de médio prazo que é utilizada para montar o plano-mestre de produção de produtos acabados. Ela, junto com os pedidos em carteira, também irá ser utilizada para acionar a fábrica emitindo ordens (empurradas ou puxadas), dentro do chamado período congelado. O período congelado é aquele limite de tempo do qual não podemos passar na emissão das ordens sob o risco de elas não ficarem prontas a tempo de suprir as necessidades dos clientes (internos ou externos). Por exemplo, a malharia tem que receber suas ordens com quatro semanas de antecedência do faturamento das referências, pois se tem reservada uma semana para o beneficiamento da malha crua, uma para o corte e preparação dos pacotes e uma para a confecção e faturamento.

O primeiro ponto a ressaltar nessa questão do médio (planejar o uso) e curto (usar) prazos da demanda, conforme ilustrado na Figura 3.3, é que os pedidos em carteira, em geral, não conseguem ocupar toda a capacidade dentro do período congelado dos diferentes setores da fábrica, de forma que precisamos utilizar a previsão da demanda de médio prazo para complementar essa demanda confirmada. E a única certeza que se tem em uma previsão é de que ela dará errado (têm-se as variações aleatórias, consideradas normais, e as variações irregulares, imprevisíveis por natureza). Logo, quanto pior a previsão da demanda, maior o erro que se irá passar para a programação da produção e estoques do processo.

Figura 3.3 Influência do erro de previsão da demanda

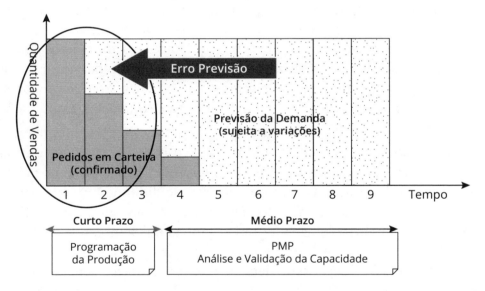

Esses erros são piores nas empresas convencionais com a baixa flexibilidade do sistema produtivo, pois elas trabalham com programações de grandes lotes econômicos empurrados de produção, o que faz com que os períodos congelados sejam altos, tendo a previsão da demanda como única informação possível para essa programação em grande parte da fábrica. O próprio trabalho de análise e validação da capacidade que deveria ser feito no planejamento-mestre da produção de médio prazo perde todo o sentido visto que não surtirá nenhum efeito organizador nos recursos produtivos, e a saída consiste em carregar a mão, ainda mais, nos estoques de segurança por toda a fábrica.

Por outro lado, se você está dentro da estratégia de produção da ME, conforme ilustrado na Figura 3.4, você privilegiou um sistema produtivo mais flexível (em geral menos automatizado) para a produção econômica de pequenos lotes e a montagem de supermercados abastecedores, o que faz com que o horizonte de congelamento para a programação da produção possa ser menor. A própria disponibilidade dos itens padrões nos supermercados, viáveis nos níveis mais baixos dos produtos onde os componentes são padronizados, como na malha crua ou nos rotores, leva para zero o período congelado, dado que os itens já estão prontos à espera da sua retirada, desde que limitados à demanda planejada.

Com um horizonte menor de programação você acaba "pegando" mais demandas confirmadas do que previsões sujeitas a erros para compor as ordens de compra, fabricação e montagem, o que é o famoso *just-in-time* (JIT). Além disso, se você conseguir melhorar seu relacionamento com os clientes (vamos dar algumas sugestões ao final do capítulo), os pedidos em carteira aumentarão e você será cada vez mais JIT e terá cada vez menos necessidade de produzir com base em previsões nesse período congelado.

Figura 3.4 O uso da previsão da demanda na ME

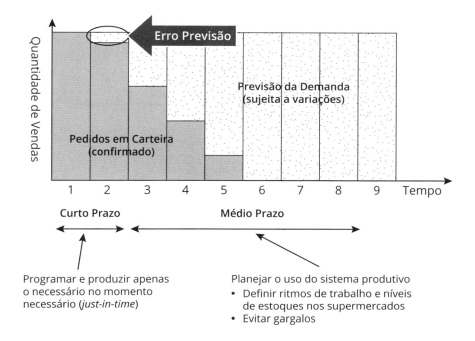

Quer dizer que as previsões de demanda de médio prazo podem ser abandonadas na estratégia de produção da ME? Com certeza não. Para fazer com que esse movimento de curto prazo na programação JIT dos pedidos em carteira seja efetivo, a estratégia de produção da ME tem uma utilidade bem específica para as previsões de demanda de médio prazo: evitar os gargalos de curto prazo. Esse trabalho de planejamento-mestre da produção com base na previsão da demanda de médio prazo foi chamado de "adaptação mensal da produção às variações da demanda" por Monden quando apresentou a dinâmica do STP no seu livro da década de 1980. Vou tentar resumir esse conceito de adaptação mensal, tecnicamente chamado de planejamento-mestre da produção, com a ajuda da Figura 3.5.

Figura 3.5 Adaptação mensal da produção às variações da demanda na ME

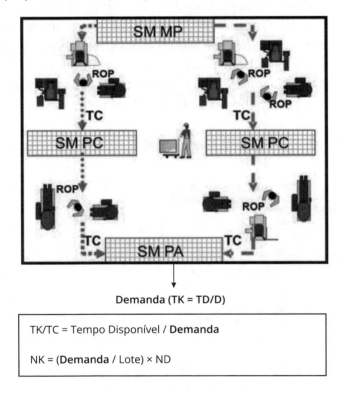

Demanda (TK = TD/D)

TK/TC = Tempo Disponível / **Demanda**

NK = (**Demanda** / Lote) × ND

Uma vez montada a fábrica a partir de um plano de produção estratégico (previsão de demanda de longo prazo) voltado para a diferenciação, ou seja, com as mesmas máquinas, pessoas e materiais, o sistema produtivo pode fabricar diferentes alternativas de produtos; cabe agora definir como se vão acionar esses recursos para atender a demandas mais específicas no próximo período (previsão de demanda de médio prazo). Esse acionamento está ligado a duas variáveis de controle do sistema produtivo: os ritmos de trabalho e os estoques nos supermercados de abastecimento.

O ritmo que cada posto de trabalho deve desenvolver em sua rotina de operação-padrão (ROP) está ligado ao tempo de ciclo (TC) ou, no caso do produto acabado, ao chamado *takt time* (TK), versão alemã usada no Japão para TC. Esses ritmos (TK/TC), por sua vez, como apresentado na Figura 3.5, são obtidos dividindo-se o tempo disponível do posto de trabalho pela demanda prevista. Da mesma forma, os estoques, ou número de *kanbans* (NK), que serão mantidos pelos fornecedores (internos ou externos) nos supermercados para que os clientes possam trabalhar nesse ritmo (TK/TC) devem ser dimensionados com base na mesma demanda prevista, dividida pelo lote *kanban* e multiplicada pelo número de dias em estoque. Mais à frente no livro se terá um capítulo dedicado a cada um desses dois dimensionamentos; por enquanto, vamos nos focar na questão da demanda.

Em resumo, cada posto de trabalho tem uma ROP, que depende do ritmo (TK/TC) solicitado ao posto, que depende da demanda prevista para o próximo período, assim como esses postos são abastecidos (enquanto clientes) pelos supermercados e abastecem (enquanto fornecedores) os supermercados dimensionados com base na mesma demanda. Logo, a chave de tudo é a demanda prevista para o próximo período. Mudou a demanda, temos que reorganizar os ritmos (ou manter os ritmos, mas mudar o tempo disponível) e os estoques, senão teremos gargalos no caso de ela aumentar ou excessos no sistema produtivo no caso de ela diminuir. É importante que o comercial entenda isso, e avise com tempo a fábrica, antes de fazer aquela famosa promoção especial que irá colocar nossa demanda mais para cima.

Gosto de frisar nas empresas onde atuo que a tão falada flexibilidade dos sistemas produtivos com base na estratégia de produção da ME, que alguns extrapolam para "tudo a toda hora", tem seus limites bem claros ligados à previsão de demanda, que são:

✓ uma capacidade de fábrica montada com base em uma previsão de longo prazo que deve ser, pelo menos em volume agregado, cumprida;

✓ um planejamento-mestre da produção para planejar o uso eficaz do sistema produtivo no próximo período de programação com base na previsão de demanda de médio prazo, que também deve ser em volume de famílias, cumprida;

✓ um período congelado para atendimento JIT dos pedidos em carteira, com os ritmos e os estoques projetados no período anterior, em geral podendo variar no *mix*.

É sempre bom lembrar para o comercial que a fábrica pode produzir quase tudo, desde que as demandas sejam-nos passadas a tempo. Precisamos do volume no longo prazo para capacidades, de famílias no médio para ritmos e estoques e de variedades (*mix*) do produto no curto para programação. Pode parecer difícil ao comercial ficar limitado em sua nobre função de vender nossos produtos, mas a seguir vamos explicar uma característica muito importante das demandas na estratégia da diferenciação que vai facilitar em muito esse processo de planejamento conjunto (produção-comercial-custos) da fábrica.

3.3 Entendendo as Características da Demanda na Estratégia da Diferenciação

A ME é uma estratégia voltada para a produção repetitiva em lotes, ou seja, com uma mesma estrutura produtiva atendemos a demanda por diferentes itens. Por exemplo, uma empresa que produz fitas têxteis, a partir de *setups* nos teares e mudanças de tipos de fios, consegue colocar em seu catálogo mais de 400 itens diferentes (para colchões, para crachás, para acabamentos de roupas etc.). Quando analisamos um período qualquer dessa demanda, por exemplo, anual, conforme apresentado na Figura 3.6, notamos um fato interessante: uma pequena quantidade de fitas (24 fitas ou 5,5% do total) representa 60% da demanda, e uma grande quantidade de fitas (342 fitas ou 77,5% do total) representa apenas 10% da demanda. É a conhecida classificação ABC da demanda.

Vamos mudar de ramo, vamos olhar uma cerâmica e sua demanda para as peças de acabamento aos revestimentos de paredes e pisos. Como pode se ver na Figura 3.7, apenas cinco (14,7%) do total de 34 famílias de peças produzidas pela empresa representam 80% da demanda, sendo que, por outro lado, 25 famílias (73,5%) representam apenas 10% da demanda total de peças. Novamente, a classificação ABC se apresenta.

A família de maior demanda nessa empresa cerâmica era a de "trim". Essa peça dá o acabamento nos azulejos quando não se reveste até o teto e era ofertada em 119 variedades. Como pode ser visto na Figura 3.8, mesmo em uma família de peças em particular existe uma concentração de demanda, pois apenas 18 itens (15% do total) abarcavam 80% de toda a demanda dessa família.

Figura 3.6   Classificação ABC da demanda de fitas têxteis

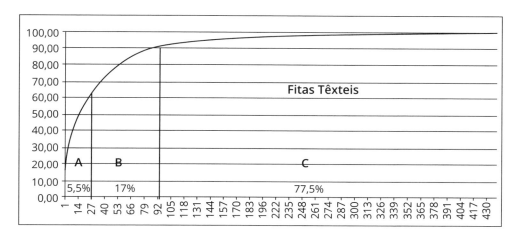

Figura 3.7   Classificação ABC da demanda de peças cerâmicas

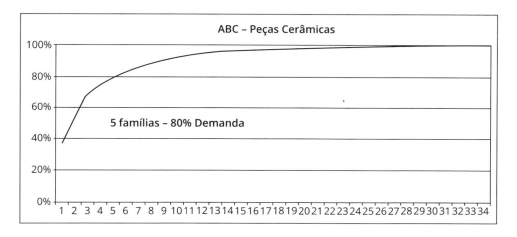

Figura 3.8   Classificação ABC da demanda da família "trim"

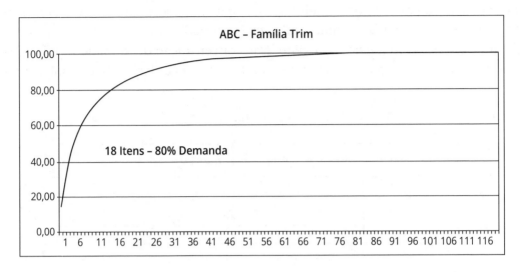

Pode ser coincidência, quem sabe obra do acaso, uma batida de asas de borboletas no Japão! Vamos então para a próxima empresa, esta produz eletroferragens. Como pode ser visto na Figura 3.9, apesar de ser mais suave, esse comportamento ABC também se repete, pois as cinco (10,6%) primeiras famílias em 47 representam 44% da demanda total.

Figura 3.9   Classificação ABC da demanda de eletroferragens

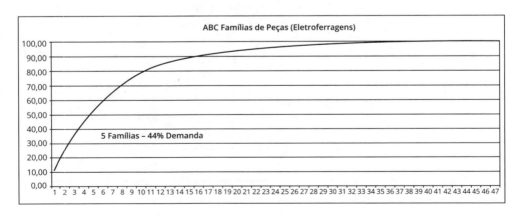

E nas duas principais famílias, a de braçadeiras circulares e a de parafuso máquina, conforme ilustra a Figura 3.10, novamente a concentração de

demanda em poucos tipos de itens, itens A, e a baixa demanda na maioria deles, itens C, existe de forma bem clara.

Figura 3.10   Classificação ABC da demanda de braçadeiras circulares e parafusos máquina

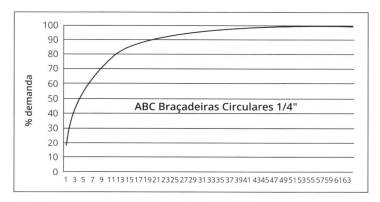

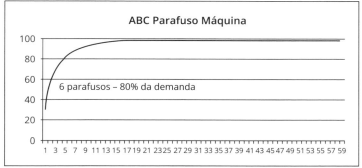

Posso apresentar mais alguns gráficos de demandas de empresas que trabalham com a estratégia de produção da diferenciação, foco da ME, como, por exemplo, os apresentados na Figura 3.11, de uma fabricante de motobombas ou de uma de máquinas para a indústria de móveis, como forma de mostrar que esse comportamento da demanda é universal dentro dessa estratégia, independente do produto trabalhado pela empresa. Não é à toa que é chamada por alguns de lei, ou princípio, de Pareto (em homenagem ao italiano Vilfredo Pareto, que em 1897 constatou esta concentração na renda da população local).

Figura 3.11 Classificação ABC da demanda de motobombas e máquinas para a indústria de móveis

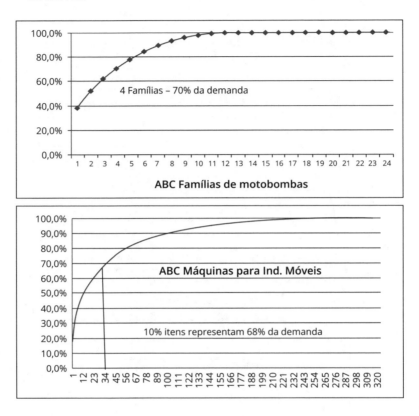

A razão de esse princípio de Pareto ser válido para as empresas com essa estratégia de diferenciação é que, por um lado, elas precisam fornecer um conjunto das principais alternativas de produtos para seus clientes, seja de motobombas, eletroferragens, fitas têxteis, peças cerâmicas, toalhas e cortinas, ou qualquer outro produto, pois senão a concorrência oferece. E, por outro lado, a introdução de variantes dos produtos permite aproveitar o *know-how*, via *setup* nas máquinas, para aumentar o volume de produção e diluir os custos produtivos pela redução da ociosidade da fábrica.

Bem, por que estamos aqui dando tanta ênfase a esse comportamento da demanda dentro das empresas que buscam a estratégia da diferenciação com seus sistemas produtivos repetitivos em lotes? Porque podemos pensar em organizar os recursos produtivos também segundo essa classificação ABC e aproveitar algumas características decorrentes destes grupos ABC. Vou utilizar como exemplo no caminho de uma regra geral de organização da fábrica (a regra PT3) nosso primeiro experimento em uma malharia de uma grande confecção de SC. Tenho um enorme carinho por essa experiência, pois foi ela que me permitiu olhar de forma inquisitiva o que realmente importa na estratégia da ME. Agradeço muito a oportunidade recebida e a confiança depositada no então professor. A Figura 3.12 apresenta a composição da demanda de malhas cruas na coleção de verão da empresa, que segue é claro a lei de Pareto. É fácil de entender nesse ramo de confecção que as primeiras cinco malhas representam 60% da demanda porque elas são as malhas do corpo das referências. A primeira delas é a meia malha, a malha mais utilizada nas referências de verão, com quase 25% da demanda.

Se tivéssemos uma empresa focada na produção em massa de camisetas padrão de meia malha, era só colocar todos os 46 teares a produzir as 17 toneladas por dia de meia malha; contudo, como estamos na estratégia da diferenciação, temos quase todas as referências com detalhes de acabamentos em outras variedades de malhas, no caso, mais de 500 variedades na época que representam apenas 10% da demanda, mas que sem elas não conseguiríamos oferecer a tal diferenciação para agradar maior gama de clientes. Entre esses dois extremos temos uma faixa de 32 malhas com aproximadamente 30% da demanda.

O pensamento convencional na malharia, que encontramos depois em muitas outras empresas, independente do tipo de produto, é de que temos UMA malharia com UMA tática de implementação da estratégia de produção. Nosso pensamento enxuto (se me permitem o trocadilho das palavras) é de que temos na verdade TRÊS malharias com TRÊS táticas diferentes, que irão produzir muito melhor do que nossa única malharia, conforme ilustrado nas setas da Figura 3.12:

✓ uma malharia simulando a produção em massa (ou quase massa), onde 24 teares estarão produzindo 10 toneladas/dia focados (quase sem *setup*) nas cinco malhas da classe A;

✓ uma malharia utilizando a produção em lote, onde 12 teares estarão produzindo as cinco toneladas/dia com alguns *setups* para as 32 malhas da classe B;

✓ uma malharia voltada para a produção da variedade (ou quase sob encomenda), onde 10 teares estarão produzindo duas toneladas/dia com muitos *setups* para as mais de 500 variedades de malhas de acabamento.

Figura 3.12 Classificação ABC da demanda de malhas cruas e a estratégia de produção

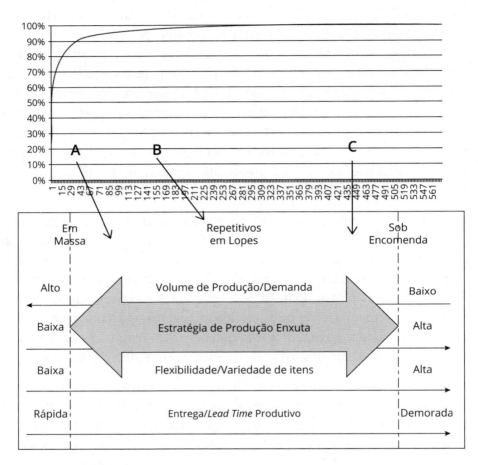

Mas será que isso funciona? Será que não vai trazer mais confusão para a fábrica? Na época nós também tínhamos dúvidas, mas o resultado desse experimento não poderia ser melhor, como podemos observar nos gráficos de acompanhamento da pontualidade, que passou da faixa de 60 a 70% para mais de 90%, e de acompanhamento dos estoques médios semanais, que se reduziram para a faixa de 80 toneladas, apresentados na Figura 3.13.

Figura 3.13   Gráficos da pontualidade e estoque médio da malharia

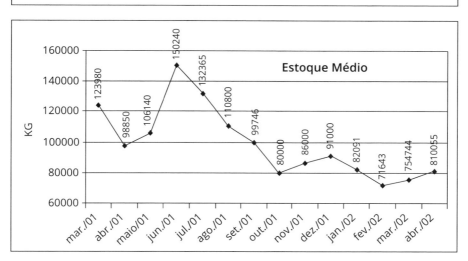

Lógico que nem sempre se tem essa grande quantidade de recursos para fazer essa divisão; talvez nós tenhamos tido sorte em experimentar essa solução em uma grande malharia com essas características e boa disponibilidade de teares, mas isso nos levou a pensar a respeito e ver que podemos generalizar essa situação em uma regra, a nossa PT3, dedicada aos meus amigos dos departamentos de planejamento, programação e controle da produção (PCP) das diferentes empresas onde tive oportunidade de colaborar, que diz o seguinte:

✓ **o que se vende muito se produz pouco**, ou melhor, de pouco em pouco para não subirmos os estoques, mas todos os dias, como se fosse um processo contínuo, dado que não teremos *setups*;

✓ **já o que se vende pouco se produz muito**, ou melhor, de vez em quando se produz um lote maior, que não representará muito volume, pois são itens C, mas que trará uma melhor organização na fábrica e redução nos custos de *setups*.

A partir dessa regra podemos resumir nossa visão particular de como deve ser a tática para operar essa estratégia de produção da ME, que será detalhada nos demais capítulos do livro, uma para cada um dos quatro grupos de demanda (itens da classe A, classe B, classe C e os pedidos especiais) relacionando volume com frequência, conforme ilustrado na Figura 3.14.

Para os itens da classe A, com alto volume e com alta frequência, a tática é trabalhar com a programação puxada com um sistema *kanban* normalmente manual (quadro/cartão) dado que são poucos itens, e com lotes econômicos pequenos, viável, visto que temos recursos focalizados onde o *setup* é zero, e com um supermercado montado para um número de dias baixo (de um a dois dias), o que permitirá alto giro ao mesmo.

Figura 3.14   Os quatro tipos de demandas e suas táticas para o PCP

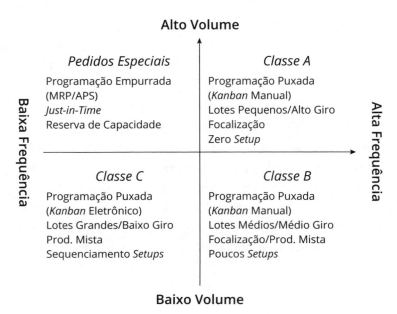

Já para os itens da classe C, com baixo volume e baixa frequência, a tática é se trabalhar com a programação puxada, mas com o apoio computacional, dado que são muitos itens, com lotes econômicos grandes (grandes em relação à pequena demanda dos itens C) que irão girar pouco, ou seja, supermercados para um número grande de dias (de duas semanas a um mês), e uma estrutura fabril para a produção mista com muitos *setups* que deverão ser sequenciados.

Entre as classes A e C têm-se os itens B, com frequência, mas com volumes mais baixos, onde a tática é intermediária, ou seja, programação puxada manual (ou integrada na informatização) com lotes econômicos um pouco maiores, dado que irão repartir as capacidades produtivas, via *setup*, com alguns itens, e com supermercados planejados para giro médio, talvez uma semana.

Como exemplo, nas tabelas das Figuras 3.15 e 3.16 apresentamos o dimensionamento utilizado na época para montar os supermercados e reservar as capacidades de teares seguindo a regra PT3. São apresentadas duas malhas de cada categoria de demanda (A, B e C). Vamos nos ater à questão da demanda, foco deste capítulo. Para demandas grandes, itens classe A, foi montado um estoque para apenas 1,2 dia (ND), dado que teríamos teares focalizados a essas malhas (nove para a meia malha 151) e o *lead time* de reposição seria rápido, aproximadamente 0,5 dia (LT). Ou seja, o que se vende muito se produz pouco (e sempre)!

Figura 3.15   Exemplo de dimensionamento dos supermercados usando a regra PT3

Item	Classe	Malha	D (kg/dia)	Q (kg)	Nd	LT	% Seg.	NK	Quadro		
1	A	151	3.800	16	1,2	0,5	20	285	109	119	57
2	A	191	2.800	37	1,2	0,5	20	91	34	38	19
3	B	1.074	400	35	7,5	2,5	20	86	39	29	18
4	B	511	775	37	7,5	2,5	20	157	72	53	32
5	C	5.346	73	16	12,0	5,0	20	55	21	23	11
6	C	5.346	50	16	12,0	5,0	20	38	14	16	8
								711	288	278	145

Já para os itens da classe C, que ocupavam partes pequenas de teares, foi desenvolvida uma matriz de *setup* de forma a agrupar malhas de estrutura parecida em um ou dois teares, e montado estoques superiores a duas semanas (ND = 12 dias), de forma que em uma semana se pudesse acumular as ordens para sequenciá-las melhor e só produzir na próxima semana. Ou seja, o que se vende pouco se produz muito (de vez em quando)!

Figura 3.16   Exemplo de dimensionamento dos teares usando a regra PT3

Item	Classe	Malha	D (kg/dia)	TX (kg/h)	Teares/dia
1	A	151	3.800	18,73	8,45
2	A	191	2.800	23,87	4,89
3	B	1.074	400	14,40	1,16
4	B	511	775	29,24	1,10
5	C	5.346	73	14,60	0,21
6	C	5.346	50	19,38	0,11

E como este é para ser um livro prático, não podemos nos esquecer de uma tática para os famosos pedidos especiais, que entram eventualmente atravessados na fábrica com objetivo, em geral, de cobrir alguma capacidade ociosa momentânea, ou ainda, de se buscar margens mais altas de contribuição. Se você estiver pensando em implantar alguma estratégia de produção que não permita essa aceitação de pedidos especiais, pode se preparar, pois o comercial e o financeiro vão torcer o nariz. A solução, me parece, consiste primeiro em reservar algum espaço na capacidade da fábrica para esses pedidos, de forma que fique clara qual a capacidade que dispomos para incluir esses pedidos, e segundo, manter em funcionamento (ou implantar se não houver) um sistema de cálculo das necessidades de materiais (MRP) para a emissão de ordens JIT, ou seja, específicas para esse pedido (se você não tiver vergonha, pode chamá-las de empurradas). Se a segurança for boa nos supermercados, pode-se inclusive negociar o "roubo" de alguns itens dos supermercados para esses pedidos especiais empurrados sem comprometer os mesmos.

Bem, em resumo, essa é a forma como vejo a implantação da estratégia de produção da ME nas empresas que buscam a diferenciação. Ela vai ser expandida nos próximos capítulos seguindo o ciclo virtuoso da ME, entrando em cada um dos pontos do ciclo; lógico que cada caso é um caso, com suas especificidades. Roupas, toalhas e cortinas, fitas têxteis, motobombas, transformadores, artefatos de cimento, eletroferragens, máquinas para móveis, peças cerâmicas, lavadoras etc. são todos produtos e processos bem diferentes e oferecem um desafio interessante para adaptar e implantar essas táticas.

Vamos em frente com relação à demanda. Nesses dois primeiros tópicos discutimos a importância da previsão da demanda e suas características no sistema produtivo repetitivo em lotes; podemos passar agora para a apresentação do conceito de nivelamento do PMP a demanda e sua interação com a programação da produção, para ao final falarmos um pouco em parcerias como forma de estabilizar as demandas.

3.4   Nivelamento do Plano-mestre à Demanda

Conforme apresentamos no início do capítulo na Figura 3.2, a previsão de demanda de médio prazo é transformada em um plano de produção de produtos acabados chamado plano-mestre de produção ou PMP. Esse PMP serve, por um lado, para fazer o planejamento do uso da capacidade, e, por outro, para implementar no período congelado a programação da produção necessária, empurrada ou puxada, definindo as ordens de compra, fabricação e montagem.

Em sistemas convencionais, em função da baixa flexibilidade, a elaboração do PMP é feita com base em grandes lotes econômicos de produção (em geral a montagem), não raro em lotes únicos semanais, conforme o exemplo da Figura 3.17. Desta forma, se temos capacidade de produzir 10.000 itens por semana, 2.000 por dia, o PMP seria montado com lotes de 5.000 itens A, 3.000 itens B e 2.000 itens C, buscando apenas três preparações na linha. Logo, até a metade da quarta-feira estaríamos produzindo o item A, quarta e quinta, produzindo o item B, e sexta, o item C. Como as demandas são variáveis, a tendência é gerar sobras em estoques de forma que, na semana seguinte, provavelmente esses grandes lotes econômicos serão alterados.

Já falamos bastante no capítulo passado dos problemas, ou desperdícios, que essa tática de planejar (PMP) e programar a fábrica com grandes lotes econômicos variáveis acarretam dentro da estratégia da diferenciação, mas nunca é demais ressaltar os seguintes pontos:

✓ o atendimento imediato dos clientes se dá com base em estoques formados em períodos anteriores. Por exemplo, se na quarta-feira tenho que entregar um pedido de itens A, B e C, vou ter que recorrer aos estoques formados nas semanas anteriores, pois até a quarta estou produzindo apenas itens A;

✓ como os lotes do PMP vão ser explodidos, via MRP, para gerar a programação dos itens componentes, em geral de forma empurrada, esses grandes lotes econômicos vão ser repassados para toda a fábrica, no que é conhecido como efeito "chicote". Em decorrência disso, os estoques médios (lote/2) por toda a fábrica serão altos. No caso do PMP, como ilustrado na Figura 3.17, os estoques médios seriam de 5.000 itens, ou meia semana;

✓ além disso, como os lotes econômicos grandes tendem a ser variáveis, dado que as demandas e estoques utilizados na programação são variáveis, fica muito difícil introduzir e atualizar um padrão de trabalho, ou rotinas de operações-padrão (ROP), o que afeta em muito a questão da qualidade do processo. Por exemplo, se ora colocamos um contenedor com 5.000 peças ao lado da máquina e ora colocamos um com 2.000 peças, como vamos dimensionar o espaço para colocação do lote e a ergonomia e movimentação do operador para pegá-las?

Figura 3.17   PMP com grandes lotes econômicos variáveis

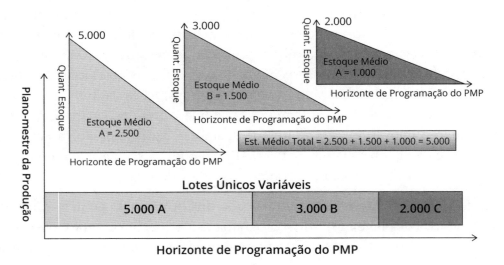

A solução encontrada pelos japoneses do STP para atacar a origem desse importante desperdício da superprodução, em particular desses três pontos levantados, foi reduzir e padronizar os tamanhos de lotes econômicos em uma dinâmica que é chamada de nivelamento do PMP à demanda. A explicação dada por Ohno (1988) em seu livro, segundo entendi, é de que eles estavam tentando transferir para dentro da fábrica, nas operações de conformação, os padrões de trabalho desenvolvido por Ford apenas nas linhas de montagem. Conforme ilustrado na Figura 3.18, se, por exemplo, o PMP gerar uma programação de 5.000 itens A, 3.000 itens B e 2.000 itens C, ela seria emitida em lotes padrões de 1.000 itens cada, seguindo nossa regra PT3 (deu a louca no PCP), ou seja:

✓ Demandas grandes: lotes econômicos pequenos (1.000 em relação a 5.000) e frequentes, um lote a cada dia;
✓ Demandas pequenas: lotes econômicos grandes (1.000 em relação a 2.000) e eventuais, um a cada dois dias.

Figura 3.18 PMP com grandes lotes econômicos variáveis e com lotes econômicos padrões pequenos

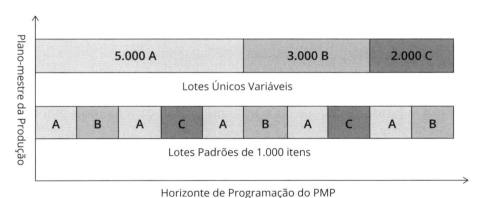

A grande limitação para esse tipo de programação nivelada é clara; onde tínhamos três paradas para a preparação da linha (*setup*), agora se terão 10 preparações. Contudo, superada essa limitação com a implantação das práticas da ME voltadas para o aumento de flexibilidade e da produção em fluxo de lotes econômicos pequenos (objeto de apresentação dos próximos capítulos), os principais ganhos serão:

✓ atendimento rápido (JIT) dos clientes internos ou externos sem recorrer aos estoques formados em períodos anteriores, pois a cada momento estaremos produzindo um *mix* de produtos proporcionais à demanda. Isso é muito importante em alguns tipos de indústrias, como a têxtil, onde os pedidos dos clientes só são faturados quando todas as referências estiverem disponíveis. Neste exemplo simples, já na terça--feira teremos produzido todos os itens (2.000 itens A, 1.000 itens B e 1.000 itens C) para compor os pedidos dos clientes;

✓ com lotes econômicos pequenos, não só no PMP para os produtos acabados, mas em todo o processo de explosão das necessidades de materiais (MRP) realizado a partir dele, os estoques pela fábrica se reduzirão, bem como todos os desperdícios atrelados a eles. No exemplo simples que estamos seguindo, conforme se pode ver na Figura 3.19, os estoques médios totais cairão de 5.000 itens para 1.500 itens por semana, ou de 2,5 dias para 1,5 dia;

✓ como estamos programando a fábrica em lotes econômicos padrões de 1.000 unidades, fica mais fácil desenvolver e atualizar padrões de trabalho, ou ROP, com reflexo na qualidade do trabalho (ritmo padrão) e no *layout* e logística de abastecimento da linha. Na realidade, em linhas de montagem o *mix* pode mudar, por exemplo, para 5.000 de B, 3.000 de C e 1.000 de A, sem afetar a distribuição do trabalho (ROP) e a organização da linha, dado que elas estão atreladas ao volume exigido (TC = TD/D) e não ao tipo específico do produto a ser montado naquela família, como, por exemplo, de motor elétrico (220 ou 110 volts) ou rotor (alumínio, bronze ou noril) que se colocará na motobomba, ou a cor de uma gola que irá ser costurada em uma camisa polo;

✓ um quarto ponto importante nesse processo de nivelamento do PMP a demanda, ressaltado no nosso ciclo virtuoso da ME, é o estimulo à implantação da programação puxada, que irá, além de garantir um pronto-atendimento, simplificar o fluxo maior de ordens de abastecimento entre fornecedores e clientes (internos e externos). Como agora teremos, no exemplo seguido, 10 ordens circulando pelo processo e não apenas três, temos que agilizar e reduzir os custos desta burocracia. A programação puxada via *kanban* acionado pelos próprios colaboradores irá promover esse benefício.

Figura 3.19   PMP nivelado e seus estoques médios

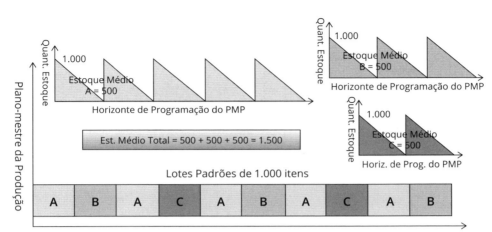

Exemplos práticos de nivelamento do PMP à demanda não são fáceis de ser encontrados na bibliografia sobre ME; acho que o moderno pensamento enxuto com muitos sigmas não dá muita atenção a esses detalhes; com exceção do clássico exemplo apresentado por Monden na década de 1980 em seu livro sobre o STP, que está ilustrado na Figura 3.20, pouco se fala sobre PMP. A impressão que tenho é de que só precisamos encontrar o tal processo puxador que a vida está ganha e chegaremos à perfeição! De qualquer forma, esse único exemplo me foi útil durante muito tempo na explicação desse importante ponto da ME, até que tive algumas oportunidades de participar da montagem de planos nivelados, que relatarei na sequência. Antes gostaria de prestar mais uma homenagem ao Monden e seu livro relatando o clássico exemplo da Toyota.

Figura 3.20 PMP nivelado no STP na década de 1980 segundo Monden (1984)

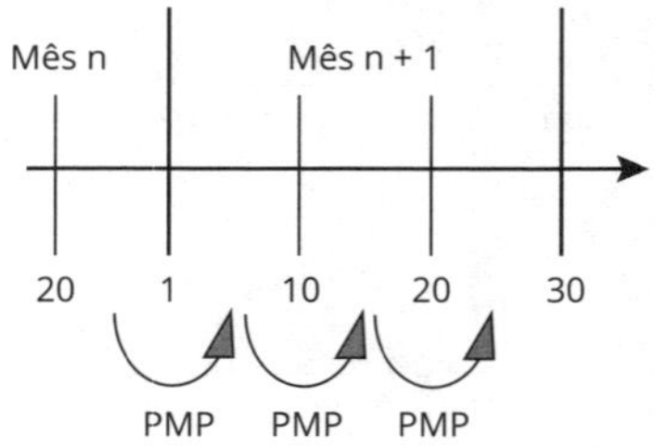

PA	Demanda Mensal	Média Diária Produção	Takt Time	Unidades por 576 segundos
A	8.000	400		4
B	6.000	300	(28.800 s/turno	3
C	4.000	200	× 2 turnos) /	2
D	2.000	100	1.000 unid. = 57.60 s/ unid.	1
	20.000	1.000		10

Segundo Monden, a empresa dividia seu mês em três períodos de 10 dias, fazendo um PMP para cada um desses períodos, e empregava as informações desse PMP dez dias para revisar seu plano-mestre mensal. A cada dia, com antecedência de quatro dias da data de montagem dos carros, os revendedores enviavam um pedido diário incluindo as especificações exigidas pelos clientes que não fizeram parte dos carros solicitados anteriormente no PMP de dez dias. Três dias antes da montagem dos carros, o setor de vendas classificava e consolidava os diversos pedidos dos revendedores segundo os tipos de carro-çarias, motores, transmissões e cores, passando essas informações à fábrica. Com dois dias de antecedência, a fábrica finalmente estabelecia a sequência do programa de montagem para a linha. Essa sequência de montagem era nivelada para uma produção de 1.000 carros por dia, distribuídos em quatro alternativas (400 tipos A, 300 tipos B, 200 tipos C e 100 tipos D), conforme a tabela da Figura 3.20. E, não satisfeita com um nivelamento diário, a Toyota fazia um nivelamento a cada 10 unidades montadas (ou a cada ciclo de 576 segundos), montando uma sequência de 4 A, 3 B, 2 C e 1 D.

Que bela adaptação da famosa frase atribuída a Ford de que *um carro pode ter qualquer cor, desde que seja preto*; para um carro pode ter qualquer cor (A, B, C ou D), desde que seja planejado com antecedência! Tento usá-la sempre que posso, e um exemplo interessante que vivenciei vem do setor têxtil de confecções de roupas, onde novas coleções são colocadas a cada quatro meses, e dentro dessas coleções são lançadas diferentes referências (em geral, em quatro ou cinco cores cada) como estratégia de marketing para tentar satisfazer diferentes clientes. Nesse setor industrial têm-se três momentos distintos de produção e demanda:

✓ um primeiro momento, de um a dois meses, em que se começa a produzir com base em previsões internas apenas, dado que ainda não se ofereceu o mostruário aos lojistas;

✓ um segundo momento, de um mês ou mais, em que se começa a vender as coleções aos lojistas, mas ainda não há venda dessas coleções ao cliente final, onde ocorre então um primeiro realinhamento das previsões iniciais;

✓ um terceiro momento, em torno de um mês, onde finalmente as roupas estão sendo vendidas e os lojistas solicitam reposições com base em seus estoques. Nesse ponto se faz um segundo realinhamento das previsões e se tenta zerar os estoques.

Em geral, o setor de desenvolvimento de produtos e o PCP destas grandes empresas têm uma boa ideia de quais as referências que vão vender muito (tipo A) e quais as que estão na coleção para "compor" a variedade exigida pelo mercado (tipo C). Lógico que existem as referências de demandas médias (tipo B), mas vamos tratar apenas dos dois extremos. Com base nessas previsões, o PCP dessa empresa na qual acompanhamos montava um PMP semanal usando a lógica da parte superior da Figura 3.21, com grandes, variáveis e periódicos lotes de referências tipo A e com muitos, frequentes e pequenos lotes de referências tipo C.

Figura 3.21   PMP convencional e nivelado no setor têxtil

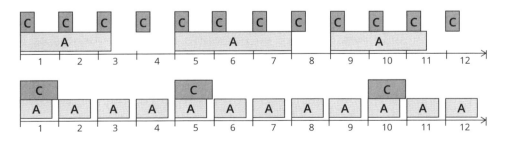

A razão é bem simples, e justificável em sistemas convencionais: com grandes lotes econômicos do que se vende muito se podem reduzir os custos das confecções, pois várias células passarão algumas semanas produzindo os mesmos itens, no começo com baixa eficiência e após alguns dias com eficiência melhorada, de forma que quando estiverem terminando o lote depois de duas ou três semanas, estarão a 90% ou mais, quando então recomeçam o processo com outro grande lote econômico de uma nova referencia tipo A. Já para as referências que saem pouco, com medo de ocorrerem sobras ao final da coleção, se faz uma programação quase toda semana com a conta de chegada atualizada pela dinâmica de realinhamento da previsão/venda. Nessas referências com lotes bem menores do que 400 peças torna-se difícil alcançar mais do que 50% de eficiência nas células, que acabam tendo *setups* frequentes.

Não é preciso ser um velho surfista (acabo de completar 40 anos de ondas) como eu para entender o *tsunami* de estoques dessas referências que irrompia pela fábrica com essa lógica convencional. Após a explosão desses PMP semanais, eles entupiam a malharia com quatro semanas de antecedência, passavam pelo beneficiamento se represando no gargalo da rama na terceira semana, adentravam ao corte e preparação dos pacotes escondendo as pessoas atrás das pilhas uma semana antes e desaguavam em desorganização e quebra de ritmos nas células de costura até inundarem a expedição com as referências finalmente prontas, que ainda tinha a função de guardá-las por um bom tempo antes da montagem das cargas (que bela descrição, nessa me superei unindo fábrica com *surf.*).

Depois de palestras e cursos sobre ME, treinamentos específicos em algumas práticas e simulações, conseguimos trazer o PCP e a expedição para um grupo de melhorias para trabalhar a questão do nivelamento do PMP à demanda aplicando a regra PT3, conforme se pode ver na parte inferior da Figura 3.21. O resultado a que chegamos foi de aumentar a produtividade com a programação de lotes pequenos, 800 referências, toda semana, com foco nos ritmos daquelas referências tipo A, reservando uma célula apenas para cada referência, tentando evitar o *setup*. E, por outro lado, aumentamos os lotes das referências tipo C, de forma que apenas dois ou três desses lotes (o ideal era de 800 referências) fossem programados durante toda a coleção, deixando para arredondar o estoque apenas no último lote da coleção. Para nossa surpresa, após a implantação desse nivelamento, as sobras dessas referências não aumentaram em relação à tática anterior de pequenos lotes.

O efeito foi quase imediato na cadeia produtiva, o *tsunami* foi amainando e as marolinhas que surgiam depois na explosão do PMP passavam tranquilamente durante as semanas pelos vários setores. Claro que não é tão simples assim como estou relatando, pois a explicação se ateve às referências A e C. Na verdade, a expedição possuía uma heurística complexa ligada à previsão e pedidos em carteira que levava em conta vários fatores e que foi adaptada com novas regras a esse conceito de nivelamento. Parabéns ao Ernani, que encarou essa tarefa espinhosa com sucesso.

Em relação a essa questão de trabalhar com lotes econômicos padrões no PMP, em geral desconsiderada na programação empurrada, tenho outro exemplo interessante, esse no setor de tecidos planos. A empresa montava um PMP toda semana com lotes variáveis em função dos níveis de estoques na expedição e dos pedidos em carteira, por exemplo, um lote de 700 toalhas de banho de uma referência. Ocorre que essa ordem de confecção, ao ser transformada de toalhas em metros de tecido para ordens de tecelagem, acabava gerando um rolo (canela) variável, o que exigia que o tecelão, na maioria das vezes, cortasse o tecido quando a metragem era atingida justamente no meio de uma toalha (mais um exemplo da lei de Marphy). Quando fomos implantar uma lógica puxada na cadeia produtiva da família das toalhas, ligando fiação, tecelagem, beneficiamento, costura e expedição, é claro que padronizamos de traz para frente o tamanho do lote no PMP para 320 toalhas de banho (540 de rosto), de forma que o lote na tecelagem passou a ser cortado exatamente com 250 metros no tecido de banho (165 metros na de rosto), o que se dava sem nenhum desperdício de tecido, visto o corte ser entre duas toalhas.

É mais simples, sem dúvida, sugerir melhorias para quem está de fora. Já para o pessoal da fábrica que está apagando incêndio na correria do dia a dia, empurrando grandes lotes econômicos variáveis no seu PMP, esses detalhes passam despercebidos. O que é um vazamento na torneira do quintal quando temos um *tsunami* na fábrica para administrar?

Posso apresentar outro exemplo prático de nivelamento do PMP à demanda como o acima, onde colocamos um supermercado nos produtos acabados como forma de barrar a passagem imediata da variabilidade da demanda de motobombas para dentro da fábrica. Como pode ser visto na parte superior da Figura 3.22, o PMP dessa família de motobombas (família da classe A) consistia em transferir diretamente para a linha de montagem a necessidade de reposição dos estoques dos cinco centros de distribuição (CDs) da empresa, de forma que uma programação típica empurrada era uma sequência variável de lotes variáveis durante a semana, como por exemplo, 600 na segunda, 200 na quarta, 500 na sexta etc.

Figura 3.22   PMP convencional e nivelado em uma fábrica de motobombas

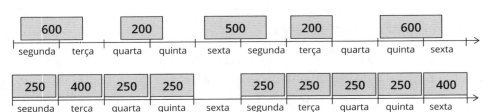

A princípio, a empresa não via problema em variar a programação resultante do PMP, dado que bastava deslocar os montadores (de três a cinco) entre as linhas das diferentes famílias de motobombas quando a ordem era liberada para aumentar ou diminuir a produção. Uma consequência negativa dessa forma de programação em lotes variáveis, além da quebra do ritmo da linha, era que havia necessidade de o PCP conferir diariamente a disponibilidade de componentes nos estoques antes de emitir e liberar as ordens, o que acabava retardando o início dos trabalhos em 2,5 horas em média, quando não transferindo para o dia seguinte em função da falta de algum item que a usinagem ou um fornecedor não haviam entregado, atrasando a entrega dos pedidos aos clientes nos CDs.

A solução que foi desenvolvida na empresa via diferentes grupos de melhorias, inclusive com a importante participação e colaboração do comercial, para o nivelamento do PMP à demanda no contexto da estratégia de produção da ME, conforme ilustrada na parte inferior da Figura 3.22, consistiu em padronizar duas rotinas de operações-padrão, uma com dois operadores para a montagem de 250 a 300 motobombas por dia (que era a demanda média) e outra com três operadores para a montagem de 400 motobombas por dia (o balanceamento de linhas vai ser tratado com detalhes no Capítulo 5, aqui, o foco é a demanda). Foi montado também um sistema de programação puxado (*kanban* informatizado em uma planilha, desenvolvida e administrada de forma brilhante pelo meu amigo Walter) a partir das demandas médias das famílias de motobombas classes A e B visando isolar as variações do mercado da linha de montagem, bem como um sistema puxado dos componentes de abastecimento da linha, de forma a garantir uma programação diária para a linha de até 400 motobombas.

Para a programação das linhas foi desenvolvida uma planilha ligando os níveis de estoques no supermercado dos CDs com um quadro de sequenciamento diário (*heijunka*) das linhas, conforme exemplo da Figura 3.23, para uma família de motobombas. Dessa forma, o sistema *kanban* das motobombas passava diariamente para esta planilha a situação dos supermercados dos CDs, sinalizando as quantidades nas faixas verde (precisa montar), amarela (está na hora de montar) e vermelha (monte logo, pode acabar o estoque). Com esta sinalização, no final do turno do dia anterior, o programador do PCP, junto com o líder da linha, fazia a distribuição do *mix* de montagem dessa família para o dia seguinte, em alternativas de 250 até 400 motobombas. Por exemplo, na Figura 3.23 foram programadas rotinas para segunda, terça e quarta com dois operadores montando 250 motobombas, dando-se prioridade para as motobombas cujo supermercado apontava itens no vermelho e amarelo.

Essa informação com o *mix* da família a ser montada no dia seguinte era então passada para um quadro sequenciador físico, conforme a Figura 3.24, posicionado ao lado da linha de montagem que servia de base para os montadores saberem qual o *mix* a ser montado da família por dia e de informação para o abastecedor preparar com antecedência os componentes da linha para o dia seguinte, lembrando que esses componentes já estavam em estoque no supermercado, sendo repostos também pelo sistema puxado.

Novamente aqui tentei simplificar a explicação, mas basicamente foi isso o que aconteceu com mais algumas ações que precisaram ser realizadas para que a linha passasse de uma programação irregular empurrada com ordens emitidas e liberadas pelo PCP para uma programação nivelada puxada diariamente pelo supermercado dos CDs, como, por exemplo, trocar a caixa de embalagem, que era de duas em duas motobombas, para uma caixa individual, instalar uma impressora de etiquetagem no final da linha, dado que o PCP parou de empurrar um lote previamente identificado, entre outras ações desenvolvidas pelos grupos de melhorias.

Figura 3.23 Planilha de nivelamento do PMP com a demanda de motobombas

Código	Família	Necessidade — Prioridade			Total	Segunda	Terça	Quarta	Quinta	Sexta	Sábado	Programado	Diferença
1	MB1 1/4CVMONO60HZ127V	125	61	15	201	79	122					201	0
2	MB2 1/4CVMONO60HZ220V	70	40	10	120	50		70				120	0
3	MB3 1/3CVMONO60HZ127V	62	35	5	102	40		62				102	0
4	MB4 1/3CVMONO60HZ220V	80	10	6	96	16		80				96	0
5	MB5 1/2CVMONO60HZ127V	53	22	11	86	20		38				58	28
6	MB6 1/2CVMONO60HZ220V	42	16	0	58		58					58	0
7	MB7 1/2CVMONO60HZ127V	58	15	0	73	15						15	58
8	MB8 1/2CVMONO60HZ220V	64	0	0	64							0	64
9	MB9 3/4CVMONO60HZ127V	100	30	0	130	30						30	100
10	MB10 3/4CVMONO60HZ220V	70	0	0	70		70					70	0
11	MB11 1CVMONO60HZ127V	100	50	0	150							0	150
12	MB12 1CVMONO60HZ220V	65	0	0	65							0	65
TOTAL					1.215	250	250	250	0	0	0	750	465

GERAR PRIORIDADES · LIMPAR PROGRAMAÇÃO TOTAL · LIMPAR SEGUNDA · LIMPAR TERÇA · LIMPAR QUARTA · LIMPAR QUINTA · LIMPAR SEXTA · LIMPAR SÁBADO · Acompanhamento

Figura 3.24 Quadros de sequenciamento das linhas de montagem de motobombas

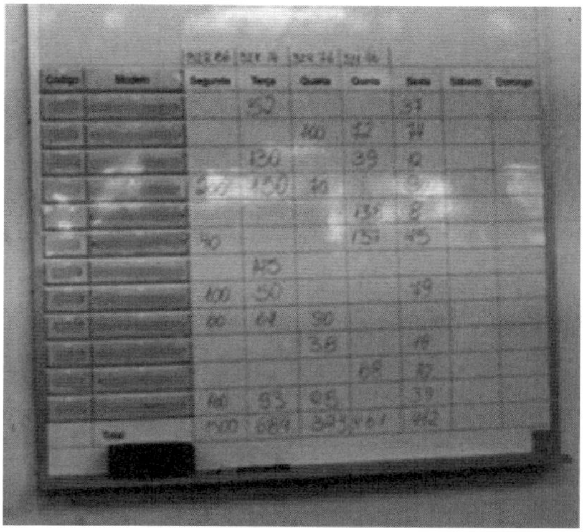

O fato é que sendo um surfista professor, ou professor surfista, de PCP, sempre que olho para um sistema produtivo tento identificar esses *tsunamis* de programação que arrasam a fábrica. Quando você entra em uma fábrica, por exemplo, e depara com a situação da linha de montagem do produto mais vendido (item A), com demandas médias de 100 máquinas mês, ou cinco por dia, sendo organizadas da forma apresentada na Figura 3.25, com lotes de montagem de 20 máquinas de cada vez, é fácil identificar por que em volta da linha, na caldeiraria e na usinagem dos componentes, as placas tectônicas das ordens de fabricação do PCP estão em constante atrito com o prazo de entrega e organização da fábrica. No capítulo sobre linhas e ROP apresento com detalhes esse interessante caso de nivelamento do PMP que o Gustavo (ele também um amante do *surf*) nos apresentou em sua fábrica para estudar e resolver.

Para fechar esse tópico sobre o nivelamento do PMP à demanda gostaria de expandir esse conceito para situações dentro da própria empresa, onde um setor é fornecedor de outro, muito comum na indústria têxtil, onde as grandes empresas são bastante integradas verticalmente, podendo ir do fio ao produto acabado. Nesse caso, ao invés de estarmos resolvendo um problema associado ao PMP e ao produto acabado, estaremos revendo a forma como as programações são emitidas e liberadas entre os setores, mas no fundo a lógica é a mesma, "evitar os *tsunamis*", pois no final sempre é o cliente que paga o pato.

Por exemplo, vamos examinar o relacionamento de uma malharia no atendimento do seu cliente tinturaria, que inicialmente era interno e depois, com a saída da malharia da empresa, se tornou externo. Antigamente, o PCP da tinturaria programava a cada dois ou três dias um conjunto de ordens de tingimento para cada uma de suas 39 máquinas que possuía, sendo considerado normal emitir e liberar para a pesagem e abertura das ordens por parte da malharia mais de cinco ordens por máquina (dois dias de produção). O que vocês acham que o pessoal da malharia no setor de preparação das cargas (pesagem e abertura das malhas) fazia com esse conjunto de ordens em mãos dado que era avaliado por toneladas de malhas preparadas? Sim, você acertou, isto mesmo: o que qualquer ser humano faria, o mais fácil primeiro. Ou seja, o turno que recebia as ordens pesava e abria as ordens que possuíam malhas mais perto; o próximo turno já tinha que caminhar um pouco mais para pegar suas malhas; e o turno da noite passava mais tempo procurando malhas do que montando cargas e tinha sua eficiência bem baixa.

Figura 3.25   Como se formam os *tsunamis* nas fábricas

O resultado dessa programação empurrada desnivelada em relação à demanda (das máquinas de tingimento) em grandes lotes (no caso lotes de ordens) era de que normalmente se tinham ordens preparadas com muita antecedência. Em geral se possuíam muitas ordens preparadas para uma máquina, enquanto outra estava parando por falta de carregamento. Ou ainda, se tinham as malhas atreladas a uma ordem e a receita das tintas por alguma razão não era liberada, e isso segurava a carga. E o que era ainda mais crítico, se usava a malha de uma ordem necessária no momento para montar uma ordem de dois ou três dias à frente, e aí a malharia entrava em regime de urgência para produzir o que já havia produzido. Não sei como o Mauro, gerente da malharia, ainda tinha cabelos pretos; acho que ele relaxava andando de moto no fim de semana.

A solução discutida e implantada pelo grupo de melhorias foi (novamente eu diria) nivelar à demanda do cliente, nesse caso, as máquinas de tingimento, com base em um supermercado regulador, e ligar a preparação da malharia a esse supermercado com um quadro de gestão a vista do carregamento das máquinas de tingimento. Como cada tingimento pode durar de cinco (cores claras) a oito (cores escuras) horas e uma pesagem e abertura, talvez, meia hora, se a malha estiver identificada em local conhecido, foi planejado um sistema de abastecimento (*kanban* chão, que será visto no devido capítulo) de três cargas por máquina. Uma estará na máquina e no máximo duas estarão preparadas, o que dá em média um dia de demanda por máquina. Na fotografia à esquerda na Figura 3.26 se pode ver o corredor da tinturaria onde foi colocada parte do supermercado.

Figura 3.26   *Kanban* chão da tinturaria e quadro de programação da malharia

Já na malharia, que possuía seu próprio supermercado de malhas cruas, foi desenvolvido um quadro de gestão a vista para identificar como estava o carregamento das máquinas de tingimento. Inicialmente, enquanto a malharia estava fisicamente ao lado da tinturaria, se usou um quadro com 24 horas (*heijunka*) que sinalizava em que hora, aproximadamente, a máquina de tingimento teria o fim da carga atual. A partir desse quadro se tinha a prioridade para repor os lotes do *kanban* chão, buscando em outro quadro a ordem de beneficiamento já emitida para essa máquina para a pesagem e abertura das malhas cruas.

MANUFATURA ENXUTA COMO ESTRATÉGIA DE PRODUÇÃO · Tubino

Quando a malharia se separou da empresa, indo para uma instalação própria a uns 10 quilômetros da tinturaria, a logística de abastecimento ficou ligada a um ciclo de três entregas por dia das cargas montadas e recolhimento das ordens de beneficiamento emitidas. O antigo quadro de gestão a vista foi trocado pelo grupo de melhorias por outro onde em cada coluna se tem uma faixa vermelha, amarela e verde para cada máquina de tingimento, apresentado no lado esquerdo da Figura 3.26. Esse quadro passou a funcionar da seguinte forma:

✓ se a ordem de beneficiamento que chegar for de malha para o mostruário, que tem um calendário bem apertado, ela é colocada na faixa vermelha, sinalizando a prioridade;

✓ se a ordem que chegar for a primeira para uma determinada máquina, ela entra na faixa amarela e será programada após as ordens da faixa vermelha;

✓ se a ordem que chegar for a segunda para uma determinada máquina, ela entra na faixa verde e será processada só após as ordens da faixa amarela.

Ao lado do quadro se colocou uma canaleta para sequenciar a pesagem e outra para a abertura da ordem onde são inseridas plaquetas (verdes, amarelas ou vermelhas) pelo programador do PCP com o número da máquina nas cores correspondentes às ordens no quadro, de forma a manter o FIFO entre as duas operações. Isso é gestão a vista, só a base de quadros e sinalizações simples desenvolvidos pelos próprios operadores. Parabéns ao Mauro e sua equipe.

Este último exemplo de nivelamento do PMP à demanda é importante porque mostra que independentemente de os processos serem dentro de uma mesma empresa ou em empresas separadas, como tivemos oportunidade de vivenciar, sempre é possível buscar esse nivelamento, entrando em um ciclo virtuoso, com base no conhecimento da teoria da estratégia da manufatura enxuta e no bom-senso entre os administradores dos negócios. No próximo tópico, a ideia é estender esse conceito de nivelamento discutindo as principais práticas que estimulam a parceria entre clientes e fornecedores com resultados positivos em toda a dinâmica da previsão e uso da demanda na organização da fábrica.

3.5 Demanda e Parcerias de Longo Prazo

Quando comecei meu doutorado em engenharia de produção em 1989 tive que procurar um tema importante e inédito para trabalhar. Na época, o STP, ou filosofia JIT, como o chamava, estava sendo discutido e confrontado com alternativas de organização de fábricas, algumas engenhosas e cativantes, mas em geral inúteis na prática, e pelas minhas pesquisas (naquela época pré-internet nada fácil) não havia praticamente nada sobre o relacionamento fornecedor-cliente no contexto da filosofia JIT, ou STP, principalmente em se tratando de Brasil. Em função disto escolhi esse tema para trabalhar e em 1994 me tornei doutor, orientado pelo meu colega Prof. Cristiano Cunha, apresentando a pesquisa: o relacionamento fornecedor cliente na filosofia *Just-in-Time* segundo a ótica do cliente. Hoje em dia, um trabalho como esse estaria na área de logística, mas naquele tempo logística não usava gravata e era basicamente pesquisa operacional aplicada, ou seja, era mais operacional do que estratégica. Nessa pesquisa tentei identificar quais as principais práticas da estratégia de produção da ME que fazem com que a cadeia produtiva seja mais eficaz e, ainda, se tínhamos empresas no Brasil que estavam utilizando essas práticas com seus fornecedores.

A constatação que cheguei à época comprovava a hipótese de que poucos esforços estavam sendo desenvolvidos pelas empresas no Brasil para implantar essas práticas em suas cadeias de fornecimento. Na realidade, seria esperar muito que empresas que nem conseguiam se organizar internamente segundo a estratégia de produção da ME o fossem fazer no relacionamento com seus fornecedores. Além de conseguir meu título de doutor, essa pesquisa me incutiu desde então o conceito do que é hoje chamado de gestão da cadeia de suprimento, onde o importante não é competir com clientes e fornecedores, mas sim competir entre cadeias produtivas, como ocorre hoje dentro da indústria automobilística.

Em relação à demanda, foco deste capítulo, será sempre mais vantajoso basear os planos de longo e médio prazos em informações confiáveis, vindo diretamente dos clientes parceiros, do que fazer previsões sujeitas a erros. Dessa forma, o conceito na época de que fornecedores e clientes deviam ser considerados como duas das cinco forças competitivas de Porter a serem combatidas (as outras eram concorrentes, novos entrantes e produtos substitutos), de forma a se manterem afastados das estratégias de produção da nossa empresa, no que era chamado relacionamento soma zero (para ganhar x, alguém tem que perder x), foi trocado pelo conceito de parceria nos negócios com base em um relacionamento do tipo ganha-ganha. As principais características desses dois tipos de relacionamentos, já identificados lá nos anos 1990, estão listadas na Figura 3.27.

Figura 3.27   Características dos relacionamentos soma zero e ganha-ganha

Relacionamento Soma Zero	Relacionamento Ganha-Ganha
Múltiplos fornecedores com trocas constantes	Ganhos de escala com o aumento do volume produzido por único fornecedor
Emprego do processo de concorrência para reduzir custo direto da compra	Redução dos custos do processo logístico como um todo
Excessivas atividades de controle nas operações de fornecimento	Coordenação de entregas em pequenos lotes de diferentes itens
Uso de estoques altos em função das incertezas	Processos focalizados mais enxutos junto aos clientes
Não compartilhamento de informações	Difusão dos conhecimentos e transferência de tecnologia
Variabilidade dos itens de origens diferentes	Garantia do retorno dos investimentos de longo prazo

Agora, para efetivar esse relacionamento estratégico de longo prazo entre duas empresas, é essencial desenvolver vínculos entre as organizações, com foco nos seguintes pontos:

✓ envolver a diretoria das empresas (nível estratégico e não apenas tático operacional), se possível com a participação acionária nos fornecedores;

✓ desenvolver relacionamentos confiáveis assegurando contratos justos e equitativos, com ações preventivas e não proativas;

✓ entender os compromissos e os benefícios por trás da estratégia de produção da ME, mantendo canais de comunicação contínuos e abertos.

A implantação de um sistema logístico enxuto integrando a produção do cliente com a produção do fornecedor com certeza irá trazer ganhos significativos na redução daquelas atividades que, convencionalmente, se sobrepõem (desperdícios) entre os dois sistemas, fazendo com que a cadeia produtiva consiga um retorno sobre seus investimentos maior do que conseguiria cada empresa atuando individualmente. Podemos apresentar pelo menos quatro pontos onde a implantação de parcerias com fornecedores e clientes irá permitir uma interação com a demanda e a estratégia de produção da ME:

✓ na redução das funções de expedição e recepção de materiais;
✓ na integração dos sistemas de ERPs;
✓ na utilização de pedidos em aberto;
✓ na engenharia simultânea e padronização do produto.

Com a troca da produção de grandes lotes variáveis empurrados por pequenos lotes padrões puxados pelo cliente, a partir do nivelamento do PMP à demanda, o fluxo de movimentações de materiais entre as instalações do fornecedor e do cliente será bem maior. Isso irá gerar a necessidade de se agilizar as funções de expedição por parte do fornecedor e a recepção por parte do cliente, reduzindo aquelas atividades que não estão agregando valor. Se mantivermos a logística convencional, apresentada na parte superior da Figura 3.28, para cada operador que agrega valor teremos cinco atividades que não agregam, gerando um déficit final de sete desperdícios. Em um primeiro momento, a entrada e saída de almoxarifados, as expedições e recepções e a burocracia das portarias podem ser eliminadas, fazendo com que o saldo seja de apenas um desperdício. O ponto alto, quando as empresas se aproximam, será atingido quando apenas as operações de produção em cada empresa e a operação logística entre elas forem necessárias, gerando um saldo positivo de agregação de valor.

Figura 3.28   Redução das funções de expedição/recepção

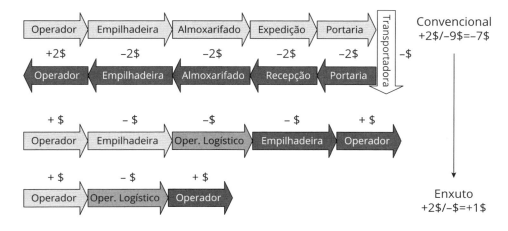

Antigamente, talvez fosse difícil e demorado desenvolver essa solução, mas hoje em dia é tecnicamente viável a integração dos sistemas de informações gerenciais, ou ERP, dentro de uma cadeia de fornecimento, o que irá permitir que os módulos de planejamento e controle da produção de cada empresa se comuniquem, isolando as variabilidades inerentes à demanda apenas na empresa do final da cadeia produtiva, que lida diretamente com o mercado consumidor. Todas as demais estarão trocando as previsões por demandas compartilhadas com os módulos do PCP do ERP do cliente, conforme ilustrado na Figura 3.29.

Figura 3.29 PCP convencional × PCP conjunto

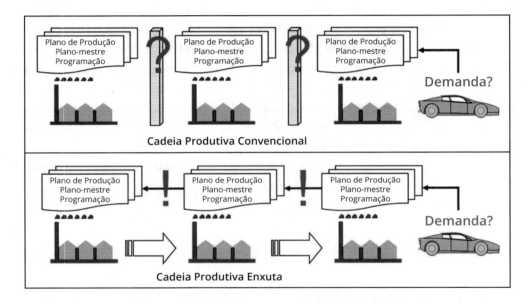

Logo, teremos fábricas mais equilibradas (capacidade de produção × demanda) dentro de uma capacidade negociada na montagem dos planos de produção estratégicos. Teremos também fábricas melhor utilizadas com a montagem conjunta de planos-mestres de produção, evitando a geração dos gargalos que aparecem no curto prazo. E com a programação a partir de demandas confirmadas teremos a possibilidade de incluir mais itens no sistema de programação puxado, que induzirá as reduções nas atividades de expedição e recepção.

O terceiro ponto a ser melhorado com as parcerias dentro de uma cadeia logística que interage com a demanda são os chamados contratos em aberto ou de capacidade. Com o relacionamento de longo prazo garantindo a parceria e estabelecendo critérios para a cotação do preço dos itens negociados, o cliente necessita definir no contrato apenas a reserva, ou compra, de uma determinada capacidade de produção da fábrica do fornecedor, até porque ele não sabe exatamente ainda quais os itens que irá consumir nos próximos meses e o bom-senso manda reservar uma capacidade do fornecedor e deixar os pedidos em aberto, para serem estabelecidos na medida em que a demanda for se tornando mais clara no curto prazo.

Esse ambiente é compatível com a aplicação da programação puxada, via sistema *kanban*, onde para sua organização precisamos apenas reservar uma capacidade de produção com base na previsão agregada de médio prazo e montar um supermercado abastecedor das variedades de itens, esperando que no curto prazo o cliente venha buscar o item específico que necessita (dentro do volume negociado) para providenciarmos sua reposição. Tenho sempre estimulado as empresas que implantam a estratégia de produção da ME a vender não apenas os seus produtos para os clientes, mas a vender junto seu sistema de programação puxada e o potencial dos pedidos em aberto. Ganha o fornecedor que estabiliza sua demanda e monta supermercados melhores e ganha o cliente que trabalha com mais confiança na reposição e estoques menores.

E para encerrar este capítulo onde tratamos a questão da demanda sobre diferentes aspectos na estratégia de produção da ME, gostaria de me ater à origem da demanda, ou seja, toda demanda tem sua origem no projeto dos produtos e na área de engenharia (do produto e do processo) das empresas. O primeiro aspecto diz respeito ao que chamamos de engenharia simultânea, onde se deve buscar desenvolver novos produtos com a participação de todos os interessados nesse projeto, incluindo-se os fornecedores e clientes. Essa ideia surgiu da constatação de que além dos projetistas do departamento de engenharia, os fornecedores, setores fabricantes e clientes devem ser ouvidos simultaneamente à etapa de projeto para contribuírem com sugestões que irão aperfeiçoar o fornecimento dos itens, a técnica de produção e o uso do produto. Com o apoio de tecnologias computacionais, esses participantes podem conversar independentemente inclusive do local onde estiverem.

Dessa forma, a participação de quem produz e detém o conhecimento do chão de fábrica, interna ou externamente, nessa etapa de projeto é importante para implantar produtos robustos e fáceis de serem produzidos, que são obtidos quando as especificações do produto estão por fora das especificações do processo onde ele será trabalhado, conforme ilustrado na Figura 3.30. Sendo assim, mesmo que o processo chegue ao seu limite inferior ou superior (LIC ou LSC), o produto estará dentro dos padrões de aceitação dos clientes (LIE ou LSE). Da mesma forma, se você como fornecedor tiver acesso aos projetos dos clientes, você pode gerar ideias que venham a melhorar seus próprios processos produtivos, evitando, por exemplo, um *setup* demorado que levará a um aumento do seu lote econômico.

Um último aspecto ligado ainda à origem das demandas via projeto do produto, não menos importante, é que a fábrica enxuta que vai ter que planejar e gerenciar a produção espera que a engenharia tente alcançar nossos clientes com o mínimo de variedades de itens componentes. Sempre que estou numa banca de pós-graduação como convidado para avaliar um trabalho em *Lean Project*, uma adaptação das práticas da ME para a área de projeto, com meus colegas da área de produto, gosto de ressaltar este ponto: a ME é uma estratégia de produção para as demandas médias, de diferenciação, e essa diferenciação deve ser obtida com a (menor) combinação de diferentes itens padrões, conforme o desenho da Figura 3.31, os quais precisaremos manter em estoque (ou seja, desperdício). Já quem trabalha com muita variedade são as empresas com estratégia de produção de focalização e seus sistemas produtivos sob encomenda, com maiores margens de lucro. Em geral, tenho a impressão de que eles não gostam muito dos meus comentários enxutos, tentando reduzir a variedade (que me parece ainda ser o grande foco deles) com o aumento da criatividade.

Figura 3.30   Especificação do produto por fora da do processo

Figura 3.31 Obtendo variedades de produtos com poucos itens

Flexibilidade Rígida
Customização em Massa

Mas sou confiante na criatividade do ser humano, em especial, os projetistas. Fizemos um trabalho de conscientização neste caminho de redução de variedades de componentes em uma empresa que utilizava mais de 500 tipos de malhas cruas para montar sua coleção. Depois de alguns treinamentos e explicações do porquê da necessidade de redução dessa variedade, conseguimos as mesmas diversidades de peças nas coleções com a metade de tipos de malhas. No capítulo sobre troca rápida vou apresentar mais alguns exemplos onde a engenharia trabalhou duro para reduzir ou eliminar as variedades e os *setups*. Com isso, a previsão de demanda agradece, a redução dos *setups* e dos lotes econômicos agradece, a focalização dos recursos agradece, a qualidade padrão agradece, a área de custos agradece, e quem agradece mais é o cliente final, que terá um produto com alguma variedade com custos mais baixos. Em geral, isso basta para ser competitivo no mercado de lotes. E assim podemos passar agora para uma nova etapa do nosso ciclo virtuoso da ME, a chamada produção em fluxo, que será discutida no próximo capítulo.

4

PRODUÇÃO EM FLUXO

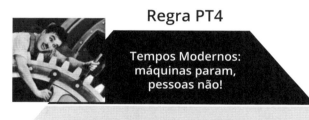

4.1 Introdução

A manufatura enxuta pode ser entendida como uma estratégia de produção voltada para a diferenciação, ou seja, para a montagem de sistemas de produção repetitivos em lotes que buscam atender demandas de médio porte. Como estratégia, a ME procura potencializar os critérios competitivos ganhadores de pedido neste mercado, quais sejam: a redução e confiabilidade nos prazos de entrega e a flexibilidade no atendimento de demandas médias variáveis.

Quando Ohno, após a Segunda Guerra, estava reorganizando a fábrica da Toyota no sentido de implantar esta nova estratégia para produzir economicamente automóveis em escala menor do que as grandes fábricas americanas e europeias da época com estratégias voltadas para a produção em massa, ele teve um *insight* importante: com algumas adaptações na fábrica era possível aumentar a produtividade passando o ritmo das linhas de montagem, desenvolvidos por Ford no início do século 20 com seu tempo de ciclo (TC), ou *takt time* (TK) como era chamando então o TC no Japão, para dentro da fábrica, ou seja, para os departamentos que convencionalmente trabalhavam com grandes lotes econômicos, principais geradores dos desperdícios quando se pensa em variedades.

Dessa forma, ele foi identificando os desafios para implantar essas mudanças e buscando soluções inovadoras, que hoje compõem o arcabouço de práticas da estratégia de produção da ME discutidas neste livro. O ciclo virtuoso da ME ressalta as interligações entre as principais soluções encontradas pela Toyota, podendo sua explicação ser inicializada pela produção em fluxo e suas consequências, como salientado na Figura 4.1. A produção em fluxo, diferentemente da produção em grandes lotes econômicos, tem a função de desenvolver um sistema produtivo que reduza os *lead times* e aumente a flexibilidade de resposta ao mercado.

Figura 4.1   O ciclo virtuoso da ME e a produção em fluxo

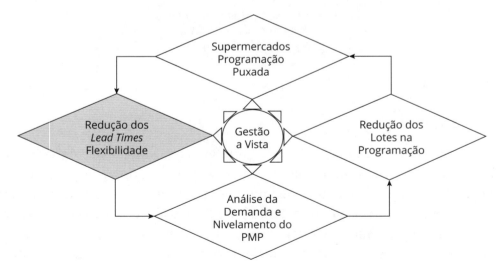

Imagino que um dos grandes desafios da Toyota foi quebrar o paradigma dos custos fixos na fábrica, onde até então grandes linhas de montagem e grandes máquinas nos departamentos, trabalhando em três turnos ininterruptos, conseguiam custos unitários setoriais menores para os itens produzidos, mesmo que eles fossem parar em um grande estoque durante um bom tempo. A Toyota, por sua vez, identificou que para conseguir implantar uma produção em fluxo com foco nos critérios competitivos de flexibilidade e prazos de entrega, as máquinas deveriam ser consideradas como custos variáveis, ou seja, se não as usarmos agora elas não serão "consumidas" e ficarão guardadas para o próximo período, enquanto as pessoas sim seriam custos fixos, pois recebem um salário ao final do mês que será pago independentemente da quantidade produzida.

Até hoje em dia, como está proposto na minha regra PT4, nestes tempos modernos, temos dificuldades em implantar esse conceito em fábricas com setores com grandes equipamentos com tempos altos de preparação (nesse caso, dentro dos grupos de melhorias temos que ter bastante criatividade para reduzir *setups*, ou trocar por máquinas menores ou parar mesmo o processo), mas o fato é que sendo mais rápido e flexível, seguindo o ciclo virtuoso, podemos nivelar melhor o PMP de produtos acabados à demanda de curto prazo, com foco nos pedidos confirmados, como detalhado no capítulo anterior. Lotes econômicos menores no PMP geram lotes econômicos menores na programação por toda a fábrica. Ao se implantar lotes econômicos menores é possível simplificar o processo de programação utilizando a lógica de montar supermercados e reabastecê-los com a programação puxada, que, por sua vez, vão potencializar a produção em fluxo com a redução dos *lead times* (os itens já estão disponíveis nos supermercados) e flexibilidade de resposta a demanda (posso guardar as variedades nos supermercados), critérios ganhadores de pedido na estratégia da diferenciação.

Sem perder a visão do todo garantida pelo ciclo, nesta parte do livro gostaria de encaminhar a discussão das práticas enxutas focando em como viabilizar a produção em fluxo (penso que deve ser mais ou menos como Ohno tratou o problema), de forma que ela contribua para a redução dos *lead times* e a flexibilidade da fábrica. Vamos dirigir essa discussão com base no seguinte roteiro de ações a serem explicadas:

✓ trocando as grandes fábricas centralizadas por fábricas focalizadas a famílias de produtos;
✓ evitando as supermáquinas e grandes linhas de montagem pela troca do *layout* departamental pelo celular e pela reconfiguração das linhas de montagem;

✓ desenvolvendo as rotinas de operações-padrão (ROP) para cada posto de trabalho com base em tempos de ciclo (TC) equilibrados com a demanda dos clientes, ou seja, com o hoje chamado *takt time* (TK);

✓ implantando a polivalência para melhor aproveitar os custos fixos da mão de obra.

Neste capítulo serão abordados os dois primeiros tópicos ligados à estrutura física da fábrica e no capítulo seguinte a complementação do tema será feita com o detalhamento dos dois últimos tópicos voltados para a organização das pessoas e suas rotinas.

4.2 Focalização da Produção

Podemos recorrer aos desenhos das nossas fábricas padrões da Figura 4.2, já introduzidas no Capítulo 2 e apresentadas como extremos entre a estratégia de produção antiga e a moderna, para reforçar as diferenças no que se refere ao fluxo produtivo entre uma grande fábrica convencional centralizada (à esquerda da figura) e uma fábrica enxuta focalizada a famílias de produtos (à direita da figura).

Figura 4.2   Sistema convencional *versus* sistema enxuto

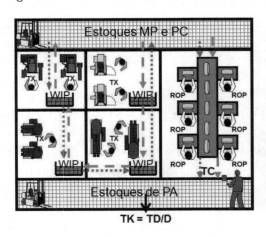
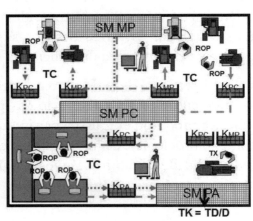

A grande fábrica centralizada está ligada à estratégia de produção em massa, trabalhando com grandes linhas de montagem com foco na redução dos tempos de ciclo (TC) das rotinas de operações-padrão (ROP), planejadas para rodar grandes lotes econômicos uniformes de produtos acabados via PMP estáveis. Como essas linhas e suas programações precisam de grandes lotes econômicos de componentes, os departamentos onde esses componentes são fabricados possuem também grandes máquinas organizadas por *layout* departamental, o que garante uma taxa de produção (TX) alta. Nessas fábricas, abastecidas por grandes lotes econômicos (*setups* altos), existe muita armazenagem e movimentações entre postos de trabalho, assim como inspeções de qualidade apenas no final do processo com a finalidade de separar lotes defeituosos dos bons.

Uma grande fábrica centralizada produzindo em massa uma demanda que hoje é diversificada (já para grandes demandas uniformes essa grande fábrica continua eficaz) apresenta uma série de problemas, ou desperdícios, dado que os clientes não gostariam de pagar por eles, quais sejam:

✓ muitos níveis hierárquicos, com vários níveis de chefias, dificultando a comunicação entre as pessoas e a solução imediata dos problemas;

✓ que leva a uma visão parcial do fluxo dado que cada pessoa tem uma área de atuação bem específica. Ela pode estar sendo eficiente na sua função, mas não sendo eficaz no atendimento da meta do negócio (prazos de entrega e flexibilidade);

✓ como não lidamos com o fluxo do produto, mas sim com a operação que estamos executando, a visão de melhoria no processo se dá pelo incremento da produtividade individual dos funcionários e pela retirada das funções de apoio à produção, como manutenção, qualidade, programação etc.;

✓ o gerenciamento do processo acaba sendo a distância com base em relatórios periódicos (lidos nas salas com ar-condicionado da gerência), levando a respostas demoradas na solução de problemas que acaba tendo seu foco nas correções e não em prevenções;

✓ sem a visão clara do fluxo, dado que todos os itens são fabricados em uma estrutura departamental, fica difícil exercer o planejamento e controle do processo produtivo visto que os gargalos, para demandas variadas, são errantes. Não raro, a linha de montagem fica desabastecida mesmo com grandes estoques de componentes;

✓ por fim, com todos os itens podendo passar por qualquer máquina, sobra para a contabilidade gerencial calcular os custos produtivos de forma indireta, dividindo os custos fixos dos setores pela quantidade total de itens produzidos no período, o que leva a fábrica a optar sempre pelo estoque resultante da superprodução em detrimento da parada de máquina, como ressaltado na minha regra PT4.

O contraponto a esta grande fábrica centralizada da era da demanda e produção exclusivamente em massa é a chamada fábrica focalizada, também conhecida em planejamento estratégico como unidades de negócios (no final dos anos 1980 e início dos 1990 era moda no planejamento estratégico, e como moda infelizmente foi trocada por outros conceitos mais *holísticos*). A ideia básica é subdividir a grande fábrica em diferentes fábricas menores (as tais unidades de negócios) que estariam focadas a determinadas famílias de produtos com roteiros de fabricação e estruturas de itens semelhantes. Nessas fábricas menores, o objetivo é que o processo de produção dentro das células de fabricação com máquinas dedicadas e linhas de montagem menores obtenha as vantagens da produção em fluxo de lotes econômicos pequenos, preferencialmente unitários, acelerando a conversão de insumos em produtos acabados e eliminando a necessidade dos estoques em processo (WIP), com a identificação mais rápida dos problemas (ou desperdícios), dado que o equilíbrio entre os TC das ROP e a demanda final, expressa em termos de TK, pode ser mais facilmente obtido.

Em termos gerais, uma fábrica pequena e focalizada a uma gama restrita de produtos apresenta uma série de vantagens em relação a uma grande fábrica de produção em massa que precisa produzir variedades, quais sejam:

✓ todos dentro da fábrica possuem a visão do fluxo produtivo e fica mais fácil tomar decisões no sentido de buscar a eficácia do negócio em cada ponto do processo. Podemos até dizer que nesse caso a eficiência (metas individuais) se equipararia à eficácia (meta do negócio);

✓ com uma estrutura organizacional menor, a gerência estará mais próxima da produção, utilizando a gestão a vista para fazer com que cada colaborador saiba o que se espera dele;

✓ com menos pessoas de apoio, como por exemplo, ferramenteiros ou mecânicos de manutenção, o estímulo à polivalência de funções ficará mais claro, aumentando o compromisso dos colaboradores quanto ao seu ambiente de trabalho, com participação na manutenção autônoma ou no *setup* na máquina;

✓ quando temos apenas uma máquina em uma célula executando determinada função em comparação com várias máquinas dentro de um departamento, o cuidado com a prevenção de problemas nesta máquina aumenta, pois caso ela pare, irá parar todo o fluxo produtivo, visto que não temos para onde desviar a ordem que está sendo trabalhada;

✓ máquinas menores em células ou em pequenas linhas de montagem permitem que o lote econômico seja pequeno, aumentando o potencial de uso da programação puxada com base em supermercados;

✓ e, por fim, a contabilidade gerencial irá ter mais facilidade em identificar os custos diretamente incorridos na produção dessas famílias dado que os recursos produtivos estão focalizados, reduzindo a gama de custos indiretos, permitindo tomadas de decisões mais racionais. O "trauma" existencial do contador em manter uma máquina parada não será tão grande.

Já deixei claro no Capítulo 2 que na vida real esses exemplos de fábricas, uma grande convencional com a produção totalmente centralizada e outra bem enxuta focalizada a famílias de produtos, são apenas isto, exemplos acadêmicos para se ressaltar as diferenças entre dois extremos quando se atende uma demanda variada em lotes, pois na prática a maioria das empresas estará entre esses dois extremos. Contudo, ninguém vai discordar que fábricas menores são mais fáceis de gerir e que as pessoas possuem uma visão melhor do processo e de seus problemas.

Dessa forma, conhecer essas vantagens nos leva a buscar, sempre que possível, moldar o sistema produtivo no caminho da focalização. E a focalização tem a ver com a questão de identificar como se dá nossa demanda no mercado de variedades, já discutida no capítulo anterior, quando ressaltei que, sob meu ponto de vista, a estratégia de produção da manufatura enxuta para processos repetitivos em lotes segue a regra PT3 ligada às características da demanda, ou seja:

✓ o que se vende muito se produz pouco, ou melhor, de pouco em pouco para não subirmos os estoques, mas todos os dias, como se fosse um processo contínuo, dado que não teremos *setups*;

✓ já o que se vende pouco se produz muito, ou melhor, de vez em quando se produz um lote maior, que não representará muito volume, pois são itens C, mas que trará uma melhor organização nos custos de *setups*.

Essa regra aplicada aos quatro grupos de demanda relacionando volume com frequência (itens da classe A, classe B, classe C e os pedidos especiais) não só leva às táticas de como se deve planejar a programação da produção desses grupos, conforme resumido na Figura 4.3 reapresentada aqui, como também serve de guia para a estratégia de montagem de um sistema produtivo o mais focalizado possível, de forma a beneficiar a produção em fluxo, objeto deste capítulo.

Figura 4.3 Os quatro tipos de demandas e suas táticas para o PCP

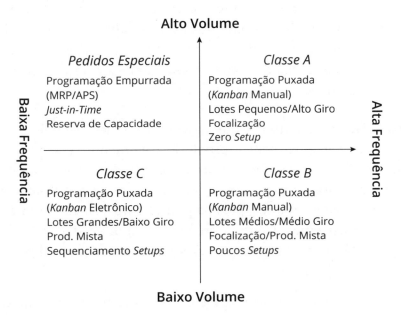

A ideia é montar três sistemas produtivos para atender a essas três demandas frequentes (A, B e C), deixando espaço também para inserir os eventuais pedidos especiais com viés de sob encomenda (baixo volume com alta margem de lucro) desde que reservada capacidade, conforme ilustrado na Figura 4.4, que relaciona a demanda com a estratégia de produção.

Para os itens da classe A podemos aplicar uma focalização plena, seja dedicando linhas de montagens, seja dedicando máquinas ou células de fabricação, visto que para essas demandas maiores há possibilidade de ocupação total dos equipamentos e pessoas (razão pela qual devemos evitar as supermáquinas, onde o ponto de equilíbrio nunca é alcançado com apenas uma família de produtos). Ao se eliminar *setups*, os lotes econômicos de fabricação ou montagem podem ser pensados como unitários, ou tão pequenos quanto possíveis, os quais produzidos de forma "contínua" (como se fossem uma produção em massa) levarão a custos produtivos mais baixos. Com essa visão teremos 50, 60 ou até 80% da demanda organizada em fluxo (critério competitivo de rapidez e confiabilidade) e com custos baixos.

Figura 4.4 Demanda ABC, focalização e as estratégias de produção

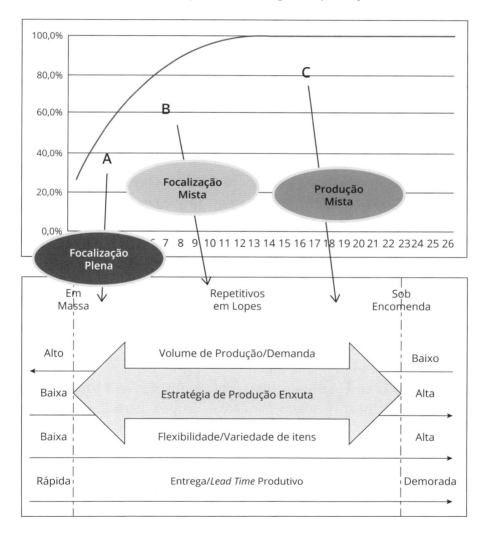

Já para a grande maioria dos itens, os da classe C, com demandas pequenas, mas necessárias para compor as necessidades dos clientes, que não

justificam a focalização de recursos, a estratégia consiste em planejar estoques maiores (que representam pouco no total e possibilitam a pronta-entrega) que permitam organizar os vários *setups* que serão necessários, de tempos em tempos, dado que muitos itens serão programados em poucos recursos em um esquema de produção mista (buscando então atender ao critério competitivo da flexibilidade).

No meio desses dois extremos temos os itens da classe B, que poderão, individualmente ou em pequenos grupos de famílias afins, com pouco ou nenhum *setup*, trabalharem em um esquema de focalização mista, ou seja, podemos dedicar uma máquina ou célula de fabricação ou linha de montagem para atender a essa demanda mista de alguns produtos, obtendo algumas das vantagens da produção em fluxo, mas mantendo a flexibilidade exigida pelo mercado.

Podemos citar alguns exemplos práticos da aplicação desses conceitos de focalização em diferentes setores. Um setor onde sempre tenho encontrado espaço para esses conceitos é o das malharias, bem como o das tecelagens, dado que em geral essas empresas dispõem de vários teares (circulares ou planos) para atender a uma demanda variada que segue sempre a classificação ABC. Esses teares são bem flexíveis quanto ao grupo de malhas ou de tecidos que podem fazer; contudo, o *setup* para mudança de grupo é muito alto, podendo nos teares planos, por exemplo, ultrapassar um dia com a troca de agulhas e regulagens de largura. Já o *setup* entre malhas ou tecidos de um mesmo grupo (ou largura) para troca de fios e limpeza é de menor monta, ficando na faixa de meia a até duas horas.

Nesses casos se monta, junto com a planilha de cálculo dos supermercados de malhas ou tecidos crus, uma planilha de cálculo de necessidade de teares, como no exemplo da Figura 4.5, para uma malharia, de forma a visualizar como iremos direcionar os teares para esses grupos de malhas. Nesse exemplo, para determinada semana há necessidade de 12 teares do grupo de teares 24 × 32, dos quais possuímos 10 internamente e dois reservados em um fornecedor. Desses 12 teares a tática nessa semana será deixar 11 deles focados ao "Moletom 100% Algodão", e um deles, em geral o interno, para evitar movimentações e contratempos no fornecedor, ficará dividindo sua produção entre o "Moletom 100% Algodão" e o "Cotton Não Merc", de acordo com o retorno dos cartões kanbans.

Figura 4.5 Planilhas de cálculo das necessidades de teares

N	Descrição	Grupo Teares	Tx. Prod. Kg/dia	Dem. dia (Kg)	Número de Teares
1	MOLETOM 100% ALGODÃO	24X32	580	6.100	10,52
2	MEIA MALHA 30/PT ABT.	28X32	520	4.545	8,74
3	MOLETINHO PELUC. CONFORT N. MERC.	28X30	380	675	1,78
4	COTTON NÃO MERC.	24X32	800	542	0,68
5	COTTON NÃO MERC.	28X32	530	364	0,69
6	MOLETOM PELUCIADO N. MC.	24X30	650	350	0,54
7	PUNHO SANF. 2X1 24/PT. FCH.	18X34	420	258	0,62
8	M/MALHA NÃO MERC.	28X32	530	198	0,37
9	RIBANA S/ELÁST.	18X34	400	135	0,34
10	M/MALHA CONFORT NÃO MERC.	28X32	470	102	0,22
11	MEIA MALHA MESCLA	28X32	530	56	0,11
12	MEIA MALHA 30/PA PT	28X30	470	39	0,08
13	RIGANA C/ ELAST. 1X1 NÃO MERC.	18X34	580	29	0,05
14	PIQUE DUPLO	24X30	370	10	0,03
15	RIGANA C/ ELAST. 1X1 NÃO MERC.	18X34	930	9	0,01
16	RIB. SANF. 2X1 C/ELA 1X1 N.M.	18X34	450	7	0,02
17	RIBANA C/ELAST. 1X1 NÃO MERC.	18X34	460	5	0,01

Grupos	Teares Necessários	Capacidade		
		Interna	Terceiros	Total
18x34	1,04	4	0	4
24x30	0,57	2	0	2
24x32	11,19	10	2	12
28x30	1,86	2	1	3
28x32	10,12	10	4	14
20/30 PLUSH	0,00	2	0	2
20/30 MOL. 3 CAB	0,00	2	0	2
Total	24,78	32	7	39

Da mesma forma, no grupo 28 × 32, nove dos 14 teares disponíveis ficarão focados a "Meia Malha 30/PT ABT", e dois deles dividirão a produção entre outras quatro malhas ("Cotton Não Merc.", "M/ Malha Não Merc.", "M/ Malha Confort Não Merc." e "M/ Malha Mescla"). Já o tear do grupo 18 × 34 passará a semana fazendo *setup* para mudança de malha de forma a atender a demanda (pequena) de cinco malhas com base no consumo efetivo do supermercado, que por ser dimensionado para duas ou mais semanas irá gerar apenas de duas a três ordens por semana.

No setor metal mecânico, onde as demandas são mais estáveis e ficam anos em produção, a focalização é mais fácil de ser entendida e implantada. Por exemplo, como pode ser visto na Figura 4.6, na fábrica de eletroferragens comandada pelo meu amigo Tarelho, a demanda da família de braçadeiras circulares de ¼" com 63 itens segue, como sempre, a classificação ABC. Antes de começarmos com a implantação da ME na empresa, toda a produção de braçadeiras circulares de ¼" era programada de forma empurrada e feita em uma célula com quatro máquinas, uma para cada operação (cortar, alojar, dobrar, furar), seguindo depois para galvanização e montagem dos *kits* com parafusos e porcas. Após um período de treinamento e discussão da teoria da estratégia de produção da ME com os grupos de melhorias da empresa, foram implantados supermercados para as braçadeiras de maior demanda, reabastecidos pela programação puxada, e desenvolvidas soluções de células diferentes para as diferentes categorias de demandas.

Figura 4.6 Focalização da família de braçadeiras de ¼"

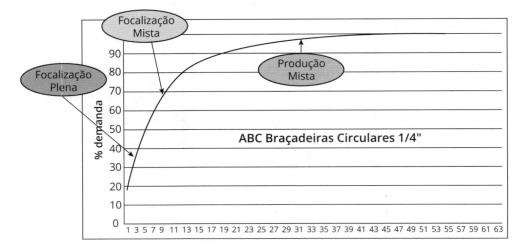

Para as duas braçadeiras mais vendidas (na época as de 200 e 220 mm), o grupo de melhoria desenvolveu uma ferramenta progressiva que permitiu a produção das mesmas em uma célula com uma prensa apenas, de forma praticamente contínua em pequenos lotes econômicos, dado que suas demandas eram regulares, aumentando a produtividade de 4.000 peças por turno com quatro máquinas e quatro operadores para 3.000 peças por turno em uma máquina com um operador. Como passamos a ter uma focalização plena da célula, os supermercados dessas braçadeiras foram planejados para poucos dias com reposições constantes de lotes econômicos pequenos (quando comparado ao grande lote de produção emitido de forma empurrada anteriormente).

Para as braçadeiras da faixa B de demanda (na época as de 170, 180, 230 e 240 mm), o grupo de melhoria desenvolveu uma focalização mista com duas ferramentas semiprogressivas para serem colocadas em duas prensas, onde os ganhos de *setup* (de quatro para dois) e de espaço físico (de 31,5 para 17,5 m²) foram significativos. Os supermercados dessas braçadeiras foram dimensionados para um período maior de dias de forma a gerar programações semanais. Já para os itens da classe C (com menos de 30% da demanda) foi mantida a célula original com quatro máquinas e aplicadas melhorias de *setup* e organização do fluxo feito pelo grupo, que levou à redução do lote econômico de 500 para 250 peças. Como uma grande parte dessas braçadeiras da classe C possuía demanda muito baixa, dada a falta de espaço no supermercado, foi mantida a programação empurrada contra a carteira de pedidos. Eu, particularmente, não tenho nenhum problema em sugerir a programação empurrada onde ela é mais vantajosa, como nesses casos onde a demanda tende para a sob encomenda, lógico que o segredo é saber programar de forma mista, parte puxada (em geral de 80 a 90%) e parte empurrada (os outros 10 a 20%).

Esse mesmo conceito de focalização atrelado à classificação ABC pode ser expandido para qualquer situação onde a produção é repetitiva em lotes, dado que as demandas seguem essas características. Outro exemplo bem didático, e real como todos neste livro, agora em linhas de montagem, foi o desenvolvido pelo grupo de melhorias de uma fábrica de motobombas onde ajudamos a implantar a estratégia da ME e focalizar as linhas de montagem a diferentes tipos de demandas, conforme ilustrado na Figura 4.7. Já explicamos esse exemplo no capítulo anterior sob a ótica do nivelamento da produção, vamos olhá-lo agora segundo a visão da focalização.

Figura 4.7 Focalização na montagem de famílias de motobombas

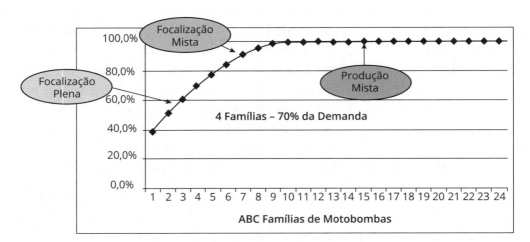

Como boa parte dessas famílias de motobombas se diferenciava não na operação de montagem em si, mas sim pelo tipo de caracol, potência do motor (de 1 a ¼ cv), voltagem (110 e 220 v), frequência (50 ou 60 hz) e tipo (alumínio, bronze e noryl) e diâmetro (106, 113, 115 e 128 mm) do rotor, a solução até então aplicada pela empresa consistia em formar linhas de montagem voltadas para a produção empurrada, em geral de grandes lotes do que se vendia muito, alternados com pequenos lotes de motobombas do que se vendia pouco, a partir da mudança dos estoques de abastecimento e do número de operadores nas linhas, de forma a permitir a montagem de praticamente qualquer variedade e demanda de motobombas que entravam na carteira de pedidos.

Não se pode negar que se conseguem taxas de produção bem altas, ou tempos de ciclos baixos, com a adição pura e simples de montadores nessas linhas (podiam variar de dois a seis), mas com certeza a produtividade decorrente de rotinas de operações não padrão, ou seja, desbalanceadas entre os postos, é bem mais baixa do que a obtida quando se sincronizam essas rotinas com o TC da demanda, ou TK, aí sim chamadas de ROP (Ford já nos mostrou isso desde o início do século passado). Contudo, como as demandas eram variadas, havia dificuldade em buscar esse balanceamento em uma mesma linha.

A solução para melhorar a produtividade como sempre é: se não podemos melhorar tudo, pelo menos vamos dividir o problema (lei de Jack, segundo minha amiga Silene) e melhorar a maioria das situações, sendo essa a base do meu conceito de focalização. Como ilustrado na Figura 4.7, depois de algum treinamento sobre balanceamento de linhas e discussão dos porquês das mudanças, o grupo de melhorias desenvolveu três tipos de linhas, facilitado pelo fato de os operadores serem já polivalentes e do uso de equipamentos simples para a montagem das motobombas:

✓ linhas totalmente focadas a uma família de motobombas, em geral com dois operadores (podia-se usar três) seguindo ROP balanceada ao TK para demandas de 250 motobombas (podia-se chegar a 400) por dia, programadas diariamente de forma a reabastecer os supermercados planejados e não mais os pedidos em carteira de valores variados;

✓ linhas mistas para, por exemplo, três variedades de motobombas onde os caracóis eram diferentes, programadas diariamente de forma a reabastecer os supermercados planejados dessas diferentes motobombas no seu conjunto, como, por exemplo, 200 motobombas por dia, sendo 110 tipo 1, 60 tipo 2 e 30 tipo 3, com dois operadores;

✓ produção mista com um único operador em uma célula de montagem para pequenos lotes variados de 10 a 50 motobombas programadas de forma empurrada conforme a carteira de pedidos.

Com isso, mais de 80% da demanda passou a ser montada de forma eficaz, com linhas menores e balanceadas com rotinas padrões, previsíveis dado que foi colocado um estoque amortecedor entre a demanda variável dos clientes e as linhas programadas em lotes econômicos para um dia de produção, coisa que antes de se olhar por esse ângulo da focalização parecia impossível devido à grande variedade de produtos. Por sinal, já ouvi muito esta desculpa para não agir, até em empresas consideradas líderes em seu segmento, ou seja, o discurso é de que: *aqui não se aplica (a ME, o Kanban, a ROP etc.) professor, pois nossa variedade é muito grande*.

Gostaria de ressaltar ainda que a focalização permite implantar o conceito de "construção para colocações finitas", facilitando tanto o emprego de dispositivos à prova de erros (*pokayoke*) no controle autônomo dos defeitos (autonomação) como na busca por soluções para redução ou eliminação dos *setups* dentro da chamada troca rápida de ferramentas (TRF), objetos dos Capítulos 7 e 8. Esse conceito, penso que desenvolvido pelo Shingo na busca do seu método de TRF, diz que apesar de comprarmos uma máquina com ajustes e regulagens universais, quando a colocamos focalizada a um produto ou família, podemos e devemos reduzir ou padronizar esses ajustes de forma a se evitar erros e *setups*.

Por fim, também é bom lembrar que mesmo que as máquinas não possam ser redistribuídas ou movimentadas para células, o conceito de focalização pode ser implantado, como no exemplo dos teares já citado acima, ou ainda, no exemplo da tinturaria da mesma empresa onde as 28 máquinas de tingimento, sem saírem do lugar, é claro, foram separadas em cinco células, conforme ilustrado na Figura 4.8. Além dos cinco tintureiros encarregados das suas funções na célula, foram definidas também quatro posições de ajudantes, chamados de *milk run* pelo grupo de melhorias, encarregados de todas as funções complementares das células, como por exemplo as atividades externas dos *setups*. Para melhorar o nível de polivalência do grupo foi aplicada uma dinâmica de rodízio entre os nove tintureiros de cada turno, de forma que a cada quatro semanas cada um deles assumisse a função de *milk run*.

Figura 4.8 Focalização e montagem de células na tinturaria

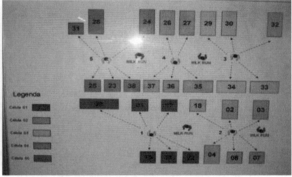

Tenho mais alguns exemplos onde conseguimos organizar a produção de demandas variáveis utilizando esse conceito de focalização em conjunto com as demais práticas da ME; no decorrer dos próximos capítulos eles vão sendo apresentados. Vamos seguir com a teoria neste capítulo dedicada à questão da produção em fluxo mostrando quais mudanças são bem-vindas na organização das operações de conformação, com foco mais em máquinas, e, ao final, quais mudanças são possíveis também nas linhas de montagem, onde o foco maior são as pessoas e seus ritmos. E, cada vez mais, penso que foi uma pena o pessoal do planejamento estratégico abandonar o conceito de "unidades de negócios"; eles estavam no caminho certo, só faltava ir ver o que estava acontecendo no calor do chão de fábrica (no lado de uma rama, por exemplo) para seguir em frente e aperfeiçoar a teoria.

4.3 Células de Manufatura

Sem uma visão clara da demanda é comum se organizar o processo de produção dos itens que necessitam de operações mecânicas segundo a lógica do *layout* departamental, conforme o desenho da Figura 4.9. No *layout* departamental se agrupam as máquinas idênticas em um setor, o chamado departamento, e sempre que se programam lotes de itens que necessitam da operação dessas máquinas, os lotes são transportados até os respectivos departamentos para receberem as operações.

Figura 4.9 *Layout* departamental

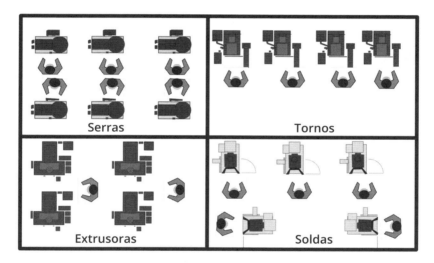

Enquanto tínhamos grandes linhas de montagem sendo programadas com grandes lotes de produtos acabados com base em planos-mestres mensais, que explodidos no MRP geravam, por sua vez, uma programação para os departamentos de grandes lotes econômicos mensais, essa configuração de fábrica se justificava, mesmo para a estratégia de diferenciação, por uma série de razões, entre elas:

✓ é possível nessa configuração de *layout* aproveitar melhor o tempo das máquinas com a utilização dos tempos ociosos gerados quando um lote não ocupa toda a carga da máquina. Dessa forma, a capacidade do setor é considerada como o somatório direto das capacidades das máquinas nesse setor, e 5% em uma máquina, 15% em outra, mais 10% em uma terceira, me dariam mais 30% de capacidade nessa operação para incluir uma nova ordem de produção;

✓ como se emprega o conceito contábil de "valor agregado" para se tomar decisões, ou seja, se considera que sempre que um lote recebe mais trabalho (mão de obra, máquina e/ou materiais) ele está se valorizando, ou agregando valor, mesmo que ele fique uma semana parado em estoque ou em outro departamento (estou sendo otimista em considerar uma semana), um *layout* departamental vai permitir agregar muito mais rápido esse "valor" às peças, principalmente se comprarmos máquinas cada vez maiores e mais rápidas;

✓ depois que evoluímos para máquinas grandes e rápidas, as supermáquinas, como alternativa para aumentar a produtividade, a única forma de tratar as instabilidades da demanda, como sazonalidades e atravessamentos de pedidos de curto prazo, consiste em manter essas máquinas genéricas em um departamento, ou seja, com *setup* (em geral demorados) podemos fazer qualquer operação em grandes e variados lotes econômicos;

✓ podemos considerar também que em departamentos é mais fácil de resolver os problemas gerados com a mão de obra visto que ela pode ser mantida como monofuncional, ou seja, cada operador só precisa entender da operação de sua máquina. Caso precisássemos trocar ou contratar novos operadores, basta um treinamento rápido na função específica e ele já estaria à disposição da produção. Os nossos sindicatos e a atual legislação trabalhista ajudam muito em manter essa situação como parte do famoso custo Brasil;

✓ e ainda, pela lei do menor esforço, se eu necessito de 10 ou 15 máquinas idênticas, fica mais fácil desenvolver um *layout* de forma retangular nos moldes dos departamentos, com todas as necessidades adicionais agrupadas, como ferramentaria, central de ar comprimido, sala de programação, banheiros etc.

A solução seria essa, como foi durante grande parte do século passado, caso as demandas não houvessem se diluído em demandas menores e os critérios competitivos ganhadores de pedido da grande maioria das empresas que estão interligadas em uma cadeia produtiva não tivessem migrado para prazos de entrega confiáveis e curtos associados à flexibilidade, principalmente de *mix*, sem aumento dos custos ou perda de qualidade. Nessa nova realidade, o *layout* departamental acaba sendo um grande problema em função dos grandes lotes econômicos exigidos, fonte geradora dos famosos desperdícios (super-produção, transporte, estocagem, defeitos, esperas, processamentos desneces-sários e movimento improdutivo), sem contar com o desperdício intelectual em manter operadores monofuncionais focados na operação e não no produto como um todo.

Se você tivesse que produzir peças para automóveis em escala pequena e variada, sem aumentar o custo com muitos *setups* ou com sobras de estoques, talvez você chegasse à conclusão que Ohno chegou. Ele deve ter proposto para seu grupo: "*Vamos fazer uma reengenharia* (lembram-se dela, outra bonita pala-vra, o ser humano realmente é muito criativo como Ohno foi, principalmente nessa área de gestão da produção, ou pelo menos nas palavras bonitas, ágeis e ligeiras, muito mais do que enxutas, que vão surgindo nos congressos) *e tentar transformar estes departamentos com grandes máquinas e operadores monofuncionais em pequenas linhas de montagem focalizadas, que podemos chamar de células de manu-fatura, agora com máquinas menores e operadores polivalentes, mais ou menos como as linhas de montagem criadas pelo Ford*".

E foi uma boa solução, principalmente para aqueles itens que possuem demandas regulares, e que sabemos pela classificação ABC da demanda ser a maior parte dos itens quando estamos na estratégia de diferenciação. Nes-se caso é possível focalizar as máquinas, agora menores, colocando-as já na sequência de produção do item e mudar o foco da produção em lotes e valor agregado para produção em fluxo e melhor aproveitamento da mão de obra, que realmente são os meus custos fixos mensais, no sentido de aumentar a flexibilidade, rapidez e confiabilidade na entrega. A Figura 4.10 ajuda a ilus-trar o *layout* celular e suas características associadas às pequenas linhas de montagem.

Nas células de manufatura, assim como nas linhas, pode-se usar o conceito de produção em fluxo unitário, onde operadores polivalentes podem seguir rotinas de operações-padrão (ROP) balanceadas ao tempo de ciclo (TC). Des-sa forma, os lotes dos itens podem ficar fora da célula, em supermercados administrados pela programação puxada. Como os *setups* diminuem, ou são eliminados pela focalização plena, esses lotes econômicos podem ser peque-nos, facilitando a autoinspeção (autonomação) e evitando a geração de proble-mas futuros no fluxo produtivo.

Figura 4.10   *Layout* celular

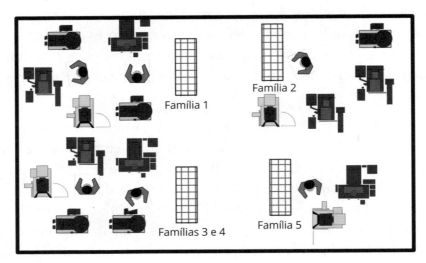

Com a redução da superprodução, os desperdícios da produção departamental são reduzidos, ou até eliminados visto que teremos menos esperas, menos transportes, menos processamentos desnecessários, menos movimentos improdutivos e menos geração de defeitos, o que acaba aumentando a flexibilidade do sistema produtivo e diminuindo a necessidade de estoques em processo entre células e linhas.

No sentido de explorar todo o potencial da polivalência dos operadores na montagem de rotinas de operações-padrão (ROP) mais niveladas com o TC, evitando-se ociosidades e reduzindo os custos da mão de obra (dado que são fixos independentes da produção da célula, lembram), deve-se dar preferência ao *layout* em "U" ou "L" para as células, conforme ilustrado na Figura 4.11, ao invés de um *layout* linear onde a única alternativa seria atribuir operações-padrão na sequência de fabricação da peça.

Além de permitir um melhor balanceamento das ROP, esse tipo de *layout* permite ainda que a manutenção do ritmo de trabalho (TC) dentro da célula seja mais facilmente controlada dado que o primeiro operador pode ficar responsável na sua ROP pela operação de entrada e pela operação de saída da peça na célula, de forma que ele, no início de sua ROP, coloca uma peça para dentro da célula, e ao final de sua ROP ele irá retirar uma peça de dentro da célula, garantindo o TC de toda a célula de forma a identificar mais rapidamente problemas que possam ocorrer no fluxo.

Figura 4.11   *Layout* celular em forma de "U"

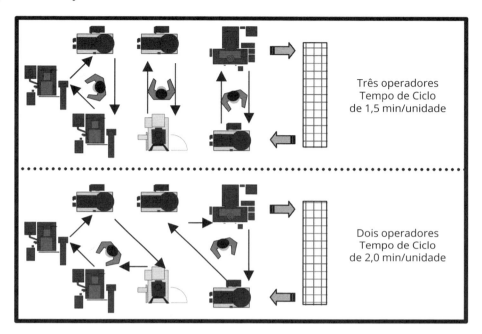

Com esse *layout* fica também facilitada a flexibilização da capacidade da célula para mudanças de demandas, como ilustrado na Figura 4.11, onde ao se alterar a demanda pode-se alterar o TC e a composição das ROP, retirando ou adicionando operadores na célula. Por exemplo, na célula de cima da figura têm-se três operadores trabalhando em rotinas (ROP) balanceadas a um TC de 1,5 min/unid. Caso a demanda caia, aumentando o TC para 2,0 min/unid., como ilustrado na célula de baixo da figura, serão necessárias apenas duas novas rotinas (ROP) ou postos. No próximo capítulo trataremos desse balanceamento de rotinas e TC.

Uma alternativa para se flexibilizar a capacidade de produção da célula sem mexer nas ROP dos operadores seria utilizar a jornada flexível, ou seja, como o TC = TD/D, caso a demanda (D) se altere, basta alterar também o tempo disponível (TD) para manter o TC constante. É uma solução mais fácil visto não mexer nas ROP dos operadores; contudo, exige que os operadores liberados parte do tempo disponível da sua célula de origem possam ser utilizados em outros processos produtivos.

Em contraponto ao sistema departamental, em geral empurrado, onde os lotes de produção são variáveis e os ritmos de acionamento dos recursos idem, levando a custos produtivos diferentes para um mesmo produto dependendo da quantidade produzida, nas células, independente da solução escolhida no balanceamento para resolver as questões de mudança da demanda, o fato de se trabalhar com rotinas padrões (ROP) preserva a manutenção, ou o ritmo, do padrão individual da operação (operação-padrão), de forma que dentro de uma ROP a operação será sempre padrão, garantindo a qualidade e os custos produtivos.

Por outro lado, quando se têm demandas pequenas que acabam gerando TC grandes com rotinas (ROP) que incluem grande parte das operações-padrão, dificultando uma divisão e um balanceamento entre postos, pode-se pensar em utilizar o esquema chamado de "carreata", onde cada operador faz todas as operações-padrão da peça em sua rotina, separado dos demais operadores por um TC, conforme ilustrado na Figura 4.12.

O TC resultante para a célula fica sendo a ROP dividida pelo número de operadores. Nesse caso se exige que os operadores tenham polivalência plena e que os "espaços" entre eles (TC) sejam suficientes para não causar "encontros" e esperas improdutivos. Tenho visto pouco essa solução, em geral com dois, no máximo, três operadores, e não a tenho recomendado, pois acaba gerando mais deslocamentos por parte do operador.

Como o ideal seria distribuirmos as máquinas dos departamentos montando células focalizadas aos itens, pelo menos os das classes A e B, deve-se evitar a compra de máquinas com muita capacidade produtiva, chamadas de "supermáquinas", pois, sempre é bom relembrar, nossa estratégia de produção está voltada para a diferenciação, ou seja, para a montagem de sistemas de produção repetitivos em lotes que buscam atender demandas de médio porte. De nada adianta irmos a uma feira e voltarmos com uma grande máquina, em geral automatizada e com *setup* alto que leva a lotes econômicos grandes, pensando em aproveitar e já ampliarmos a capacidade futura da fábrica, pois no começo ela será subutilizada (ou aumentaremos os estoques), e ao final de sua vida, quando estiver a plena capacidade, muito provavelmente estará obsoleta, com muita manutenção e precisando ser trocada.

Figura 4.12   *Layout* celular em forma de "U" com "Carreata"

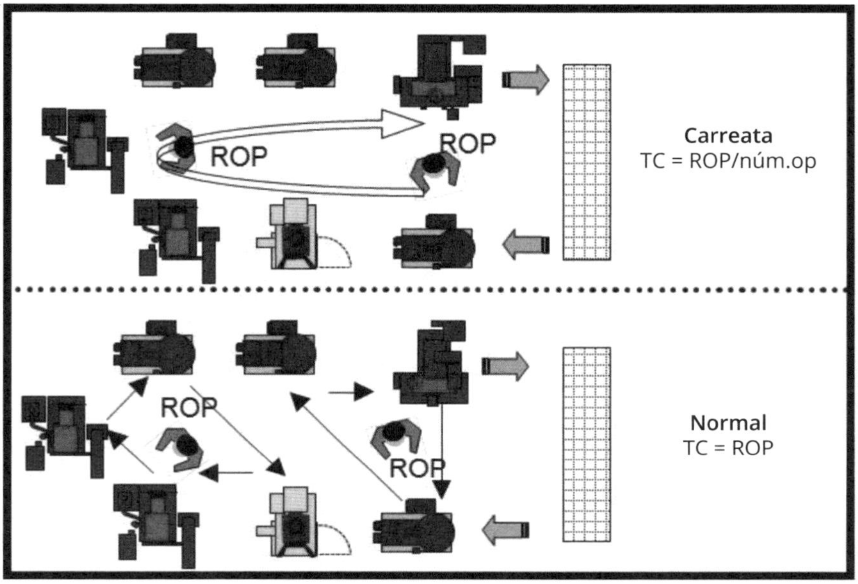

Logo, preservando a evolução tecnológica, é claro, mas sem ser escravo da inovação desnecessária, devem-se buscar máquinas mais baratas e fáceis de comprar e manter em operação, dentro do esquema geral proposto na Figura 4.13. Para as células destinadas a produção mista dos itens da classe C devemos optar pelos níveis 1, no máximo 2, pois não se justifica desenvolver mecanismos caros automáticos para a carga e descarga das diferentes peças. Para os itens da classe B, cuja demanda talvez já carregue adequadamente as máquinas, podemos utilizar os níveis 2 a 4, sendo que o descarregamento tende a ser o primeiro a ser automatizado, pois no caso de uma peça padrão, fica mais simples, inclusive a custo zero, quando se usa a gravidade, por exemplo.

Figura 4.13   Tipos de máquinas na montagem das células para itens A, B e C

	Carga	Operação	Descarga	Transferência	
Nível 1	M	M	M	M	Produção Mista
Nível 2	M	A	M	M	
Nível 3	M	A	A	M	Focalização Mista
Nível 4	A	A	A	M	Focalização Plena
Nível 5	A	A	A	A	

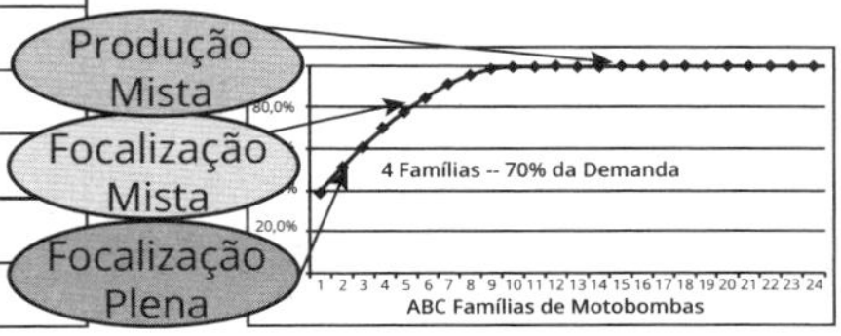

M – Operação Manual   A – Operação Automática

Já as células que irão fabricar os itens da classe A, que possuem as maiores demandas, são as únicas que justificam a utilização de automações em todas as funções (carga, operação, descarga e transferência), e a colocação de máquinas mais potentes dado que serão produzidos sempre os mesmos tipos de itens, ou famílias de itens, com *setups* apenas para o desgaste das ferramentas. Mas, mesmo aqui, se deve ter cuidado com essa solução, pois no mercado em que atuamos é comum a vida útil dos produtos e suas peças serem pequenas, e qualquer mudança no projeto do produto ou na demanda irá tornar essas automações uma fonte de desperdícios. O bom-senso na estratégia da diferenciação manda se manter *um pé atrás*, ou seja, montar células com equipamentos mais baratos e fáceis de comprar e manter em operação, que eventualmente poderão, a baixo custo, trocar de células/produtos ou mesmo ficar parados em algum momento de baixa na demanda sem causar um infarto na controladoria da fábrica.

Dessa forma, um bom pensamento enxuto seria o de manter o crescimento da capacidade produtiva através da montagem de células em duplicata com máquinas pequenas e universais. Com máquinas a um custo menor é possível desenvolver rotinas padrões (ROP) que possam, por exemplo, planejar um tempo máquina na faixa de 80% a 90% do TC para que o operador, no retorno à máquina em sua ROP, encontre sempre a máquina disponível. Caso o tempo máquina seja superior a este se pode buscar, via *Kaizen*, melhorar a carga e a descarga, ou, não havendo essa possibilidade, trabalhar com duas máquinas alternadas no TC.

Com máquinas menores e universais nada impede de mantermos as mesmas sobre "rodas" de forma a facilitar a remontagem de *layouts* alternativos com a (muito provável) mudança das demandas. Na Figura 4.14 se pode ver o detalhe das rodas nas máquinas da célula desenvolvida pelo grupo de melhoria da empresa para a fabricação de parafusos máquina em eletroferragens, já apresentada quando falamos dos desperdícios de transporte, cujo lote que ficava pronto em dois dias passou a ser processado em apenas 4 horas, o que permite à empresa remontar facilmente alternativas de células para outros produtos quando a demanda do parafuso máquina está em baixa. Essa solução também é boa para compartilhar uma máquina entre células de forma a aproveitar melhor o tempo dessa máquina.

Creio que quando se fala em células de fabricação, ou seja, o foco é mais em máquinas, esses seriam os principais pontos a serem discutidos dentro da estratégia da ME. Na sequência vamos mudar o foco para as pessoas, ou as chamadas linhas de montagem. Lógico que em muitas células de fabricação ocorrem operações manuais, assim como em linhas de montagem é comum encontrarmos algumas operações que são executadas por máquinas, fazendo com que a definição e os limites entre célula e linhas não sejam matemáticos. Logo, como em toda a teoria apresentada neste livro, vamos manter a parcimônia, e vamos em frente, que o importante não é como chamamos o gato, mas sim que ele come os ratos (como dizem os pragmáticos comunistas chineses).

Figura 4.14   Célula com máquinas sobre rodas

4.4   Linhas de Montagem

O surgimento das linhas de montagem, e a chamada produção em massa, em substituição à montagem artesanal, é atribuída a Henry Ford, que em 1908 teve três grandes sacadas: padronizou os componentes e operações (aqui entra a teoria de Taylor), colocou ritmo no trabalho dos montadores e aproximou os estoques das linhas. Com essas inovações o tempo de atravessamento (*lead time*) da montagem de seu automóvel, o famoso Modelo T, passou de 728 horas para 93 minutos e fez com que a Ford Motor Company se tornasse a maior montadora de automóveis nas primeiras décadas do século passado (um exemplo clássico de se obter uma vantagem competitiva nadando no oceano azul).

A engenharia de produção deve muito a esse personagem; faço meu tributo a ele na Figura 4.15. Durante muito tempo seu nome foi colocado de forma depreciativa por aqueles que queriam se referir a um método de produção que explorava a mão de obra de forma intensiva, chamando-o de modelo fordista-taylorista. Cabe a esses críticos lerem um pouco de história e entenderem qual foi a proposta de Ford (e a de Taylor também), que inclusive, com o ganho de produtividade, dobrou o salário de seus montadores.

No esquema proposto por Ford, conforme ilustrado na Figura 4.15, os montadores, colocados em postos de trabalhos, sequem um conjunto de operações-padrão necessário para montar o produto, chamado de rotina de operações-padrão (ROP), limitado a um tempo de ciclo (TC), de forma que a cada TC um produto acabado seja montado. Ao final do tempo disponível de trabalho (TD), seguindo o ritmo do TC, uma quantidade de produtos acabados será finalizada para atender a demanda (D). Com base nesse TC pode-se também organizar toda a logística de abastecimento da linha (bordo de linha), dado que ele garante um ritmo de consumo dos componentes padronizados.

Vamos chamar esse esquema de "modelo convencional" para linhas de montagem dado que foi o primeiro a surgir, e vamos contrapô-lo ao modelo aperfeiçoado por Ohno dentro do STP, que chamaremos de "modelo enxuto", voltado para a produção de variedades (mais cores padrões, por exemplo, do que apenas o preto do Modelo T). O foco de comparação aqui são as características físicas, como tamanho, número de produtos, *layout*, posicionamento das pessoas e estoques etc. Já o balanceamento desenvolvido por Ford das ROP ao TC, tempo esse que acabou sendo chamado no Japão de *takt time* (TK), e suas diferenças com o balanceamento proposto na ME, será detalhado no próximo capítulo.

Figura 4.15   Henry Ford e sua linha de montagem

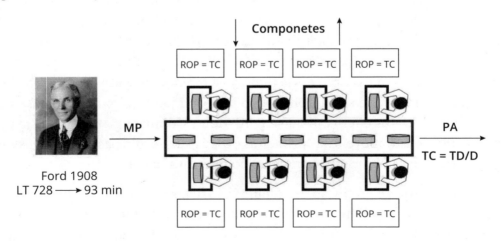

Para começar podemos dar uma olhada no que acabou acontecendo com o tamanho das linhas convencionais desenvolvidas por Ford. No afã de aumentar a demanda atendida pela linha, nos processos convencionais de montagem costuma-se dedicar cada linha a um produto específico e concentrar toda a montagem do produto em uma única linha, gerando grandes linhas de montagem, como ilustrado com uma foto histórica da Figura 4.16. Isso com certeza reduz o TC de conversão dos estoques em produtos acabados, permitindo que operações paralelas simples e menores possam ser projetadas e que a mão de obra alocada para essas operações possa ser treinada mais rapidamente.

Na indústria automobilística se chegou a ter linhas de montagem para demandas de um milhão de automóveis por ano, bem como todo o aparato de fabricação interna dos componentes e da logística com fornecedores. Essa concentração e crescimento das linhas convencionais pareciam uma boa solução para a redução de custos e atendimento de demandas globais não fosse o processo de identificação de desperdícios e melhorias contínuas trabalhado nas linhas enxutas do STP com o intuito de atender demandas menores e variadas, sem elevação de custo e com melhora na qualidade. Hoje, o padrão para montadoras de automóveis nas novas fábricas está na faixa de 100 mil automóveis por ano, ou seja, são linhas com 1/10 do tamanho das convencionais para o setor.

Figura 4.16   Grandes linhas de montagem convencionais

As grandes linhas convencionais realmente aumentam a produção reduzindo o TC, contudo geram uma série de desperdícios que poderiam ser evitados por linhas menores. Um ponto inicial é que para obter TC menores acabamos montando ROP com excessivas subdivisões das tarefas, de forma que os montadores deixam de montar um "produto" e se focam em executar uma operação, gerando baixo comprometimento com a linha como um todo.

Para complicar, podemos aumentar ainda mais a produção, e o tamanho da linha, replicando os postos de trabalho, onde mais operadores executam a mesma atividade (ROP), dificultando a identificação da origem dos potenciais problemas de qualidade e sua solução. No extremo começam a surgir os problemas ergonômicos nos montadores, o que leva a engenharia a introduzir caras automatizações, elevando os custos fixos da linha e inviabilizando sua eficácia para demandas menores e/ou variadas quando essas automatizações não são plenamente utilizadas. Com todo esse pessoal na linha, o seu comprimento acaba sendo grande, gerando muito desperdício de movimentação, que se torna a próxima função a ser automatizada.

Não podemos nos esquecer dos benefícios do ciclo virtuoso da ME para a estratégia da diferenciação. Como temos grandes linhas de montagem, estamos programando grandes lotes de produtos acabados (PMP), o que dificulta o nivelamento dessa montagem com a demanda no período, gerando aumento dos estoques de acabados. Continuando no ciclo, ao se explodir esses grandes lotes de acabados em seus componentes, via MRP em geral, geramos também grandes lotes de fabricação por toda a cadeia produtiva, fonte primária dos famosos desperdícios, conforme ilustrado na Figura 4.17 com a montagem e estamparia do saudoso Fusca; quem da minha geração não teve, ou sonhou ter, um para chamar de seu?

Para nossa sorte, duas características associadas aos processos de montagem fazem com que as linhas convencionais possam e devam ser remodeladas de forma simples e com ganhos significativos:

1. usam intensivamente a mão de obra: diferentemente das máquinas, a mão de obra é o recurso mais flexível na fábrica, podendo ser deslocada para fazer qualquer ROP, claro que desde que treinada, inclusive entre linhas de produtos diferentes. Lembrando que manter as pessoas ocupadas de forma produtiva dilui os custos fixos mensais das mesmas (PT4);

2. geram os estoques por toda a fábrica: ao se melhorar a linha, toda a fábrica acaba sendo beneficiada, seja com ritmos mais nivelados, seja com a possibilidade de puxar a programação em pequenos lotes econômicos.

Figura 4.17   Efeito dos grandes lotes de montagem

Uma solução importante desenvolvida na linha enxuta pelo STP, para reduzir seu tamanho e eliminar desperdícios de movimentos improdutivos dos montadores, foi passar parte da montagem interna para submontagens fora da linha, de forma que um conjunto de operações-padrão menores passa a ser feito em um ambiente mais controlado e ergonômico. Por exemplo, os painéis e os para-choques passaram a ser fornecidos para a linha já montados, de maneira que os operadores apenas os encaixam de forma padrão em seus lugares. Reparem na foto da montagem do fusca da Figura 4.17, estamos vendo três montadores literalmente "montados" em cima do carro, desconfio que tenha um quarto agachado dentro do Fusca. Bem, se namorar num Fusca já era uma façanha interessante na minha juventude, imagine montar um painel com todas as suas peças e fiações.

Estamos aqui falando de linhas de montagem, mas cabe salientar que esse movimento de redução do tamanho das linhas e aumento da eficácia na montagem teve que ser desenvolvido em paralelo com os conceitos de parceria com fornecedores, já explicado no capítulo anterior no item 3.5.

Discutindo agora quanto ao formato das linhas, as grandes linhas convencionais de montagem são modeladas de forma retilínea visando facilitar a introdução de postos de trabalho e subdivisão das tarefas. A Figura 4.18 complementa a visão geral da antiga linha de montagem dos Fuscas. Contudo, essas linhas retilíneas dificultam as comunicações entre os postos e a supervisão das tarefas, limitando a movimentação dos operadores e o potencial de ajuda mútua entre eles. Como as distâncias são grandes entre início e fim, tende-se a implementar equipamentos caros e automatizados para movimentação das plataformas onde serão montados os itens. E, ainda, acarreta o baixo envolvimento dos operadores com o resultado global da linha, pois cada um deles ficará restrito a sua área de atuação, sendo pressionado a manter um ritmo de produção acelerado.

Figura 4.18   Grandes linhas retilíneas

Pode parecer coisa do passado, do tempo do Fusca, mas alguns anos atrás (já neste novo milênio) eu estava apresentando esses conceitos em um curso de especialização em engenharia de produção para uma turma interna de uma das nossas grandes montadoras quando um dos engenheiros comentou que em sua linha de montagem, com aproximadamente 300 montadores, não havia espaço para colocar mais postos de trabalho apesar da exigência da matriz para o aumento ainda maior da quantidade de carros, dado que a demanda estava aquecida. Segundo ele, melhorias (ou inovações) deveriam ser deixadas para depois. O lado bom disso é que com 300 pessoas dá para fazer um grande campeonato de futebol, bem competitivo, só com o pessoal da linha, e torcer para que eles se conheçam e troquem de camisa ao final dos jogos. Já o ruim é que quando as margens de lucro nesse setor diminuírem no Brasil (se o governo deixar, é claro), a correria vai ser grande para montar uma nova fábrica enxuta que já deveria estar pronta há um bom tempo.

Com linhas menores, mais enxutas, você não vai conseguir montar um campeonato interno, mas vai poder remodelar o formato das mesmas para um *layout* em "U" "L" ou serpentina, conforme ilustração da Figura 4.19, obtendo os ganhos já citados para células de fabricação em "U", quais sejam:

- ✓ facilidade na manutenção de um ritmo de produção e acompanhamento dos problemas com a entrada e saída próximas (entra um, sai um);
- ✓ manutenção do padrão individual da operação independente do TC, ou seja, podem-se remodelar as ROP para novos TC sem afetar o ritmo da operação-padrão, o que garante a qualidade;
- ✓ facilidade em adequar o *layout* às instalações, o que é muito útil quando estamos na estratégia da diferenciação onde os produtos podem ter vidas mais curtas e a fábrica acaba tendo que ser remodelada;
- ✓ flexibilidade na capacidade de produção com a mudança do número de operadores, possibilitando um rodízio maior para o treinamento da polivalência;
- ✓ redução no retorno das plataformas e melhor posicionamento e proximidade dos supermercados.

Figura 4.19   Linhas menores em serpentina

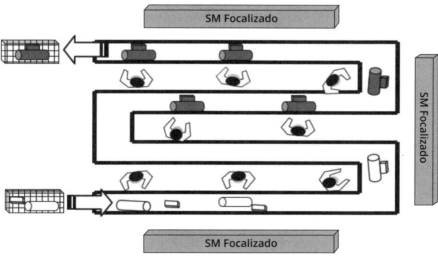

Logicamente que há um limite nesse movimento de redução da linha e aumento nos TC com a inclusão de mais operações-padrão nas ROP, pois você acaba quebrando o ritmo (humano) de montagem. No caso da indústria automobilística, temos a experiência da Volvo em sua fábrica de caminhões na Suécia que projetou trabalhar com TC de um dia, ou seja, se montava um produto a cada dia em cada um dos "grupos autônomos", de forma que dada operação-padrão só se repetiria no outro dia, no que foi conhecido como "Volvismo", em contraponto ao "Fordismo" (TC abaixo de um minuto) e ao "Toyotismo" (TC na faixa de 5 a 10 minutos). Bem, o Volvismo pode ter sido o *nirvana* para meus colegas da ergonomia com uma infinidade de artigos em congressos relatando os benefícios para o montador nesta experiência, mas sem ritmo nas operações não foi eficaz para competir no mercado, e pelo que sei, não existe mais. Dados detalhados de produtividade dessas três alternativas podem ser obtidos em *A máquina que mudou o mundo*, de Womack, Jones e Roos (1992).

Além de grandes e retilíneas, as linhas convencionais, como desenvolvidas por Ford, buscam o incremento de produtividade pelo isolamento e multiplicação da ação individual dos montadores com base em um sistema de acionamento projetado para ser de forma contínua, ditando o TC. Nesse caso, os montadores são dispostos "fora" da linha de montagem que, por sua vez, segue um ritmo contínuo de acordo com o TC necessário para atender a demanda do produto que está sendo montado. A Figura 4.20 ilustra esta situação.

Figura 4.20   Linha convencional de acionamento contínuo

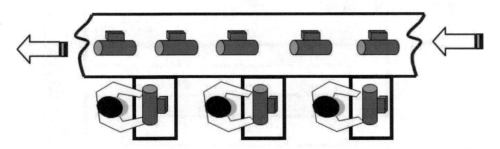

Linha de acionamento contínuo

Cada montador possui como trabalho em processo (WIP) um estoque amortecedor (chamado de pulmão ou *buffer*) junto ao seu posto de trabalho e exerce obrigatoriamente um conjunto fixo de atividades na sua ROP. Sempre que o operador completa sua ROP, coloca o produto que está sendo montado na linha e busca novo produto junto ao seu *buffer* para executar nova ROP. Os *buffers* são projetados para absorver diferenças de ritmos de trabalho dos montadores e problemas de forma geral, visando não parar a linha.

Nessas linhas, é mais fácil fazer o balanceamento das atividades em função das mudanças de demanda pela adição, ou subtração, dos montadores. Dessa forma, as ROP não estão limitadas ao TC, pois podemos colocar dois ou mais montadores executando a mesma ROP e obter TC menores. Também é mais fácil manter a linha operando pelo emprego dos *buffers*; mesmo que algum problema venha a acontecer com algum montador, outros montadores com a mesma ROP abastecerão os *buffers* (dificultando a identificação dos desperdícios). Os *buffers* serão tão maiores quanto pior for a linha. Essas são as razões por que elas acabam crescendo em tamanho.

Uma alternativa à forma de acionamento contínuo é a linha de velocidade controlada pelo montador, que posiciona os montadores dentro da linha, e obriga-os a trabalharem suas ROP em sincronia com o TC da linha, conforme ilustrado na Figura 4.21. Caso a demanda (e o TC) pelo produto montado se altere, acelera-se, ou reduz-se, a velocidade da linha pela adição, ou redução, do número de montadores que passarão a executar novas ROP dentro do novo TC estabelecido (o que limita o tamanho da linha dado que se evita duplicação das ROP). Também se pode alterar a jornada de trabalho, ou TD, de forma a não se mexer nas ROP. No próximo capítulo trataremos desses dimensionamentos.

Figura 4.21   Linha enxuta de velocidade controlada pelo montador

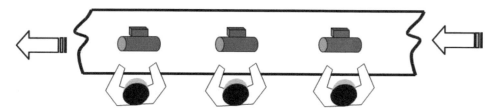

Linha de velocidade controlada

O ideal é não manter *buffers* entre os montadores, de forma que cada montador, ao completar sua ROP dentro do TC, passe o produto que está sendo montado diretamente ao próximo montador. Dessa maneira se garante a produção puxada, fazendo com que só se exerçam atividades em cima de produtos que realmente estejam sendo solicitados pelos clientes, de forma que qualquer problema de ritmo ou qualidade irá prontamente aparecer e parar a linha, exigindo uma ação de melhoria (*kaizen*).

Tenho visto muitos desperdícios associados aos estoques (WIP) dentro das linhas. A falsa sensação de segurança que esses estoques dão aos líderes das linhas é impressionante, acho que está na nossa genética, como comer a mais para garantir que no inverno estaremos seguros. E o resultado final é conhecido; sempre que se forma um *buffer* aparece um montador para ficar arrumando/empurrando os itens de um lado para o outro. Foi interessante ver em uma linha de toalhas (ou montagem de parafusos, de motobombas, de transformadores etc.) os montadores bastante ocupados com essa operação de organização dos estoques na linha. No grupo de melhorias, depois da filmagem, quando se discute os desperdícios de tempos e movimentos nas rotinas decorrentes do manuseio desses estoques internos (WIP), parece que a ficha cai e a solução de eliminar a gordura dos pacotes extras de toalhas (parafusos, motobombas, transformadores etc.) sobre a bancada fica bem clara.

Eliminando esses WIP fica mais fácil de introduzir o conceito de ajuda mútua já descrito para células, fazendo com que o TC seja mais médio. Com a produção em fluxo unitário dentro da linha (em operações rápidas como inspecionar/dobrar toalhas, por exemplo, trabalhamos a ROP em lotes e não em item unitário, é claro), há necessidade de se manter uma quantidade padrão de materiais (WIP) apenas nas seguintes situações:

✓ conectar dois operadores: quando a ROP dos operadores não seguir a lista de operações-padrão do item montado;

✓ esperas técnicas do processo: alguns processos não permitem que o item trabalhado possa ser imediatamente manuseado para ser transferido para a próxima operação.

Com a produção em fluxo unitário (ou pequenos lotes padrões) dentro da linha o abastecimento (bordo de linha) pode ser reduzido e simplificado, facilitando sua integração com o sistema *kanban*. Em geral, quando a linha trabalha com lotes grandes e de forma descontínua, fica difícil de manter o controle sobre as atividades (TC), bem como fornecer um abastecimento regular. Na Figura 4.22 temos o exemplo da linha de montagem de coladeiras que já foi descrito sob a ótica do nivelamento do PMP a demanda, no capítulo anterior (reveja a Figura 3.25). Comparando essas duas figuras é possível ver as mudanças propostas pelo grupo de melhorias no que se refere ao tamanho do lote de montagem, que passou de 20 unidades cinco vezes ao mês para lotes diários de seis unidades (começamos com cinco, mas com o aumento da produtividade passou rapidamente para seis por dia e, quando terminamos nossa colaboração, já estavam projetando trabalhar com sete, pois existia demanda reprimida).

Figura 4.22   Montagem em fluxo e programação puxada no abastecimento

Temos o exemplo também das mudanças na linha de montagem de motobombas que já foi descrito sob a ótica do nivelamento do PMP a demanda, no capítulo anterior. Nessa linha, o tamanho do lote de montagem passou de 10 unidades (com quatro postos totalizava 40 unidades na linha) para lote unitário (dois ou três postos com três a quatro unidades na linha). Como consequência, o abastecimento que era feito de forma empurrada com grandes contenedores, gerando muito desperdício de deslocamento e movimentos improdutivos por parte dos montadores em uma linha com 15 metros, passou a ser feito diariamente via carrinhos *kanban* pelo abastecedor no bordo de linha em uma linha com cinco metros apenas.

Nem sempre é fácil se chegar à tão falada produção em fluxo unitário, mas podemos caminhar, ou dar um pulinho, nesse sentido. Vejamos o exemplo da Figura 4.23, onde é apresentada a situação inicial encontrada na linha de fechamento de transformadores na fábrica do meu amigo Ayrton, que foi trabalhada pelo grupo de melhorias após a discussão do que seria uma linha enxuta. Uma característica dessa linha que dificultava muito o seu balanceamento é que os lotes são bem variados em quantidade (a venda é sob encomenda) e em tipo de transformador, com monofásicos (pequenos) e trifásicos (maiores), o que nesse caso afeta o tempo de colocação de óleo, sendo essa a operação gargalo da linha (por isto já existiam duas máquinas de vácuo e óleo, pena que uma em sequência da outra e não em paralelo).

Figura 4.23   Formação de *buffers* na linha de fechamento

Bem, como já disse, o pensamento convencional é que quando não podemos fazer nada, nada é feito para obter o balanceamento das operações, pois estamos montando lotes e tipos variados. Como consequência, se pode ver na primeira parte da linha (foto à direita), antes da colocação do óleo, que para duas montadoras (por vezes eram três) tinham-se nove transformadores, ou seja, sete deles estavam parados. E eram apenas nove porque não cabiam mais na esteira, pois como em política na fábrica há uma regra que diz que *não existe vácuo dentro de uma fábrica, todo espaço será sempre ocupado*.

Como essas montadoras de vez em quando ficavam ociosas, pois estavam montando transformadores monofásicos (menos componentes), e na colocação do vácuo e óleo estavam com trifásicos (mais volume), parecia uma boa ideia fazer elas se deslocarem para buscar componentes para abastecer a linha, bem como para fazerem submontagens das tampas e isoladores. Dessa forma, ao se olhar para a linha, todo mundo estava trabalhando, em tudo, ao mesmo tempo. Nessa linha fomos capazes de exemplificar praticamente todos os oito desperdícios para o grupo de melhorias que estudava seu balanceamento.

Se não podemos eliminá-los, vamos pelo menos reduzi-los. O primeiro ponto trabalhado pelo grupo foi a questão da focalização, no sentido de separar a linha em duas, uma preferencialmente trifásica e outra preferencialmente monofásica, dado que os tempos são bem distintos. Na realidade, essa separação acabou acontecendo por toda a fábrica, pois fazer o núcleo, enrolar a baixa e a alta tensão, montar a parte ativa e secar na estufa possuem tempos bem distintos para monofásicos e trifásicos, e era a razão dos grandes estoques e filas nos processos. No caso da linha de fechamento, a maior dificuldade foi a mudança e duplicação das estações de vácuo e óleo para uma linha ao lado, no mais foram duplicações de esteiras e de ferramentas básicas.

Com a focalização, e a consequente redução de variedades, pôde ser atacada também a questão do bordo de linha e seu abastecimento via programação puxada. Os montadores passaram a se preocupar apenas com a montagem, e o abastecimento passou a ser feito por um operador específico. Foram criadas também estações de submontagem para as tampas e isoladores, separadas das duas linhas principais. E como tínhamos dificuldade em balancear as ROP a um TC, devido à variedade de modelos em cada linha, a solução foi limitar os espaços físicos para os montadores trabalharem, evitando que se acumulassem produtos em processo, como pode ser visto no projeto da Figura 4.24. Pode não ter ficado uma linha totalmente balanceada e enxuta, mas melhorou muito a sua organização e desempenho. É sempre um prazer entrar nessas fábricas depois de todo o processo de treinamento e discussão com os grupos de melhorias e ver como elas evoluíram. São conceitos simples que trazem grandes resultados.

Figura 4.24 Parte do projeto para a linha de fechamento de transformadores

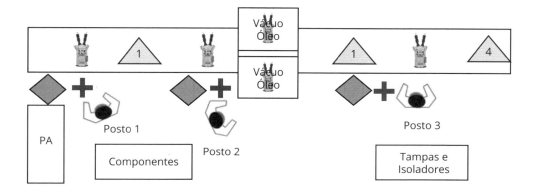

Para fecharmos este capítulo, antes de passarmos para o próximo sobre o balanceamento das ROP ao TC, podemos apresentar um, digamos, "contraexemplo" do conceito de linhas de montagem, onde não vale a pena distribuir por vários montadores as atividades para acelerar e/ou cadenciar o ritmo. Essa situação, que podemos chamar de linha unitária, ocorre quando temos que montar uma série de produtos semelhantes, com demandas pequenas (da faixa C), em lotes variáveis. Apesar de os produtos seguirem o mesmo roteiro, e usarem os mesmos equipamentos, as operações de montagem podem ter um grau de ação variável, o que faz com que a subdivisão das tarefas em linha acabe gerando gargalos e dificultando seu balanceamento.

Por exemplo, a montagem da família de motobombas multiestágio em lotes variados e pequenos era feita pela empresa em uma linha com dois ou três montadores em sequência, que dividiam as atividades. Como os componentes das motobombas eram montados de forma semelhante, por exemplo, o motor podia variar sua potência de 1 a 5 CV e os rotores podiam ter três diâmetros diferentes, mas suas montagens se davam de forma idêntica, parecia que uma linha com vários montadores dividindo as tarefas aumentaria a produtividade. Contudo, em função da diferença de estágios, de dois a nove, ocorriam em geral situações de espera entre os operadores. A solução foi montar duas linhas unitárias que trabalhavam de forma independente do começo ao fim da montagem.

E assim fechamos este capítulo, onde o foco foi descrever as principais mudanças físicas em operações de fabricação e montagem no sentido de melhorar o fluxo de produção na fábrica. No próximo capítulo vamos apresentar a complementação do tema com o detalhamento do dimensionamento da organização das pessoas e suas rotinas.

5

BALANCEAMENTO DOS CENTROS DE TRABALHO E POLIVALÊNCIA

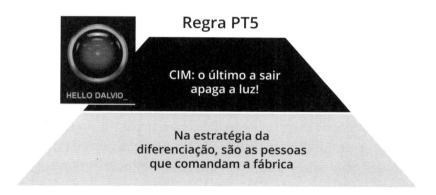

5.1 Introdução

No capítulo anterior, apresentamos o conceito de produção em fluxo, se possível com lotes econômicos unitários, como forma de se obter a redução dos *lead times* e a flexibilidade da fábrica, critérios ganhadores na estratégia de produção da diferenciação, para a qual montamos sistemas produtivos repetitivos em lotes. Nesse sentido, a estratégia da ME procura remodelar as grandes fábricas centralizadas convencionais em fábricas focalizadas a famílias de produtos, conforme ilustrado na Figura 5.1, evitando as supermáquinas e grandes linhas de montagem pela troca do *layout* departamental pelo celular e pela reconfiguração das linhas.

Neste capítulo, o conceito de produção em fluxo será complementado com a descrição de como montar as rotinas de operações-padrão (ROP) para cada posto de trabalho com base em tempos de ciclo (TC) equilibrados com a demanda dos clientes, ou seja, com o chamado *takt time* (TK), e a importância em se ter a polivalência para melhor aproveitar os custos fixos da mão de obra. Sempre é bom lembrar que na estratégia de produção da diferenciação, conforme coloco na minha regra PT5 que ilustra este capítulo, são as pessoas que comandam a fábrica, daí a importância em se fazer um bom balanceamento desse recurso.

Quanto a isso, se me permitem, vou contar mais uma história da minha chegada na engenharia de produção em Floripa nos anos 1980, quando a visão de futuro era baseada em *2001: uma odisseia no espaço*, filme de 1968, e seu cérebro eletrônico "Hal", que na PT5 está conversando comigo, e não com o David astronauta do filme. Como o ser humano é um cara muito imaginativo e otimista (confiram no filme), nessa época, quando a informática começou a tomar forma na gestão das fábricas com os chamados MRPII (o ERP daquele tempo), a visão de futuro era de que com a manufatura integrada pelo computador (CIM), as máquinas e os sistemas de planejamento e controle, com heurísticas otimizadoras, estariam totalmente interligados, de forma que as pessoas poderiam apagar as luzes na fábrica e ir para a praia pegar umas ondas comigo, pois no final do dia tudo estaria na mais perfeita ordem. Até hoje ainda vejo esses otimistas escrevendo artigos, com nomes bonitos, e prevendo um futuro glorioso, trocando CIM por manufatura ágil, ligeira ou coisa parecida. Se erraram nas fábricas, pelo menos acertaram no *surf*, pois cada vez tem mais gente pegando onda na minha praia, e não está fácil pegar a rainha.

Bem, sou um pouco cético quanto a toda essa automatização, e como sabemos hoje, a tecnologia não evoluiu tanto assim, não na estratégia de produção da diferenciação, pois não só as fábricas continuam com as luzes acesas, como as pessoas são seu principal ativo (PT5). Neste capítulo vamos tratar disto: como organizar as pessoas e seus ritmos para que no final do dia tudo esteja mais ou menos em ordem, o que já seria um ótimo negócio.

No sentido de se obter uma produção em fluxo, pode-se ver de forma simplificada na Figura 5.1 que ao lado de cada pessoa tem uma rotina de operações-padrão (ROP) que faz com que seu processo produtivo no centro de trabalho, uma célula ou uma linha de montagem, se complete dentro do tempo de ciclo (TC). A exceção são centros de trabalho isolados, onde os recursos são controlados pela taxa de produção (TX). Fazendo a conexão entre esses centros de trabalho, temos genericamente os supermercados de matérias-primas (SM MP), de peças componentes (SM PC) e de produtos acabados (SM PA).

Figura 5.1   Fábrica focalizada enxuta

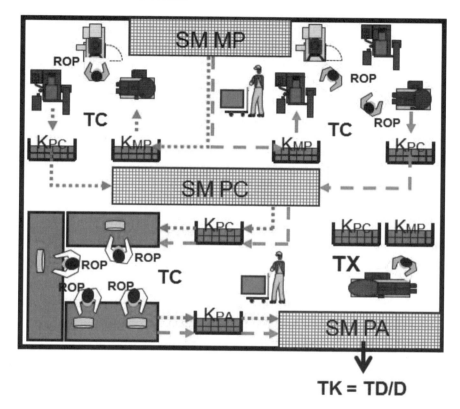

Como explicamos no Capítulo 3, sobre o uso da demanda no nivelamento do PMP, esse processo de organização das pessoas e suas rotinas padrões com os estoques de conexão é chamado na bibliografia sobre o STP de "adaptação mensal da produção às variações da demanda", e se constitui em uma atividade de planejamento de médio prazo, em geral revista mensalmente quando as demandas futuras são replanejadas, tendo como objetivo evitar a formação de gargalos ou sobra de capacidade quando da operação da fábrica no curto prazo. Na Figura 5.2, baseada em uma figura semelhante do livro do Monden (1984), apresentamos um fluxograma geral que irá servir de guia para descrevermos neste capítulo essa adaptação mensal da fábrica às mudanças de demanda, chamada aqui de balanceamento geral dos centros de trabalho.

Figura 5.2   Fluxograma para o balanceamento geral dos centros de trabalho

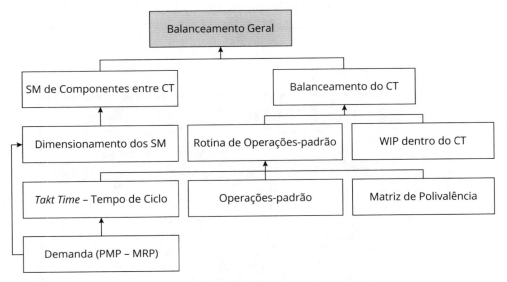

Como se pode ver no fluxograma, a demanda proveniente do PMP para produtos acabados ou do MRP para componentes, as operações-padrão vindas da engenharia de processos e a matriz de polivalência vinda do RH são as entradas primárias desse balanceamento. Com a demanda pode-se calcular os ritmos necessários para as rotinas, seja TK para os produtos acabados ou TC para os componentes. Juntando-se o TC/TK com as operações-padrão necessárias à fabricação do produto e com a disponibilidade de operadores polivalentes nos centros de trabalho pode-se montar as rotinas de operações-padrão (ROP) de cada posto desse centro. Ligando agora as diferentes rotinas de operações-padrão com os estoques em processo (WIP) necessários ao andamento do fluxo dentro dos centros de trabalho, se obtém o balanceamento de cada centro de trabalho (linha ou célula).

Finalmente, conectando os diferentes centros de trabalho entre si com a inclusão dos supermercados de abastecimento, que, por sua vez, também foram dimensionados com base na mesma demanda (PMP ou MRP), se chega ao balanceamento geral dos centros de trabalho ou da fábrica como um todo. Com exceção do dimensionamento dos supermercados, objeto de discussão do próximo capítulo sobre programação puxada, na sequência, cada um desses pontos do fluxograma será discutido e exemplificado. Lembrando sempre que esta é a teoria, nem sempre possível de ser implantada na maioria das empresas de médio e pequeno portes como aqui descrita, mas se nosso sapo pular para o lado certo, já estaremos com meio caminho andado, quem sabe em mais uns 10 anos chegamos perto da sincronia de uma Toyota.

5.2 Demanda

A demanda (D) é o ponto de partida para o balanceamento da fábrica, afinal é para atender aos clientes que uma empresa se organiza. Essa demanda será utilizada tanto para definir os ritmos, sejam o *takt time*/tempos de ciclo para linhas e células ou a taxa de produção para recursos isolados, bem como para definir os níveis de estoques necessários (NK) nos supermercados, conforme ressaltado nas fórmulas da Figura 5.3. Se estivermos olhando para os produtos acabados, vamos buscar essa demanda no plano-mestre de produção (PMP), que é a transformação das informações do Plano de Vendas do Comercial em informações de fábrica, e se estivermos buscando a demanda de componentes, ela virá do chamado cálculo das necessidades de materiais (MRP) com base na explosão dos itens de nível superior.

Figura 5.3   A demanda como entrada para o balanceamento da fábrica

$$TK/TC = \text{Tempo Disponível} / \textbf{Demanda}$$

$$TX = \textbf{Demanda} / \text{Tempo Disponível}$$

$$NK = (\textbf{Demanda} / \text{Lote}) \times ND$$

Já falamos da importância da demanda e da sua variabilidade no Capítulo 3. Nem sempre as empresas dispõem destes *softwares* (PMP/MRP) para obter previsões, principalmente o MRP, que é caro e demorado na sua implantação. Tenho ajudado muitas empresas médias e pequenas na implantação da ME que não investiram ainda neste módulo do ERP, ou, se tem algo chamado MRP, é apenas uma tabela (que pode ser feita também no Excel) de explosão das quantidades de acordo com a árvore do produto, sem levar em conta os *lead times* produtivos. Por sorte, na estratégia da diferenciação o princípio de Pareto ocorre, e com a classificação ABC da demanda podemos simplificar essa busca por previsões focando-a nos itens das classes A e B, que tendem a ter demandas mais regulares e previsíveis, mesmo que qualitativamente.

Outra vantagem, ou simplificação nesse processo de se chutar, digo, prever, uma demanda para o balanceamento de ritmos e estoques, é que a definição exata da variedade do *mix* de produtos na família não interfere tanto quanto a definição de um volume agregado da família, pois estamos fazendo um balanceamento de ritmos (ROP) que não sofre, por exemplo, influência de montarmos um motor de 110 ou de 220 volts em uma motobomba, mas sim se planejarmos um ritmo para 250 motobombas por dia e o comercial vender e solicitar que a linha entregue 400 por dia. Garanto que não vai dar certo, é pura matemática, um ritmo adequado para 250 não atende, pelo menos de forma organizada, a demanda de 400.

De maneira análoga, conforme será detalhado no próximo capítulo, a programação puxada dimensionada pela fórmula do número de *kanbans* (NK) consegue administrar bem as variações de *mix*, mas tem seu ponto fraco na variação excessiva do volume total exigido dos supermercados. Em geral, no começo da implantação da estratégia da ME, o comercial reclama um pouco da perda dessa flexibilidade de volume (falsa flexibilidade, é claro, pois os prazos nunca são cumpridos) que ele tinha com a programação empurrada, mas após algum tempo de implantação do sistema enxuto, com o aumento da confiabilidade nos prazos de entrega dos pedidos colocados para a fábrica, é o setor que mais defende as mudanças. Por isso, nunca se esqueçam de chamar o comercial para os treinamentos e grupos de melhorias já no começo do processo de mudança para termos uma demanda mais confiável. Voltarei a dar esse toque no próximo capítulo, ele é muito importante.

5.3 Tempo de Ciclo e *Takt time*

Como já explicamos no capítulo anterior, o surgimento das linhas de montagem, e a chamada produção em massa, em substituição à montagem artesanal é atribuída a Henry Ford, que em 1908 desenvolveu os conceitos de linha de montagem. No esquema proposto por Ford, reapresentado na Figura 5.4, os montadores, colocados em postos de trabalhos, sequem um conjunto de operações-padrão necessário para montar o produto, chamado de rotina de operações-padrão (ROP), limitado a um tempo de ciclo (TC), de forma que a cada TC um produto acabado seja montado. Ao final do tempo disponível de trabalho (TD), seguindo o ritmo do TC, uma quantidade de produtos acabados estará pronta para atender a demanda (D).

Figura 5.4   Henry Ford e sua linha de montagem com o TC

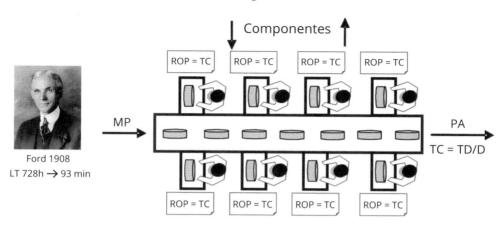

Apesar da grande mudança de paradigmas na organização física das linhas e departamentos convencionais, discutidos no capítulo anterior, a matemática de Ford para organizar os ritmos e distribuir rotinas de operações-padrão continua válida, ou seja, o tempo de ciclo (TC) de um centro de trabalho, linha ou célula, é obtido pela divisão do tempo disponível (TD) desse centro de trabalho pela demanda (D) requerida no período para o produto acabado ou componente produzido nesse centro.

Por exemplo, se pretendemos produzir 200 unidades por dia (D) de um item em um centro de trabalho que dispõem de 480 minutos por dia (TD) para trabalhar, o tempo de ciclo (TC) para cada posto de trabalho nesse centro não poderá passar de 2,4 minutos por unidade (480/200), caso contrário a demanda não será atendida. Logo, dividindo-se as operações-padrão em blocos (ROP) de até 2,4 minutos, e colocando um operador para cada uma dessas ROP, a cada ciclo de 2,4 minutos uma unidade é completada na linha ou célula.

Da demanda já falamos, vamos falar um pouco da outra variável da fórmula do TC, o tempo disponível (TD) do centro de trabalho. Na estratégia da ME a ideia é que o tempo disponível seja o tempo efetivo que se tem para a produção no centro de trabalho, não se retirando do tempo disponível os tempos de paradas não planejadas e os problemas em geral, de forma que caso eles venham a acontecer fora do padrão estabelecido, fique claro o desperdício para todos, tendo em vista que os desperdícios devem ser identificados e eliminados. Na prática, contudo, como não estamos ainda no nível de uma Toyota, tenho visto que podemos começar descontando esses tempos do tempo disponível de forma aproximada, com o objetivo de termos TC realísticos, dado que os desperdícios ainda existirão no estágio inicial da mudança. Na medida em que a fábrica for evoluindo na estratégia da ME e esses desperdícios forem sendo tratados e reduzidos, o tempo disponível pode passar a incluí-los para efeito de controle dos mesmos.

Nesse aspecto, creio que o mais importante no caminho para a implantação da estratégia da ME é sermos realísticos nos planos de produção, ou seja, se planejarmos um determinado ritmo e rotinas para atender a uma demanda devemos ter plenas condições de executar dessa forma. É a estabilidade no atendimento dos planos que leva à produtividade em um primeiro momento, e levará à eficácia com o passar do tempo ao se eliminar gradativamente os desperdícios. É a minha forma de encarar na prática o princípio da melhoria contínua.

Nessa questão do tempo disponível, podemos olhar para a Toyota como *benchmarking* e reparar, em alguns aspectos, que sob a ótica convencional são incompatíveis com a eficácia e redução de custos. Um ponto crítico, segundo li em vários lugares, é que ela não utiliza todo o seu tempo disponível para produção nas linhas de montagem, trabalhando em dois turnos apenas, de forma que entre cada turno de oito horas haja um intervalo de quatro horas. Volto a lembrar que na estratégia da ME as pessoas é que são os custos fixos, devendo ser bem utilizadas no período, sendo as máquinas e instalações custos variáveis, que se não forem usados nesse período ficam resguardadas para o próximo.

Dessa maneira, a Toyota, nesse intervalo entre turnos, consegue fazer uma boa manutenção preventiva nos equipamentos, o que é crítico em linhas de montagem ritmadas, de forma a serem efetivamente utilizados no turno de produção seguinte, ou seja, o TD é todo o tempo disponível, sem desperdícios ligados às máquinas e instalações deficientes. Por outro lado, caso ocorra algum problema na linha durante o tempo disponível e a produção planejada ao final do turno não seja atingida, a Toyota, usando a jornada flexível, estende o turno mantendo as ROP por mais algum tempo para alcançar a meta, evitando que os erros se acumulem nos próximos turnos. No extremo oposto desse exemplo, já conheci empresas da área têxtil (área muito difícil de se parar um equipamento) onde os desvios entre planejado e produzido se acumulavam tanto que, lá pela trigésima quinta semana do ano, o PCP simplesmente sumia com uma semana de programação para que a fábrica colocasse em dia suas pendências.

Outra vantagem de médio prazo com esses intervalos entre turnos é de que por um determinado período, por exemplo, de sazonalidade alta em novembro, a fábrica possa planejar um aumento de demanda sem alterar o TC e as ROP, utilizando uma jornada flexível com algumas horas a mais, que serão devolvidas em períodos de baixa demanda, ou pagas se não houver como as devolver. Essa é a flexibilidade de volume associada à adaptação mensal à demanda tão falada no STP.

Voltando à variável tempo de ciclo, devo esclarecer que a partir da década de 1990 do século passado, o tempo de ciclo (TC) dentro da estratégia da ME começou a ser chamado de *takt time* (TK). A explicação é bem simples, pois até o fim da Segunda Guerra Mundial o Japão e a Alemanha tinham uma relação de parceria e o termo *takt time* vinha da definição alemã para tempo de ciclo, onde *takt* significa compasso, ritmo, e foi adotado no Japão como sinônimo de TC para o balanceamento de linhas. Visto que a estratégia da ME no geral, e o STP no particular, apresentavam uma série de práticas inovadoras, como nivelamento do PMP a demanda, redução dos lotes, programação puxada, parcerias com fornecedores, polivalência dos operadores, ajuda mútua etc., que são objetos de estudo deste livro, muitos dos que foram olhar o que estava acontecendo nas empresas japonesas acabaram botando na cota dessas práticas o termo *takt time*, como sendo uma dessas inovações. Completo e lamentável absurdo. Ao procurarem o reino de *Prestes João* (que ficava ao lado do Paraíso nos mapas medievais), acharam o *takt time*. Tempo de ciclo ou *takt time* é apenas o nome da variável (e não uma das práticas enxutas) que define os ritmos quando se faz um balanceamento.

Como virou moda falar em *takt time* na estratégia da ME, e eu não sou bobo de chegar em uma aula ou empresa e só falar em tempo de ciclo, vou ser pragmático antes que me chamem de ultrapassado. Logo, para darmos ênfase ao desperdício de superprodução na estratégia da ME, principalmente quando saímos da linha de montagem final e vamos para dentro da fábrica, onde os departamentos deram espaço para células, podemos chamar de *takt time* o ritmo calculado para a demanda do cliente final, ou do produto acabado que vem do PMP, e deixar o tempo de ciclo ligado à demanda dos processos, ou dos componentes que vêm do MRP, que seria o tempo de ciclo dos processos. Então podemos falar em aula: o tempo de ciclo dessa célula não vai atender ao *takt*! O que é a mesma coisa que dizer que o tempo de ciclo dessa célula não vai atender ao tempo de ciclo da linha de montagem, mas soa mais modernoso!

140 MANUFATURA ENXUTA COMO ESTRATÉGIA DE PRODUÇÃO • **Tubino**

Brincadeiras (e indignações acadêmicas reprimidas) à parte, conforme ilustro na Figura 5.5, como esses dois ritmos em geral possuem valores diferentes dependendo da estrutura do produto, é interessante e oportuno termos um nome específico para definir o ritmo exigido pelo cliente. Assim, por exemplo, um produto que precisa sair na linha a um ritmo (*takt time*) de 2,4 minutos por unidade pode necessitar que seu componente seja produzido na célula a um ritmo (tempo de ciclo) de 1,2 minuto por unidade, dado que para cada produto se utilizam dois componentes, senão teremos aí um ponto gargalo.

Figura 5.5   *Takt time* e tempo de ciclo

$$TK = \frac{TD}{D_{PA}} \qquad TC = \frac{TD}{D_{PROCESSO}}$$

Linha de Montagem → 1 PA = 2 Componentes → Célula Componente

$$TK = \frac{480 \text{ min/dia}}{200 \text{ unid./dia}} = 2{,}40 \text{ min/unid.} \qquad TC = \frac{480 \text{ min/dia}}{400 \text{ unid./dia}} = 1{,}20 \text{ min/unid.}$$

Um fato importante que volto a ressaltar na estratégia da ME é que esse balanceamento de centros de trabalho e mudanças de ritmos (TK/TC) é uma atividade a ser desenvolvida no médio prazo, visto que envolve possíveis mudanças de *layout*, estoques e inclusão ou exclusão de operadores com novas rotinas (ROP) e, como mudanças geram custos, devem ser evitadas na medida do possível. Dessa forma, podemos manter os TK/TC constantes alterando as demais variáveis da fórmula. Por exemplo, se a demanda aumentar de 200 unidades/dia para 250 unidades/dia podemos manter o TC de 2,4 minutos/unidade aumentando o tempo disponível de 480 minutos/dia, talvez com jornada flexível, para 600 minutos/dia, conforme ilustrado na Figura 5.6. De maneira análoga, se reduzimos as expectativas da demanda para 150 unidades/dia, podemos reduzir a jornada de trabalho para 360 minutos/dia de forma a mantermos o tempo de ciclo em 2,4 minutos/unidade.

Contudo, nem sempre é possível se alterar o TD da jornada de trabalho, pois essa é a variável mais complexa visto que envolve, além da produção, a área de RH e os sindicatos. Com certeza, o mais fácil seria mexer na forma como a demanda será atendida, pois em geral é uma decisão interna da produção. Por exemplo, no caso de itens similares, ou família de produtos, podemos mexer no número de itens alocados à linha ou célula de forma a aumentar ou reduzir a demanda (D) total da família sem alterar o tempo disponível, visando manter o tempo de ciclo e a organização da produção. Como se pode ver na parte superior da Figura 5.7, caso a demanda de um item caia de 200 para 150 unidades/dia, podemos programar para a mesma célula, ou linha, uma demanda adicional de 50 unidades/dia de outro item similar de maneira a manter o ritmo em 2,4 minutos/unidade.

Figura 5.6   Manutenção do TC/TK alterando o TD

$$TC = \frac{480 \text{ min/dia}}{200 \text{ unid./dia}} = 2,40 \text{ min/unid.}$$

$$TC = \frac{600 \text{ min/dia}}{250 \text{ unid./dia}} = 2,40 \text{ min/unid.} \qquad TC = \frac{360 \text{ min/dia}}{150 \text{ unid./dia}} = 2,40 \text{ min/unid.}$$

Também, conforme ilustrado na parte inferior da Figura 5.7, se a demanda aumentar e não pudermos aumentar o tempo disponível, uma alternativa seria deslocar parte dessa demanda para outra célula ou linha e mantermos a estabilidade em pelo menos uma das células. A outra trabalharia apenas meio dia com esse item e os operadores poderiam ser deslocados para outra atividade na segunda metade do turno. Em processos onde o custo de máquina parada for baixo, como em geral em linhas de montagem mais manuais, essa é uma boa alternativa.

Figura 5.7   Alternativas para manutenção do TC/TK

$$TC = \frac{480 \text{ min/dia}}{200 \text{ unid./dia}} = 2,40 \text{ min/unid.} \qquad TC = \frac{480 \text{ min/dia}}{(150 + 50) \text{ unid./dia}} = 2,40 \text{ min/unid.}$$

$$TC_{c1} = \frac{480 \text{ min/dia}}{200 \text{ unid./dia}} = 2,40 \text{ min/unid.} \qquad TC_{c2} = \frac{240 \text{ min/dia}}{100 \text{ unid./dia}} = 2,40 \text{ min/unid.}$$

De qualquer forma, mesmo que não se consigam ritmos padrões no tempo com as variabilidades inerentes à demanda na estratégia da diferenciação, o importante é a busca pela produção em fluxo, evitando-se ao máximo organizar a fábrica com base na taxa de produção (TX), que é a demanda dividida pelo tempo disponível. A TX é utilizada para definir o ritmo de processos de fabricação em lotes, em geral em estruturas departamentais ou no caso de supermáquinas isoladas. Como a TX utiliza o valor de uma quantidade por tempo, nada impede que esses processos acabem produzindo seus itens na quantidade adequada, mas sem sincronização com os processos clientes, gerando fatalmente o desperdício de superprodução temporal, conforme ressaltado na Figura 5.8. Além disto, o uso da TX gera dificuldade em identificar os problemas, pois sempre se pode "acelerar" algumas horas para colocar o trabalho em dia, dado que o importante é a taxa de produção final e não o tempo a cada unidade. Com ritmos diferentes a cada momento do dia, a qualidade do trabalho com que se executam as rotinas com certeza não é padronizada e dificilmente seria chamada de rotina de operações-padrão (ROP). O que nos leva ao próximo tópico de discussão no caminho do balanceamento dos centros de trabalho, que são as operações-padrão.

Figura 5.8 Tempo de ciclo e taxa de produção

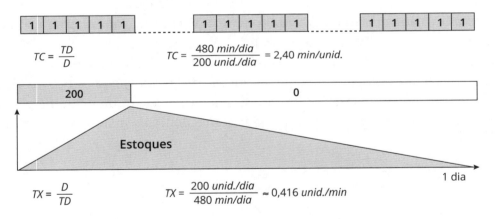

5.4 Operações-padrão

Operações-padrão, também chamadas de elementos de trabalho, são o conjunto de operações que deve ser desenvolvido pelo operador no processo de forma padrão, de acordo com o roteiro de fabricação do item, para transformá-lo em produto acabado. Em geral, esse trabalho é desenvolvido pela engenharia do produto aplicando a teoria de tempos e métodos quando do projeto de novos produtos ou de melhoria do processo e, em muitas empresas de médio e pequeno portes, tem o enfoque maior da obtenção dos tempos das operações (homens e máquinas) para projeções de custos, sem a preocupação com as questões ligadas ao balanceamento do trabalho em si.

Nosso objetivo neste livro não é discutir as técnicas por trás do levantamento dos tempos, fundamentada na chamada cronoanálise com seus 19 movimentos básicos, ou na aplicação da MTM (*Methods Time Measurement* ou medição do tempo através do método) via *software* com tempos predeterminados que irá usar heurísticas para otimizar alguma coisa. Peço desculpa aos colegas da área de produto e ergonomia pela simplificação, mas essa teoria se aplica bem dentro da produção em massa no que chamamos de modelo Fordista, com tempos de ciclo curtos, onde pegar a peça com o dedo certo vai fazer toda a diferença, como é feito ainda na indústria automobilística, origem da ME, e em outros processos que estão no limite de entrada da produção em massa devido à baixa variedade, a caminho da automação das operações manuais, como, por exemplo, a montagem de eletrodomésticos padrões.

Já na estratégia da diferenciação da ME voltada para os critérios de flexibilidade e prazos de entrega, os tempos-padrão das operações devem ser obtidos em cima de operações mais agregadas no sentido de atender TK/TC mais longos, se evitando a necessidade de levantamentos por micro-operações. O enfoque é trabalhar com TK/TC médios usando operadores polivalentes e ajuda mútua entre as rotinas, o que faz com que a interface entre as operações-padrão dos postos não seja tão rígida.

Com exceção do projeto de novos produtos onde ainda não temos o processo produtivo instalado, o próprio grupo de operadores que irá executar esse conjunto de operações deve participar da definição dos tempos-padrão, tornando-os mais reais (via grupo de melhorias), diferentemente dos sistemas convencionais, onde apenas os engenheiros detêm o conhecimento; afinal de contas são os operadores que no dia a dia vão executar a operação e não os engenheiros. Nas poucas vezes, infelizmente, em que tive a oportunidade de fazer esse trabalho de balanceamento em melhorias de processos já existentes, o levantamento dos tempos foi feito dessa forma, com a participação de todos em grupos de melhorias.

Como sugestão para esses trabalhos em grupos, inicialmente monte uma tabela, como as apresentadas nas Figuras 5.9 e 5.10, que serão utilizadas como exemplo neste capítulo. Faça uma coluna para a sequência das operações (Seq), para o nome que será dado à operação-padrão, para o tempo gasto com a movimentação do operador (Movim), para o tempo gasto com a operação manual do operador (Manual), para a soma desses dois tempos (Total MM), e, ainda, para o tempo gasto exclusivamente com a operação da máquina, sem a intervenção do operador (Máquina). Deixe um espaço também para definição do tamanho do lote, pois nem sempre ele é unitário, como por exemplo em células de costura onde o "pacote" pode ser de 10 peças ou mais.

Montada a tabela, combine com o grupo de melhorias a filmagem do processo, que hoje em dia até por celular é possível, e explique que não é para eles correrem, pois esse é um trabalho de balanceamento dentro da estratégia da ME visando a melhoria contínua pela eliminação dos desperdícios, e que será discutido em grupo. Considere cada operação-padrão como um conjunto mínimo de atividades desenvolvido por um operador de forma que ele possa passar o item para o posto seguinte caso haja necessidade. Por exemplo, na montagem das motobombas da Figura 5.9, onde os tempos operacionais são menores, a primeira operação foi definida como "colocar o motor no berço", que na realidade compreende o conjunto de movimentos: caminhar até o estrado, pegar o motor, levar para a linha, posicionar o motor em cima do berço. Já no caso do fechamento dos transformadores da Figura 5.10, onde os tempos são maiores, optamos por definir seis grandes grupos de operações afins, abertos em suas operações-padrão individuais. Por exemplo, fixar comutador é composto de três operações-padrão: posicionar comutador, apertar comutador no tanque e colocar o parafuso no comutador.

Figura 5.9 Lista de operações-padrão para montagem de motobomba

	Tamanho do Lote de Montagem	1			
Seg.	Operações-padrão (segundos)	Movim.	Manual	Total MM	Máquina
1	Colocar motor no berço	0	2	2	0
2	Colocar anel *o'rings*	0	5	5	0
3	Colocar sede do selo mecânico	0	2	2	0
4	Fixar sede do selo mecânico	0	3	3	0
5	Colocar espera do motor	0	3	3	0
6	Colocar rotor	0	5	5	0
7	Fixar rotor	0	4	4	0
8	Colocar caracol	0	3	3	0
9	Posicionar parafusos	0	4	4	0
10	Fixar parafusos	0	11	11	0
11	Fazer testes	0	10	10	0
12	Virar bomba	0	2	2	0
13	Posicionar capa	0	19	19	0
14	Fixar capa	0	12	12	0
15	Fixar aterramento	0	6	6	0
16	Montar caixa e adesivar	0	12	12	0
17	Adesivar bomba + colocar tampões + col. caixa	0	21	21	0
18	Colocar manual na caixa	0	2	2	0
19	Fechar caixa e colocar na embalagem	0	9	9	0
20	Grampear embalagem	0	9	9	0
21	Colocar embalagem no *pallet*	0	5	5	0
	Total (*Lead time* Linha)	0	149	149	0

Note que nas tabelas de levantamento das operações-padrão, apesar de existir uma coluna para os tempos de movimentação do operador, elas inicialmente estão em branco, pois não se deve incluí-los nesse momento, visto que o tempo de deslocamento dos operadores depende do *layout* e do número de operadores escolhido para a linha ou célula e só irá entrar na tabela quando da montagem das rotinas de operações-padrão. Note também que não está listada nenhuma operação de abastecimento da linha ou célula, que deve ser feita, sempre que possível, pelo movimentador externo no chamado bordo de linha, evitando a quebra de fluxo nos montadores.

Figura 5.10 Lista de operações-padrão para fechamento de transformador de 10w

	Tamanho do Lote de Montagem		1			
Seg.	Operações-padrão (segundos)	Movim.	Manual	Total MM	Máquina
Movimentar e Fixar PA no Tanque	1	Posicionar e Conectar talha na PA	0	20	20	0
	2	Posicionar tanque e descer PA	0	33	33	0
	3	Busca parafusos (2) e apertar	0	34	34	0
	4	Conferir cabo da AT e BT e dar aperto final	0	28	28	0
Fixar BT	5	Buscar e Parafusar isolador de BT no tanque	0	50	50	0
	6	Parafusar cabos de baixa tensão no isolador	0	40	40	0
	7	Ajustar cabos da BT e colocar proteção	0	15	15	0
Fixar Comutador	8	Posicionar comutador	0	16	16	0
	9	Apertar comutador no tanque	0	12	12	0
	10	Colocar o parafuso no comutador	0	23	23	0
Colocar Óleo	11	Posicionar componentes internos	0	9	9	0
	12	Baixa tampa estanque e zerar cronômetro	0	8	8	0
	13	Ligar vácuo	0	4	4	153
	14	Ligar óleo	0	4	4	142
	15	Levantar a tampa estanque e colocar proteção	0	5	5	0
Tampar Transformador	16	Retirar proteção, colocar cola na borda	0	25	25	0
	17	Colocar borracha na borda	0	20	20	0
	18	Buscar e colocar tampa	0	2	2	0
Fixar AT e Tampa	19	Posicionar os cabos da AT dentro da bucha	0	57	57	0
	20	Colocar o terminal de AT	0	28	28	0
	21	Colocar plástico abaixo da presilha	0	47	47	0
	22	Colocar e fixar presilha	0	43	43	0
	23	Deslocar tranformador para teste	0	2	2	0
	Total (*Lead time* Linha)		0	525	525	0

Outro ponto importante nessa etapa de coleta de tempos consiste em separar os tempos manuais (movimentação e operação), que exigem a presença do operador, dos tempos de espera decorrentes de operações de máquinas que não necessitam da presença do operador, e, se possível, implantar ejeção automática, de forma que o operador, ao chegar ao posto, já tenha a peça a sua disposição. No exemplo da montagem de motobombas existe a operação 11, fazer testes, que emprega uma máquina de teste; contudo, o operador fica o tempo todo monitorando o teste, sendo então um tempo manual. Já no caso da montagem dos transformadores, existem duas operações, a 13, ligar vácuo e a 14, ligar óleo, em que o operador gasta quatro segundos ligando as máquinas que na sequência ficam trabalhando, o vácuo, 153 segundos, e a de óleo, 142 segundos, sem a necessidade do operador, que pode seguir em frente em sua rotina.

Conforme o esquema geral de balanceamento dos centros de trabalho, reapresentado na Figura 5.11 para facilitar a visão do todo, ao se juntar o *takt time*/tempo de ciclo decorrentes da demanda com as operações-padrão necessárias à fabricação do produto e com a disponibilidade de operadores polivalentes dos centros de trabalho (discutida ao final do capítulo), pode-se montar então as chamadas rotinas de operações-padrão (ROP) de cada posto desse centro, a ser detalhada no próximo tópico.

Figura 5.11 Rotina de operações-padrão e balanceamento dos centros de trabalho

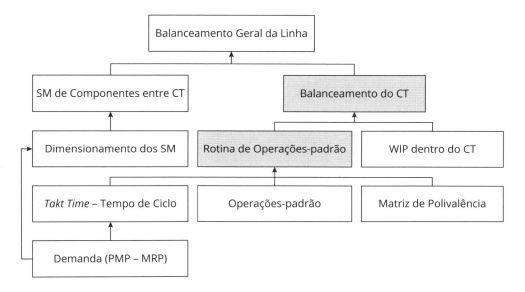

5.5 Rotina de Operações-padrão

Podemos definir como rotina de operações-padrão (ROP) o conjunto de atividades que um posto de trabalho deve seguir dentro do TK/TC planejado no sentido de executar a lista de operações-padrão para montar ou fabricar um item. Uma ROP consiste da combinação de três grupos de atividades:

1. atividades manuais: são aquelas atividades que exigem que o operador esteja presente em contato com o item montado ou fabricado;

2. atividades mecânicas: são aquelas atividades que não exigem que o operador esteja em contato com o item montado ou fabricado;

3. deslocamentos: são os movimentos que o operador precisa fazer para ir de um ponto ao outro do posto de trabalho para a execução das operações-padrão e depende do *layout* da linha de montagem ou da célula de fabricação.

Logo, em um centro de trabalho (célula ou linha) as rotinas de operações-padrão têm a função de organizar o conjunto de operações-padrão, sejam operações manuais, operações mecânicas e deslocamentos dos operadores, de forma que todos terminem suas funções aproximadamente dentro de um mesmo tempo de ciclo, como exemplificado na Figura 5.12.

Figura 5.12   Balanceamento entre as rotinas de operações-padrão

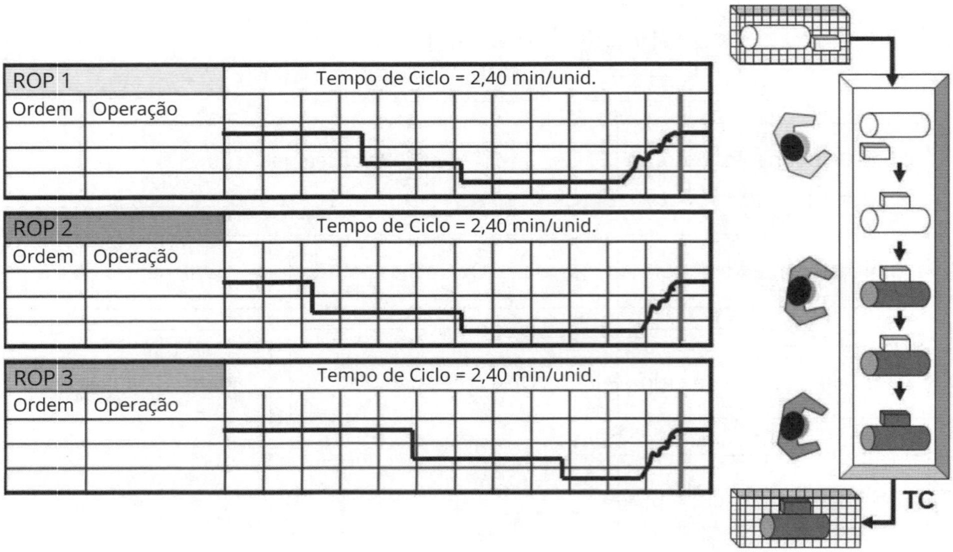

Nessa figura podemos ver que as três ROP dos operadores terminam antes de 2,4 minutos (linha em vermelho na ROP), o que garante que a cada 2,4 minutos um item (em componentes) entre no centro de trabalho e um item (produto acabado) fique pronto e saia do centro de trabalho. Aproveitando ainda essa figura para reforçar os conceitos, não se deve confundir tempo de ciclo com *lead time* ou tempo de atravessamento. O *lead time* é o tempo que demora para um item específico passar pelo centro de trabalho. Como temos três rotinas de 2,4 minutos mais dois itens em WIP (estoque em processo) que também ficarão 2,4 minutos parados entre os postos para que os operadores possam sincronizar suas rotinas, o *lead time* de um item neste exemplo será de 12 minutos (5 × 2,4), enquanto o TC é de 2,4 minutos por item.

Definido o que seja uma ROP em teoria, vamos para a vida como ela é na maioria das médias e pequenas empresas, esperando esclarecer por que falei antes que o levantamento dos tempos padrões não é, em geral, meu maior problema. Vamos continuar com a apresentação do trabalho que fizemos com os grupos de melhorias das linhas de motobombas e de transformadores, cujos tempos das operações-padrão obtidos através de filmagem já foram apresentados nas Figuras 5.9 e 5.10. Na realidade, quando filmamos pela primeira vez a linha de montagem convencional das motobombas com quatro operadores e lotes de montagem de 10 motobombas em cada posto, encontramos os tempos apresentados na tabela da Figura 5.13.

Já falamos dos desperdícios associados às linhas organizadas de forma convencional no capítulo anterior. O resultado pode ser conferido nesta tabela, onde o operador, com 10 motobombas na sua frente, e 15 metros de linha, não só se deslocava entre essas motobombas na linha para fazer a mesma operação em cada uma delas, como consumia um bom tempo se deslocando também até o grande contenedor de abastecimento que ficava ao lado da linha. O tempo total de atravessamento na linha para uma motobomba era de quase 27 minutos (1.596/60), sendo na sua maioria devido às esperas do lote e de movimentação.

150 MANUFATURA ENXUTA COMO ESTRATÉGIA DE PRODUÇÃO • Tubino

Figura 5.13   Tempos obtidos para a linha de montagem convencional de motobombas

	Tamanho do Lote de Montagem	10			
Seg.	Operações-padrão (segundos)	Movim.	Manual	Total MM	Máquina
1	Colocar motor no berço	10	25	35	0
2	Colocar anel *o'rings*	0	45	45	0
3	Colocar sede do selo mecânico	2	16	18	0
4	Fixar sede do selo mecânico	2	20	22	0
5	Colocar espera do motor	2	19	21	0
6	Colocar rotor	2	31	33	0
7	Fixar rotor	2	46	48	0
8	Colocar caracol	22	50	72	0
9	Posicionar parafusos + movimentar lote	16	58	74	0
10	Fixar parafusos	0	50	50	0
11	Fazer testes	3	242	245	0
12	Virar bomba	0	20	20	0
13	Posicionar capa	12	9	21	0
14	Fixar capa	0	123	123	0
15	Fixar aterramento + movimentar lote	42	123	165	0
16	Montar caixa e adesivar	2	120	122	0
17	Adesivar bomba + colocar tampões + col. caixa	2	210	212	0
18	Colocar manual na caixa	6	20	26	0
19	Fechar caixa e colocar na embalagem	4	88	92	0
20	Grampear embalagem	12	86	98	0
21	Colocar embalagem no *pallet*	6	48	54	0
	Total (*Lead time* Linha)	147	1.449	1.596	0

Em geral, essa distribuição de rotinas entre quatro operadores era empregada quando se programava uma demanda de 300 motobombas para o turno, ou seja, uma taxa de produção, que normalmente era completada em seis horas (6 × 0,90 × 60 × 60 = 19.440 segundos). Em função disto o *takt time*, ou tempo de ciclo, da linha ficava em 65 segundos por unidade, ou 650 segundos para o lote, como apresentado na tabela da Figura 5.14. Pode-se ver também pela tabela ou pelo gráfico GBO (gráfico de balanceamento operacional) que o balanceamento entre as quatro rotinas (não sei se neste caso posso chamá-las de padrão) era deficiente, com o quarto montador com as operações de embalagem sendo o gargalo e ditando um ritmo mais lento para os três primeiros, o que acabava gerando um grande tempo de folga (mais de 18 minutos) entre as rotinas e o *takt time* solicitado.

Figura 5.14   GBO da linha de montagem convencional de motobombas

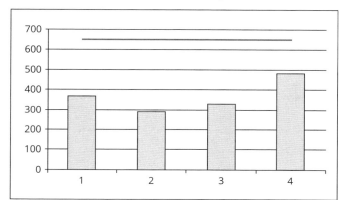

Peça ou Produto	MB1 + MB2
Demanda (unid./dia)	300
Tempo Disp. (seg./dia)	19.440
Takt Time (seg./unid.)	65

ROP												
POSTO	TK'Lote	Folga	TCrop	OP1	OP2	OP3	OP4	OP5	OP6	OP7	OP8	OP9
1	650	282	368	35	45	18	22	21	33	48	72	74
2	650	355	295	50	245							
3	650	321	329	20	21	123	165					
4	650	168	482	122	212	26	92	98	54			
Total	2.600	1.126	1.474									

Neste trabalho que desenvolvemos com o grupo de melhorias da fábrica de motobombas foi possível aplicar todo o ciclo virtuoso da estratégia da ME, da análise da demanda e nivelamento do PMP à implantação de supermercados na cadeia produtiva, já resumido no Capítulo 3. Por isso estou em cada capítulo utilizando-o como exemplo, visto que ele mostra a inter-relação entre as várias práticas, ou ferramentas, da ME. Vamos focar aqui na questão das práticas que permitiram a elaboração das novas rotinas de operação-padrão para essa linha.

Inicialmente, entre os pontos mais relevantes, propomos a mudança do lote de montagem de 10 para uma motobomba, mexendo no *layout* dos postos de trabalho, de forma que o montador não se movimentasse tanto (a linha foi literalmente cortada de 15 para 5 metros) entre os postos. Em paralelo desenvolvemos no trabalho em grupo (com a participação ativa do Márcio, do Fernando e do Walter, que lideraram o processo) um sistema de abastecimento da linha (bordo de linha) com carrinhos *kanbans* para cada posto, cujo dimensionamento será descrito no próximo capítulo. Como se pode ver na tabela da Figura 5.15 para a produção em fluxo unitário, tanto os tempos de movimentação entre a sequência de operações-padrão se reduziram, como a movimentação do operador até o contenedor sumiu, visto que as peças componentes estavam agora no bordo de linha ao alcance da mão.

Figura 5.15 Tempos obtidos para a linha de montagem enxuta de motobombas

Seg.	Tamanho do Lote de Montagem	10			
	Operações-padrão (segundos)	Movim.	Manual	Total MM	Máquina
1	Colocar motor no berço	2	2	4	0
2	Colocar anel *o'rings*	0	5	5	0
3	Colocar sede do selo mecânico	0	2	2	0
4	Fixar sede do selo mecânico	0	3	3	0
5	Colocar espera do motor	0	3	3	0
6	Colocar rotor	0	5	5	0
7	Fixar rotor	0	4	4	0
8	Colocar caracol	0	3	3	0
9	Posicionar parafusos	0	4	4	0
10	Fixar parafusos	0	11	11	0
11	Fazer testes	2	10	12	0
12	Virar bomba	2	2	4	0
13	Posicionar capa	0	19	19	0
14	Fixar capa	0	12	12	0
15	Fixar aterramento	0	6	6	0
16	Montar caixa e adesivar	2	12	14	0
17	Adesivar bomba + colocar tampões + col. caixa	2	21	23	0
18	Colocar manual na caixa	2	2	4	0
19	Fechar caixa e colocar na embalagem	0	9	9	0
20	Grampear embalagem	0	9	9	0
21	Colocar embalagem no *pallet*	2	5	7	0
	Total (*Lead time* Linha)	14	149	163	0

Vou deixar aqui meu registro de um fato, digamos curioso, mas frequente em trabalhos semelhantes, que aconteceu quando apresentamos esta proposta de fluxo unitário ao grupo de melhorias, que nesse caso incluía o PCP, o líder da montagem e os operadores da linha. O quarto operador da linha, responsável pelas operações de embalagem e gargalo da linha convencional, quando nos ouviu falar em montar de uma em uma motobomba, argumentou que quase não dava conta da produção em lotes de 10, onde tinha ritmo na repetição de cada operação, como, por exemplo, adesivar 10 motobombas em sequência, e que adesivar de uma em uma seria uma rotina impraticável.

Bem, já havíamos feito as contas (etapa de *pré-kaizen* do trabalho de melhoria) na planilha, conforme ilustrado na Figura 5.16, identificando duas rotinas de operações-padrão equilibradas: uma com 79 segundos (da sequência 1 a 13) e outra com 84 segundos (da sequência 14 a 21). E vimos que seria possível com um TK de 95 segundos por unidade atender a mesma demanda de 300 motobombas por dia trabalhando na linha um turno completo de 8,8 horas (8,8 × 0,9 × 60 × 60 = 28.512 segundos), ou ainda, com um TK de 91 segundos por unidade atender a uma demanda de 250 motobombas por dia (na realidade, a média mensal) trabalhando apenas 7 horas (7,0 × 0,9 × 60 × 60 = 22.680 segundos) por turno.

Logo, como a linha estava mesmo parada visto que os operadores participavam conosco do grupo de melhorias, pegamos a filmadora e fomos todos preparar a linha convencional para uma sequência de montagens com dois operadores nessas ROP em fluxo unitário. Colocamos pequenas quantidades dos componentes ao alcance das mãos nos postos, evitando as movimentações, e mesmo com a linha ainda com 15 metros conseguimos sincronizar as duas rotinas dentro de um ciclo abaixo de 90 segundos, bastando para tal colocar uma motobomba de WIP entre as duas ROP, de forma a que o segundo montador pudesse sempre começar imediatamente sua rotina mesmo que o primeiro ainda não tivesse terminado a sua.

A partir dessa simulação física, onde se quebrou o paradigma da famosa taxa de produção na empresa, além de mais um bom exemplo prático sobre produção em fluxo para relatar neste livro, ganhamos a confiança do grupo para as várias mudanças que teríamos que fazer na linha convencional até chegarmos a uma linha enxuta alguns meses à frente.

Figura 5.16   GBO da linha de montagem enxuta de motobombas

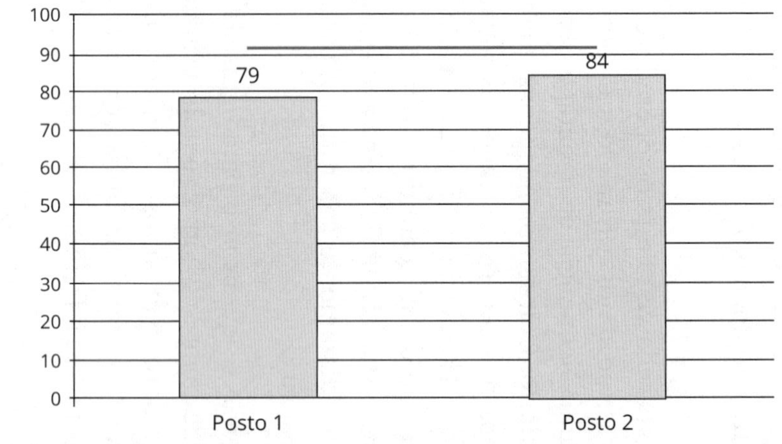

Peça ou Produto	MB1 + MB2
Demanda (unid./dia)	250
Tempo Disp. (seg./dia)	22.680
Takt Time (seg./unid.)	91

Peça ou Produto	MB1 + MB2
Demanda (unid./dia)	300
Tempo Disp. (seg./dia)	28.512
Takt Time (seg./unid.)	95

Jornada Flexível		
Turno (horas)	8.80	7.00
T.disp.(seg./turno)	28.512	22.680

Demanda Flexível				
Dia/mês	20	Baixa Demanda		Alta Demanda	
Produtos de Linha		Mensal	Diária	Mensal	Diária
MB1		2.500	125	3.000	150
MB2		2.500	125	3.000	150
Produção (unid.)		5.000	250	6.000	300

ROP																
POSTO	TK'Lote	Folga	TCrop	OP1	OP2	OP3	OP4	OP5	OP6	OP7	OP8	OP9	OP10	OP11	OP12	OP13
Posto 1	91	12	79	4	5	2	3	3	5	4	3	4	11	12	4	19
Posto 2	91	7	84	12	6	14	23	4	9	9	7					
Total	181	18	163													

Como o gráfico de balanceamento operacional (GBO) apresenta uma visão muito simplificada das ROP com a soma das operações manuais com as de movimentação, o ideal em empresas mais estruturadas é que o departamento de engenharia documente esse trabalho de balanceamento nas chamadas "Folhas de Operações-padrão", conforme apresentado nas Figuras 5.17 e 5.18 para o exemplo das duas rotinas da linha enxuta de motobombas.

Figura 5.17 Folha de operações-padrão para a primeira ROP da linha de montagem enxuta de motobombas

LSSP		Folha de Operações-padrão					Seq.	1 de 2
Takt Time (seg/unid.)	91	Especificação Peça ou Produto	Código	De	Almoxarifado	Data Revisão		
Demanda (unid./dia)	250	MB1 + MB2		Para	Operador 2	Responsável		
Tempo Disp. (seg/dia)	22.680	Layout do Processo e ROP			Pontos críticos e pontos de verificação de qualidade			

Qualidade

Segurança

WIP Padrão

1

Equipamentos de Segurança

Sapato de Segurança

Protetor Auricular

Ferramentas Requeridas

Chave de fenda, martelo, dispositivo para selo

Parafusadeira, dispositivo para teste elétrico e estanqueidade

Seq.	Rotina de Operações-padrão (segundos)	Mov.	Man.	Máq.	0 10 20 30 40 50 60 70 80 9
1	Colocar motor no berço	2	2	0	
2	Colocar anel o'rings	0	5	0	
3	Colocar sede do selo mecânico	0	2	0	
4	Fixar sede do selo mecânico	0	3	0	
5	Colocar espera do rotor	0	3	0	
6	Colocar rotor	0	5	0	
7	Fixar rotor	0	4	0	
8	Colocar caracol	0	3	0	
9	Posicionar parafusos	0	4	0	
10	Fixar parafusos	0	11	0	
11	Fazer testes	2	10	9	
12	Virar bomba	2	2	9	
13	Posicionar capa	0	19	0	
14		0	0	0	
15		0	0	0	
16		0	0	0	

Lote	1		Tempo Total	6	73	0	91	79		12	Manual	
							TK*L	ROP	=	T. Sobra	Máquina / Moviment.	

O núcleo deste documento, como se pode ver nessas duas figuras, é a rotina de operações-padrão que deve ser seguida nesse posto e seu gráfico

156 MANUFATURA ENXUTA COMO ESTRATÉGIA DE PRODUÇÃO • Tubino

sincronizando o conjunto de operações de movimentação, manual e de máquina, cujo término tem que se dar antes do *takt time* ou tempo de ciclo. É conveniente deixar certa folga entre a ROP e o TK/TC de pelo menos 10%, visto que o mais importante nessa estratégia de produção para se evitar os desperdícios é garantir o sincronismo entre os operadores (e o atendimento do programa de produção planejado) e não um ritmo acelerado.

Figura 5.18   Folha de operações-padrão para a segunda ROP da linha de montagem enxuta de motobombas

LSSP			Folha de Operações-padrão					Seq.	2 de 2
Takt Time (seg/unid.)	91	Especificação Peça ou Produto		Código	De	Almoxarifado	Data Revisão		
Demanda (unid./dia)	250	MB1 + MB2			Para	Operador 2	Responsável		
Tempo Disp. (seg/dia)	22.680	*Layout* do Processo e ROP			Pontos críticos e pontos de verificação de qualidade				

Qualidade / Segurança / WIP Padrão 1

Equipamentos de Segurança
Sapato de Segurança
Protetor Auricular
Ferramentas Requeridas
Chave de fenda, parafusadeira, grampeadeira

Seq.	Rotina de Operações-padrão (segundos)	Mov.	Man.	Máq.	0 10 20 30 40 50 60 70 80 9
1	Fixar capa	0	12	0	
2	Fixar aterramento	0	6	0	
3	Montar caixa e adesivar	2	12	0	
4	Adesivar bomba + colocar tampões + col. caixa	2	21	0	
5	Colocar manual na caixa	2	2	0	
6	Fechar caixa e colocar na embalagem	0	9	0	
7	Grampear embalagem	0	9	0	
8	Colocar embalagem no *pallet*	2	5	0	
9		0	0	0	
10		0	0	0	
11		0	0	0	
12		0	0	0	
13		0	0	0	
14		0	0	0	
15		0	0	0	
16		0	0	0	

Lote	1		Tempo Total	8	76	0	91	84		7	Manual	
											Máquina	
							TK*L	ROP	=	T. Sobra	Moviment.	

Nessa folha de operações-padrão pode-se também apresentar o *layout* do centro de trabalho com o posicionamento dos postos referentes às ROP, os pontos de colocação de WIP para conexão entre as ROP e pontos de inspeção e de atenção à segurança. Pode-se também incluir uma relação dos equipamentos de segurança e das ferramentas requeridos no posto.

Dentro do conceito de gerenciamento visual da fábrica, uma das bases da estratégia da ME, é importante que o conjunto de rotinas de operações-padrão esteja afixado junto às linhas de montagem ou células de fabricação. Dessa forma, cada operador, ao assumir seu posto de trabalho dentro do rodízio de atividades, que pode chegar a ser feito a cada meia hora, tem um documento para se guiar. Hoje em dia é comum se utilizarem fotografias digitalizadas em substituição ou complemento das descrições das operações-padrão, como os exemplos da Figura 5.19 na indústria têxtil, facilitando o entendimento e o treinamento dos operadores nessas funções.

Para completar esse tópico sobre a montagem de rotinas de operações-padrão vamos dar uma olhada no balanceamento realizado na linha de fechamento dos transformadores de 10 Kva, visto que nesse caso temos operações de equipamentos que dispensam a presença do operador, liberando-o para seguir sua rotina executando outras operações-padrão. Em geral, em células de fabricação com operações de usinagem, fresagem etc., isso também acontece.

Figura 5.19 Folhas de operação-padrão com fotografias das operações

No exemplo da montagem de motobombas existe a operação 11, fazer testes, que emprega uma máquina de teste, contudo, o operador fica o tempo todo monitorando o teste, sendo então um tempo manual. Já no caso da montagem

dos transformadores existem duas operações, a 13, ligar vácuo, e a 14, ligar óleo, em que o operador gasta quatro segundos ligando as máquinas que na sequência ficam trabalhando, o vácuo, 153 segundos, e a de óleo, 142 segundos, sem a necessidade do operador, que pode seguir em frente em sua rotina.

Como relatado no capítulo anterior, essa linha originalmente era única, atendendo tanto transformadores monofásicos (menores) como trifásicos (maiores), em lotes variáveis, podendo entrar um, ou dois, transformadores trifásicos de 45 Kva, para em seguida entrarem quinze transformadores monofásicos de 10 Kva e depois voltarem para os trifásicos. Em função dos desbalanceamentos de tempos entre trifásicos e monofásicos, principalmente nas operações de vácuo e óleo, se geravam grandes gargalos, fazendo com que os montadores que estavam esperando acabassem se deslocando para buscar componentes para abastecer a linha, bem como para fazerem submontagens das tampas e isoladores. Como se pode ver no GBO da Figura 5.20 levantado em uma das filmagens iniciais da linha com oito operadores trabalhando, o desbalanceamento entre os operadores era grande, sendo que o operador cinco ficava parado esperando que a operação de vácuo e óleo se completasse, visto que as máquinas estavam em linha.

Figura 5.20 GBO da linha de fechamento convencional de transformadores

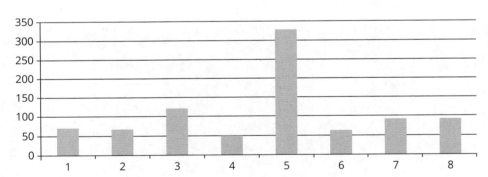

Com a focalização das linhas, uma preferencialmente para trifásico e a outra preferencialmente para monofásico, com a duplicação das estações de vácuo e óleo, e a separação das atividades de abastecimento e de submontagens das tampas e isoladores das atividades da linha de fechamento, foi possível desenvolver um balanceamento com três ROP para o transformador monofásico de 10 Kva de forma a se usar como referência para os monofásicos, conforme a lista de operações-padrão com tempos de movimentação, atividades manuais e atividades máquinas da Figura 5.21.

Figura 5.21 Tempos obtidos para a linha de fechamento enxuta de transformadores de 10 Kva

	Tamanho do Lote de Montagem		1			
	Seg.	Operações-padrão (segundos)	Movim.	Manual	Total MM	Máquina
Movimentar e Fixar PA no Tanque	1	Posicionar e conectar talha na PA	9	20	29	0
	2	Posicionar tanque e descer PA	9	33	42	0
	3	Busca parafusos (2) e apertar	6	34	40	0
	4	Conferir cabo da AT e BT e dar aperto final	0	28	28	0
Fixar BT	5	Buscar e parafusar isolador de BT no tanque	6	50	56	0
	6	Parafusar cabos de baixa tensão no isolador	2	40	42	0
	7	Ajustar cabos da BT e colocar proteção	9	15	24	0
Fixar Comutador	8	Posicionar comutador	0	16	16	0
	9	Apertar comutador no tanque	0	12	12	0
	10	Colocar o parafuso no comutador	0	23	23	0
Colocar Óleo	11	Posicionar componentes internos	2	9	11	0
	12	Baixa tampa estanque e zerar cronômetro	0	8	8	0
	13	Ligar vácuo	0	4	4	153
	14	Ligar óleo	0	4	4	142
	15	Levantar a tampa estanque e colocar proteção	0	5	5	0
Tampar Transformador	16	Retirar proteção, colocar cola na borda	0	25	25	0
	17	Colocar borracha na borda	0	20	20	0
	18	Buscar e colocar tampa	15	2	17	0
Fixar AT e Tampa	19	Posicionar os cabos da AT dentro da bucha	2	57	59	0
	20	Colocar o terminal de AT	6	28	34	0
	21	Colocar plástico abaixo da presilha	0	47	47	0
	22	Colocar e fixar presilha	0	43	43	0
	23	Deslocar tranformador para teste	0	2	2	0
		Total (*Lead time* Linha)	66	525	591	295

Estas três ROP estão projetadas para um *takt time* de 228 segundos por unidade visando atender a uma demanda média de 214 transformadores por dia, com uma jornada em dois turnos de 8 horas por dia, ou 48.960 segundos ($2 \times 8 \times 0,85 \times 60 \times 60$) por dia, conforme pode ser visto na Figura 5.22. Note que a ROP do posto 2, com 12 operações-padrão, está considerando apenas os tempos de movimentação e manuais (Total MM) do operador, sem levar em conta o tempo de máquina de colocação do vácuo e do óleo. Dessa forma, essa ROP, assim como as outras duas ROP com seus TC, alcança um tempo de ciclo de 194 segundos por unidade, ficando abaixo do limite (TK) de 228 segundos por unidade, requeridos pela demanda média de 214 transformadores por dia.

Esse detalhe pode ser visto na Folha de Operações-padrão para o posto 2 apresentada na Figura 5.23. Repare no gráfico da rotina de operações-padrão o que acontece com o operador quando ele chega à máquina de vácuo/óleo a cada ciclo de 194 segundos. Na sexta operação da rotina, ele se desloca para a posição (2 segundos) e retira, empurrando para frente, de uma das duas máquinas de vácuo/óleo, o transformador que estava colocando óleo no ciclo anterior, e coloca em seu lugar o novo transformador vazio para posicionar os componentes (9 segundos). Ele sempre encontrará a máquina de vácuo/óleo parada, pois ela demora 142 segundos para colocar o óleo, e ele retorna sua rotina sempre em um ciclo de 194 segundos.

Balanceamento dos centros de trabalho e polivalência 161

Figura 5.22 GBO da linha de fechamento enxuta de transformadores de 10 Kva

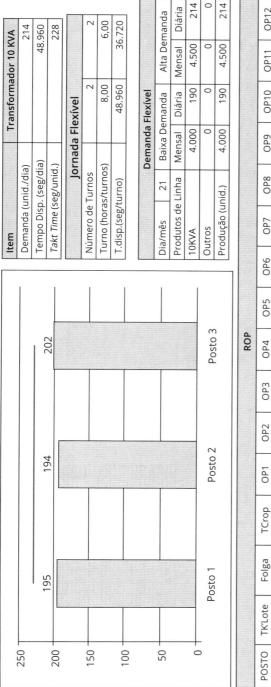

Item	Transformador 10 KVA
Demanda (unid./dia)	214
Tempo Disp. (seg/dia)	48.960
Takt Time (seg/unid.)	228

Jornada Flexível

Número de Turnos	2
Turno (horas/turnos)	8,00
T.disp.(seg/turno)	48.960

Número de Turnos			2	
Turno (horas/turnos)			6,00	
T.disp.(seg/turno)			36.720	

Demanda Flexível

Dia/mês	21	Baixa Demanda		Alta Demanda	
Produtos de Linha		Mensal	Diária	Mensal	Diária
10KVA		4.000	190	4.500	214
Outros		0	0	0	0
Produção (unid.)		4.000	190	4.500	214

ROP

POSTO	TK'Lote	Folga	TCrop	OP1	OP2	OP3	OP4	OP5	OP6	OP7	OP8	OP9	OP10	OP11	OP12
Posto 1	228	33	195	29	42	40	28	56	11						
Posto 2	228	34	194	42	24	16	12	23	2	8	4	4	5	25	20
Posto 3	228	26	202	17	59	34	47	43							
Total	685	94	591												

162 MANUFATURA ENXUTA COMO ESTRATÉGIA DE PRODUÇÃO · Tubino

Em seguida ele abaixa a tampa estanque e zera o cronômetro (8 segundos) desta máquina, ligando o vácuo (4 segundos). A partir desse ponto, a máquina, que está colocando o vácuo no transformador, ficará 153 segundos fazendo essa operação (linha pontilhada no gráfico) sem a presença do operador. O operador, por seu turno, após ligar o vácuo na máquina anterior, liga o óleo (4 segundos) na máquina de vácuo/óleo que no ciclo anterior estava fazendo o vácuo. Como o tempo de ciclo desta ROP é de 194 segundos e a operação de vácuo é de 153 segundos, o operador também sempre encontrará essa máquina com o vácuo concluído.

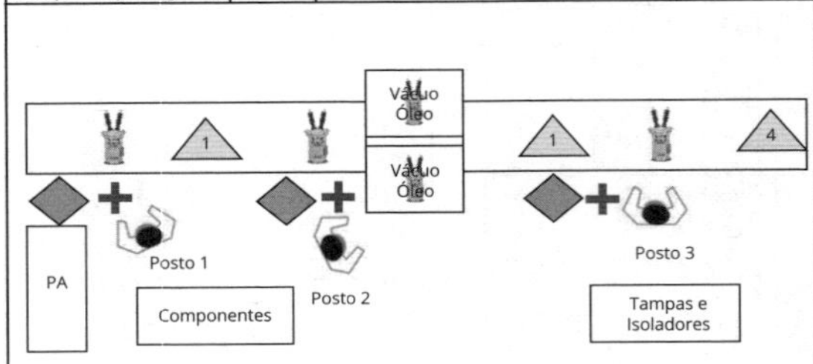

Figura 5.23　Folha de operações-padrão para a segunda ROP da linha enxuta de fechamento de transformadores de 10 Kva

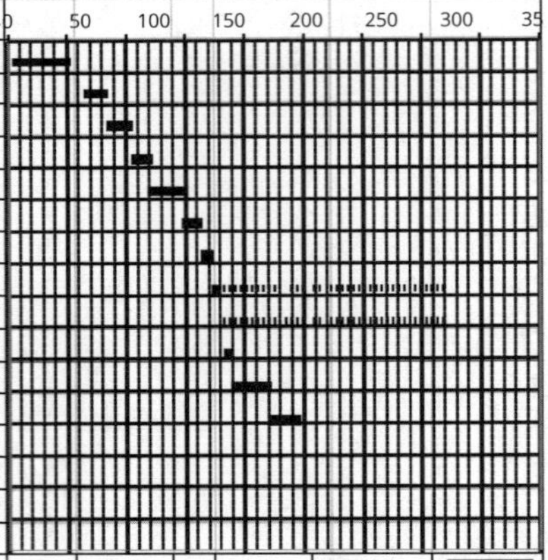

A partir desse ponto a máquina que está colocando o óleo no transformador ficará 142 segundos fazendo essa operação (linha pontilhada no gráfico) sem a presença do operador. O operador, enquanto isso, vai seguir sua rotina, com as três últimas operações, e retornar para o início do processo para pegar um novo transformador e reinicializar sua ROP. Notem que sempre que o tempo total da operação da máquina ultrapassar o TK/TC de uma ROP, há necessidade de se colocar outra máquina para ser acionada em ciclos alternados com a máquina inicial. Nesse caso, se a linha tivesse apenas uma máquina de vácuo/óleo, essa ROP seria inviável para esse TK, pois temos na operação de vácuo/óleo 303 segundos (4 + 153 + 4 + 142) contra 228 segundos do TK, logo esta ROP só é possivel com duas máquinas por linha.

Como já expliquei no capítulo anterior, esse trabalho de balanceamento da linha de fechamento na época teve um caráter mais teórico no sentido de mostrar os ganhos potenciais na linha caso a empresa trabalhasse com uma variedade menor de transformadores, o que não é o caso, pois a variedade é muito grande. Mas ele foi importante para o meu amigo Michel atacar alguns pontos e fazer seu sapo pular para o lado certo, como reduzir de oito operadores para quatro ou cinco, para tratar melhor o tempo máquina na questão do vácuo/óleo, para a transferência de submontagens para fora da linha principal e para definir espaços físicos limitadores dos estoques dentro da linha, assunto do próximo tópico.

5.6 Estoques dentro do Centro de Trabalho

Definidas as ROP para cada posto de trabalho, o último passo para se obter o balanceamento dos centros de trabalhos consiste em analisar qual a quantidade padrão de material que deve ser colocada dentro do centro de trabalho, chamada de *work in process* (WIP), conforme o esquema geral de balanceamento reapresentado na Figura 5.24. A quantidade padrão de material entre os postos de trabalho de uma rotina deve ser mínima e colocada de forma a permitir apenas que os operadores sincronizem e cumpram as suas rotinas de operações-padrão dentro do tempo de ciclo estabelecido. Ela vai depender do *layout* e do tipo de acionamento da linha.

Figura 5.24 Rotina de operações-padrão e WIP nos centros de trabalho

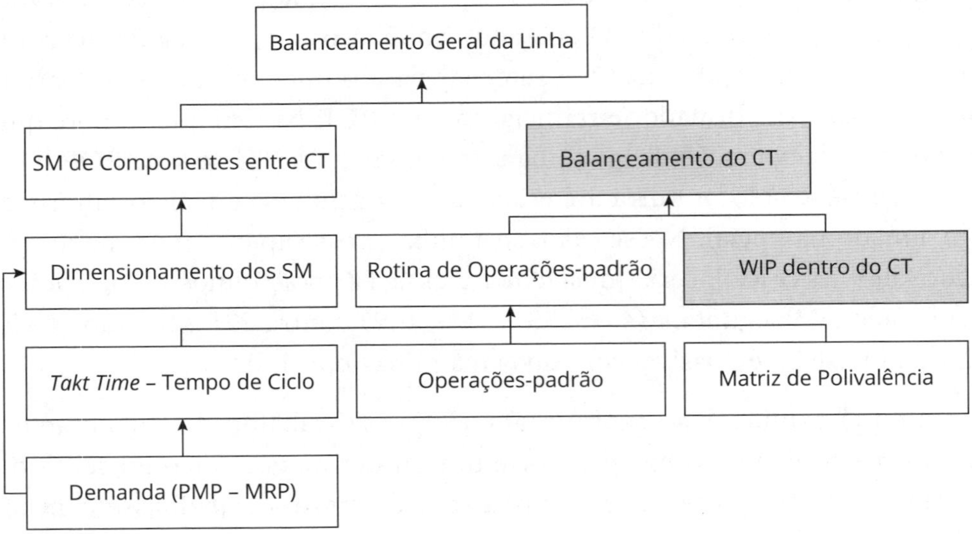

Balanceamento Geral da Linha

SM de Componentes entre CT

Balanceamento do CT

Dimensionamento dos SM

Rotina de Operações-padrão

WIP dentro do CT

Takt Time – Tempo de Ciclo

Operações-padrão

Matriz de Polivalência

Demanda (PMP – MRP)

Se o centro de trabalho for do tipo velocidade controlada pelo operador (*stop and go*), como ilustração reapresentada na Figura 5.25, em teoria o ideal é não manter *buffers* entre os operadores, de forma que cada operador, ao completar sua ROP dentro do TC, passe o produto que está sendo trabalhado diretamente ao próximo operador. Dessa maneira qualquer problema de ritmo ou qualidade irá prontamente aparecer e parar o centro, exigindo uma ação de melhoria no seu balanceamento. Além disto, sem estoques entre as rotinas de operações-padrão fica mais fácil de aplicar o conceito de ajuda mútua entre os operadores, fazendo com que os tempos de ciclo das rotinas sejam mais médios. Com a produção em fluxo unitário dentro do centro de trabalho em teoria há necessidade de se manter uma quantidade padrão de materiais (WIP) apenas nas seguintes situações:

✓ conectar dois operadores: quando a ROP dos operadores não seguir a lista de operações-padrão do item montado;

✓ esperas técnicas do processo: alguns processos não permitem que o item trabalhado possa ser imediatamente manuseado para ser transferido para a próxima operação.

Figura 5.25   Linha enxuta de velocidade controlada pelo montador sem WIP

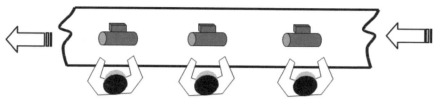

Linha de velocidade controlada

Em geral, na prática, mesmo em linhas onde a movimentação dos produtos é feita de forma automatizada com, ou sem, controle do operador, acaba-se colocando pelo menos um produto de WIP entre os operadores, dado que as pessoas possuem ritmos diferentes e os tempos de operação-padrão não são tão padrões quanto seriam se executados por máquinas. Pode-se começar a definição dos WIP planejando a linha ou célula de forma que ela possa ser operada por apenas um operador (evitam-se os desperdícios) e, na medida em que forem se dividindo as rotinas para redução do tempo de ciclo com mais operadores, vai se planejando a colocação de WIP nos pontos de conexão.

Por exemplo, no balanceamento da linha de montagem das motobombas, como os tempos de ciclo para os dois operadores ficaram bem equilibrados para uma demanda de 250 motobombas por dia, foi projetado apenas uma motobomba no WIP para a conexão entre os dois operadores, conforme ilustrado na Figura 5.26. Esse WIP garante que caso o primeiro operador se atrase, o segundo tenha uma motobomba à disposição para iniciar sua ROP. Por outro lado, limitando esse espaço em uma motobomba, caso o segundo operador se atrase em sua ROP, o primeiro operador, ao terminar sua ROP, ao invés de começar uma motobomba nova, pode pegar essa motobomba em WIP e avançar na rotina do segundo para já ir fixando, por exemplo, a capa e o aterramento.

Figura 5.26   WIP na linha de montagem das motobombas

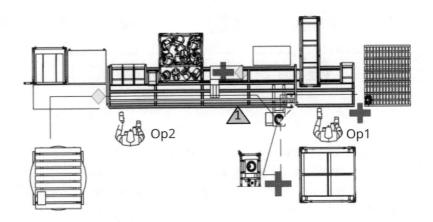

Esse é um exemplo de ajuda mútua, onde o importante é manter um ritmo médio de uma motobomba a cada 91 segundos, *takt time* da linha para atender a demanda. Logicamente, caso esses desencontros virem uma constante, ou as rotinas são inviáveis ou há necessidade de um treinamento maior por parte dos operadores. Contudo, nem sempre os ritmos podem ser mantidos segundo um padrão, como é o caso das linhas de fechamento dos transformadores, dado que apresentam lotes e tipos variados, como se pode ver na Figura 5.27.

Figura 5.27   WIP na linha de fechamento dos transformadores

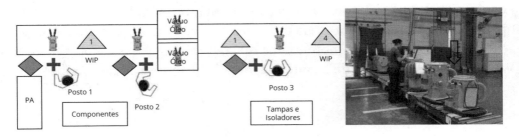

Caso tivéssemos apenas transformadores monofásicos de 10 Kva, as três ROP e o *layout* da folha de operações-padrão da Figura 5.23 poderiam ser implementados com apenas um transformador de WIP entre os postos 1 e 2. Porém, dada a grande variedade mesmo após a focalização das duas linhas de montagem, têm-se dois transformadores (diferentes inclusive) de WIP antes do segundo posto, como se pode ver na fotografia da linha da Figura 5.27. Nessa situação, as rotinas de operações-padrão são apenas referências de tempos balanceados para se obter uma boa solução viável, pois enquanto não estivermos na China, onde a demanda por transformadores de 10 Kva provavelmente é suficientemente grande para montarmos uma linha *lean* ideal, conforme o *layout* proposto, a solução encontrada na prática pelo grupo de melhoria da empresa é muito melhor do que a que tínhamos antes, basta voltarmos ao capítulo anterior e compararmos as fotografias da Figura 4.23 com a da Figura 5.27.

Ao ligar as diferentes rotinas de operações-padrão com os estoques em processo (WIP) necessários ao andamento do fluxo dentro dos centros de trabalho se obtém então o balanceamento de cada centro de trabalho (linha ou célula), conforme a Figura 5.24. Já o balanceamento geral dos centros de trabalho entre si se dará com a inclusão dos supermercados de abastecimento, que também são dimensionados com base na mesma demanda, conforme apresentaremos no próximo capítulo sobre programação puxada. Agora, para encerrar este capítulo de balanceamento dos centros de trabalho, ficou faltando discutir um pouco sobre a necessidade de flexibilidade nas funções dos operadores nesse processo, chamada de polivalência.

5.7 Polivalência

A obtenção do critério de flexibilidade (de volume ou *mix*), tão importante dentro da estratégia de produção da ME nos sistemas produtivos em lotes, tem por base o emprego de operadores polivalentes, ou multifuncionais, na distribuição dos trabalhos para atendimento de diferentes rotinas de operações-padrão. A função dos operadores polivalentes é a de absorver no médio prazo as variações na demanda, expressas em termos de diferentes TK/TC, pela mudança de suas rotinas de operações-padrão.

Operador polivalente é aquele que tem condições técnicas de cumprir diferentes ROP em seu ambiente de trabalho, e a obtenção desses operadores polivalentes passa por um processo de treinamento contínuo, com rotação de postos de trabalho, e pela montagem de um sistema de produção com *layout* adequado, de preferência celular, e processos autônomos de detecção de problemas que liberem os operadores das máquinas e favoreçam o desenvolvimento da multifuncionalidade. A detecção autônoma de problemas, chamada de autonomação no STP, será apresentada no Capítulo 7 dentro do contexto da inspeção de qualidade na redução dos *lead times*.

Como tenho visto na prática, a obtenção de operadores polivalentes não é uma tarefa simples. Em teoria ela está inserida dentro do princípio estratégico de melhoramentos contínuos da ME e valorização do capital humano, discutido no Capítulo 2, e deve ser encarada como um investimento (como comprar uma máquina que irá aumentar a capacidade do gargalo, por exemplo), e não um custo. Pragmaticamente, como apresentamos na nossa regra PT5, na estratégia da diferenciação são as pessoas que comandam a fábrica. Elas são nossos custos fixos mensais e devem ser bem utilizadas, principalmente no Brasil, onde os custos dos impostos ligados à mão de obra são altos e induzem a montagem de grandes fábricas automatizadas com pouca interferência das pessoas. Contudo, essa solução só é eficaz para a produção em massa, não em lotes variados, volto a repetir.

Custa caro desenvolver e manter operadores polivalentes, e nem sempre compensa ter toda a equipe polivalente se não iremos utilizá-la em diferentes centros de trabalho e ROP. Cada empresa tem que decidir quanto por cento de seus operadores deverá ser polivalente em cada setor. Em geral, em linhas de montagem onde as operações são mais manuais e as ferramentas simples, o percentual de polivalência pode ser maior. Já em células onde máquinas exigem um grau de especialização, ou em ambientes onde o risco de acidentes ou a insalubridade forem elevados, o percentual de polivalência naturalmente será menor.

O treinamento para a polivalência deve ser desenvolvido dentro do próprio ambiente de trabalho, chamado de treinamento OJT (*on-the-job training*), onde alguém que sabe como fazer a rotina de operações-padrão mostra para o operador como realizá-la. Em geral, o treinamento está baseado em três etapas sequenciais: treinamento e rotação dos supervisores ou líderes; treinamento dos operadores polivalentes; e rotação dos operadores para manter a polivalência.

Por sua posição de mando, os supervisores devem ser os operadores mais polivalentes do setor e serão eles prioritariamente os instrutores de seus operadores. Em sistemas produtivos onde as paradas são críticas, sempre que um operador necessitar se afastar do processo por um curto espaço de tempo seria o supervisor que deveria assumir sua ROP. Esse processo de obtenção de operadores polivalentes deve ser acompanhado de um quadro de gestão a vista para a formação de operadores polivalentes, como o ilustrado na Figura 5.28.

Balanceamento dos centros de trabalho e polivalência **169**

Figura 5.28 Quadro de formação de operadores polivalentes

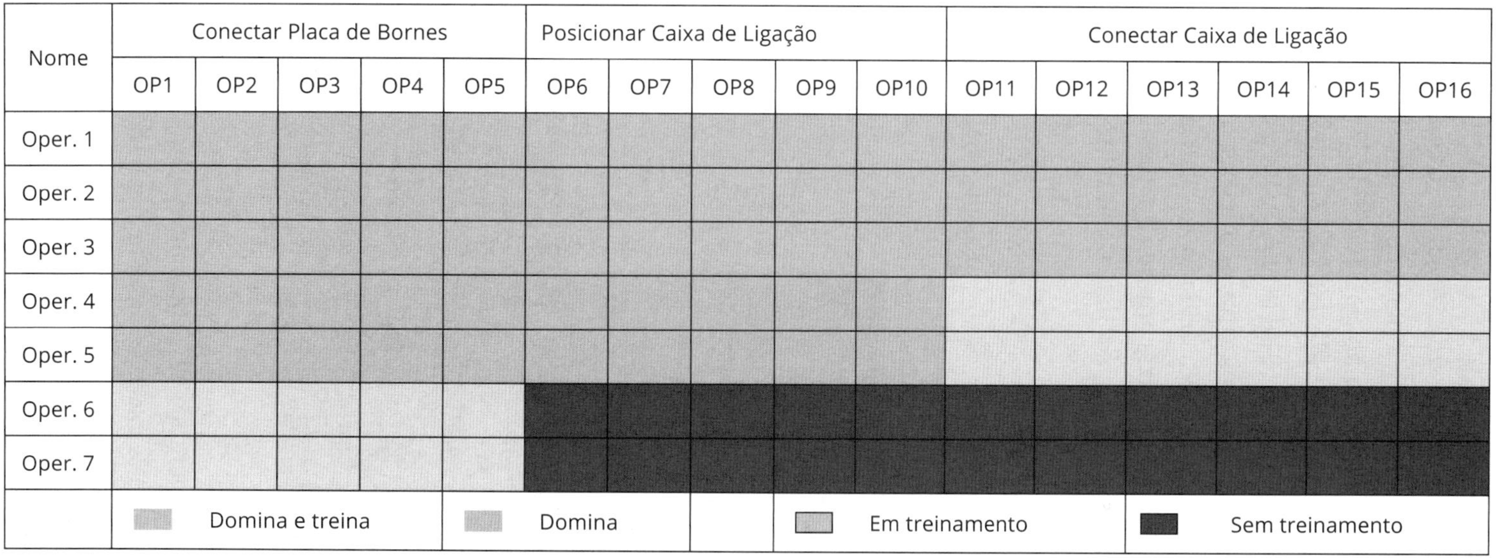

Nome	Conectar Placa de Bornes					Posicionar Caixa de Ligação					Conectar Caixa de Ligação					
	OP1	OP2	OP3	OP4	OP5	OP6	OP7	OP8	OP9	OP10	OP11	OP12	OP13	OP14	OP15	OP16
Oper. 1																
Oper. 2																
Oper. 3																
Oper. 4																
Oper. 5																
Oper. 6																
Oper. 7																

Legenda:
- Domina e treina
- Domina
- Em treinamento
- Sem treinamento

Nesse quadro se listam as habilidades dos operadores nas diferentes operações-padrão do centro de trabalho, divididas em categorias, que nesse exemplo genérico são quatro: verde se ele domina a operação e tem condições de treinar seus colegas; azul se ele domina, mas não tem habilidade para treinamento; amarela se ele está em treinamento; e vermelha se ele ainda não pode ser alocado para essa operação. Já na Figura 5.29 se tem o quadro de formação de operadores polivalentes desenvolvido pelo grupo de melhorias da fábrica de eletroferragens, com seu *lean leader* na época ao lado (o meu amigo Paulo Henrique). Nesse caso, eles optaram por utilizar uma folha para cada operador, com a identificação e fotografia do mesmo, e a lista de habilitação em cada máquina dos centros de trabalho.

Figura 5.29 Quadro de formação de operadores polivalentes na unidade de eletro ferragens

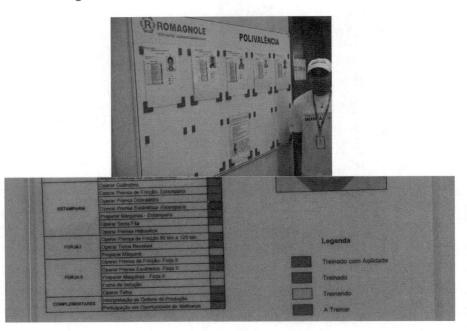

Por exemplo, na estamparia, o operador em foco na Figura 5.29 já está treinado com agilidade (azul) na prensa excêntrica, está treinado (verde) na preparação das máquinas (*setup*), está sendo treinado (amarelo) na prensa hidráulica e ainda não entrou em treinamento (vermelho) na guilhotina, prensa de fricção, dobradeira e serra fita.

O quadro de gestão a vista para a polivalência pode incluir outros pontos relacionados aos operadores que sejam necessários para o centro de trabalho, como, por exemplo, o quadro desenvolvido para administração da polivalência nas células de confecção apresentado na Figura 5.30. Conforme se pode ver nessa figura, o grupo de melhorias da empresa optou por dar apenas três pontuações para o nível de habilidade das costureiras: um (1) se ela é treinada nessa operação; meio (0,5) se ela executa, mas ainda não no ritmo ideal; e zero (0) se ela não tem habilidade para executar essa operação. Com base nessa pontuação e no número de costureiras polivalentes esperadas para cada tipo de operação na célula de costura, é possível identificar os pontos fracos e direcionar o treinamento das costureiras na célula para que as operações com deficiência sejam priorizadas.

Por exemplo, a operação "Fechar mangas" e "Pregar elástico" estão com costureiras habilitadas acima da meta estabelecida, enquanto as operações "Frisar", "Pregar botão" e "Fechar laterais e gancho" estão no padrão em relação às costureiras habilitadas. Já as demais operações estão com deficiência de costureiras polivalentes e merecem atenção ao treinamento, sendo que "Franzir com aparelho" é a mais crítica, com deficiência de três costureiras.

Além de facilitar o balanceamento da linha, a polivalência possui uma série de vantagens adicionais dentro da estratégia da manufatura enxuta (ou seja, para empresas com sistemas de produção que exijam a fabricação em lotes repetitivos) quando comparada ao sistema tradicional de trabalho monofuncional, tais como:

✓ compromisso com os objetivos globais do sistema produtivo: como os operadores, com as mudanças entre as diferentes rotinas de operações-padrão, estarão ora na posição de fornecedores, ora na posição de clientes, eles ficarão mais atentos às famosas "necessidades" de seus clientes;

✓ redução da fadiga e do *stress*: como os tempos levantados para as operações-padrões são tempos obtidos em cima de situações reais de operação, em geral trabalhados pelo grupo de melhorias, é difícil não concordar comigo que a variação nas rotinas durante a jornada de trabalho irá reduzir a fadiga e o *stress* dos operadores quando comparada com a repetição de uma única tarefa;

Figura 5.30 Quadro de formação de operadores polivalentes em confecção

QUADRO DE POLIVALÊNCIA

OPERAÇÕES	Operadora 1	Operadora 2	Operadora 3	Operadora 4	Operadora 5	Operadora 6	Operadora 7	Operadora 8	Operadora 9	Operadora 10	Operadora 11	Meta	Real	Total
Unir ombros, fechar laterais	0	1	1	1	1	1	1	1	0,5	0	0,5	9	8	1
Pregar gola com aparelho	0	1	0	1	0	0,5	1	0,5	0	0	1	7	5	2
Fechar mangas	0,5	1	1	1	1	1	1	1	1	0	0	7	8,5	1,5
Pregar mangas	1	0,5	0	0,5	0,5	0,5	0	0,5	0	0	1	6	4,5	1,5
Revisar	1	0	1	1	1	0	0	0,5	1	0	0	6	5,5	0,5
Fazer cobertura superior	0	0	0	1	1	0	1	0,5	0	0	0,5	6	4	2
Pregar punho com aparelho	0	1	0	1	0,5	1	0	1	0	0	0	6	4,5	1,5
Pespontar	0	0,5	0,5	1	0	1	0,5	1	0	0	0	6	4,5	1,5
Frisar	0	0	0	1	0	1	1	1	0	0	0	5	5	0
Pregar punho ou cós em anel	0	1	0	1	0	0,5	0,5	1	0	0	0	6	4	2
Pregar bolso	1	0	1	0	0	0	0	0,5	0	1	0,5	6	4	2
Pregar peitilho	0	0,5	0,5	0	0	1	0,5	0,5	0,5	0	0	6	3,5	2,5
Pregar gola polo	0	1	0	1	0	1	0	0	1	0	0	6	4	2
Acabamento de peitilho	0	0	1	0	0	0,5	0	1	0	0,5	0,5	6	3,5	2,5
Bainhas mangas e pernas	0	0	1	0,5	1	0	1	0	0,5	0	0	6	4	2
Pregar botão	1	0	1	1	1	1	1	1	1	0	0	8	8	0
Casear	1	0	1	1	0	1	1	0,5	0	0	0	6	5,5	0,5
Pregar tiras	0	0,5	0	1	0,5	1	0,5	0,5	0	0	0	6	4	2
Franzir com aparelho	0	1	0	0	0	0,5	0	0,5	0	0	0	6	3	3
Picueta	1	1	0	0	0	1	0	0	0	0	0	6	4	2
Pregar zíper	1	0	1	0	1	0	0	1	0	0	0,5	6	4,5	1,5
Pregar elástico	0	1	1	1	1	1	0	1	1	0	0	6	7	1
Fechar laterais e ganchos	0	0	1	1	1	1	1	1	1	0	0	7	7	0
Cost. Elástico	0	1	1	1	0	0	1	0	0	0	0	6	4	2
Rematar ganchos e pernar	0	0,5	1	1	1	1	1	1	1	0	0	8	7,5	0,5
Pregar capuz	0	1	0	1	0	0	0	0,5	0	0	1	6	3,5	2,5
Bainha de fundo	1	0	0	0	1	0	1	0,5	0,5	0	0	6	4	2
Bainhas de pernas anel	0	1	0	0	0,5	0	0	1	0	1	0	6	3,5	2,5
Rebater elástico em anel	1	0	0	0,5	0	0	0	1	1	1	0	6	4,5	1,5

✓ <u>disseminação dos conhecimentos</u>: aqui nesse ponto, em geral, em aula eu conto a história do meu tio Nelson. Bem, quando eu fazia Engenharia Metalúrgica na UFRGS, ele era o líder da produção em uma fábrica de panelas, e em várias ocasiões ele me falou com orgulho: *Dai (meu apelido em família), se um dia eu faltar naquela fábrica, não sai uma panela!* Com certeza a fábrica de panelas nos anos 1970 só tinha operadores monofuncionais e o único que detinha o conhecimento geral (operação e *setup*) era o meu tio, que o preservava a sete chaves para garantir seu emprego de líder. Para sorte da empresa, meu tio se aposentou por idade e só veio a faltar (para a família, é claro) aos 90 anos. Hoje sabemos que ao se implantar a polivalência, os conhecimentos serão disseminados, evitando a dependência de operadores específicos que não podem faltar;

✓ <u>permite uma remuneração mais justa</u>: como os operadores passam a ser mais "produtivos" com a prática da polivalência aplicada na adaptação mensal da produção à demanda, nada mais justo do que eles passarem também a receber parte da sua remuneração ligada ao nível de polivalência. Quem sabe mais recebe mais. Acho que é isto (ou deveria ser) que ficam repetindo na televisão os comentaristas que falam que estudar hoje em dia é fundamental para a melhoria na remuneração das pessoas;

✓ <u>facilita a aplicação das melhorias contínuas</u>: pode-se colocar também na cota de benefícios adicionais da polivalência o fato de que, quando montamos os grupos de melhorias nas empresas para resolver determinados problemas, o nível das sugestões será tanto maior quanto mais os operadores participantes do grupo entenderem do fluxo produtivo como um todo.

Para encerrar este capítulo de balanceamento dos centros de trabalho e polivalência é importante reforçar o conceito de ajuda mútua. A prática da ajuda mútua estabelece que os pontos de contato entre as rotinas de operações--padrão de dois, ou mais operadores, não sejam fixos, mas sim uma área onde tanto um operador, como o outro, possa atuar caso haja necessidade. Além de fortalecer o espírito de trabalho em equipe, pois todos "pegam" junto, a ajuda mútua possibilita que a velocidade natural de cada operador possa ser utilizada sem prejuízo do atendimento da ROP, equilibrando as tarefas dentro do grupo. Nesse aspecto, a busca por padrões de tempo teóricos muito detalhados e dispendiosos de se obter não tem tanto sentido, como já ressaltei anteriormente.

Bem, mais do que esses pontos que coloquei em relação à mão de obra, não tenho condições de colaborar com o pessoal do RH, sou apenas um engenheiro de produção focado em PCP. Espero que nos cursos de Administração estejam trabalhando essa questão do uso e motivação da polivalência na mão de obra produtiva como estratégia de produção eficaz, que defino como *capitalismo participativo* em detrimento do famoso capitalismo selvagem (briga capital × trabalho) do século passado. Já cansei de ouvir de alunos em aula na pós-graduação o argumento da "mais-valia" contra o uso da polivalência, que seria, segundo uma busca que fiz na Internet, "o termo famosamente empregado por Karl Marx à diferença entre o valor final da mercadoria produzida e a soma do valor dos meios de produção e do valor do trabalho, que seria a base do lucro no sistema capitalista (*exploração da mão de obra pelo capital*)". Vamos evoluir, moçada! Já estamos no século 21, no terceiro milênio. Se nossa fábrica (e fornecedores e clientes de nossa cadeia produtiva) não melhorar sua eficácia, a concorrência no mundo todo está se mexendo, não estão nem aí para o que o velho Max escreveu em épocas pré-colombianas sobre o modelo bolivariano.

E tocando em frente, no próximo capítulo vamos focar nossa discussão da estratégia da ME na famosa programação puxada, mais uma prática enxuta que necessita da polivalência dos operadores, dado que eles passam a se autoprogramar com base no sistema *kanban*.

6

PROGRAMAÇÃO PUXADA PELO CLIENTE

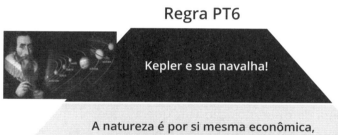

6.1 Introdução

Conta Ohno em seu livro *Toyota production system: beyond large-scale production*, publicado em 1988 (Figura 6.1), que a ideia de puxar a programação da produção dentro da Toyota, com o sistema que chamamos hoje de *kanban* (que em japonês significa sinalização, placa ou registro), foi baseada na dinâmica de operação dos supermercados de modelo americano que estavam se disseminando pelo Japão do pós-guerra (a Segunda). Nessa dinâmica, padrão hoje no varejo, uma vez montado o estoque nas prateleiras, os itens ficam à disposição dos clientes, que podem retirá-los, em múltiplos de quantidades padrões, sempre que necessário. Por outro lado, o abastecedor, vendo que houve o consumo de determinada quantidade padrão de itens, está autorizado a repô-los novamente na prateleira do supermercado. Essa é a razão pela qual o nome "supermercado" hoje em dia é utilizado para se referir aos locais de armazenagem dos estoques dentro da fábrica no sistema *kanban*, em oposição ao almoxarifado centralizado.

Figura 6.1   Taiichi Ohno e seu livro contando a história do STP

Pelo que entendi em seu relato, Ohno começou testando o sistema de programação puxada para uma relação interna entre departamentos sob sua gerência e, em função de sua eficácia e simplicidade para tratar a questão crucial na estratégia da diferenciação (ter que atender demandas médias com variabilidade no *mix* e um pouco no volume, sempre é bom relembrar nosso *cercadinho*, ou limitações), acabou expandindo o sistema para toda a cadeia produtiva da Toyota. Concordo com a maioria dos estudiosos no assunto que a programação puxada acabou sendo o centro da lógica do STP e, consequentemente, da estratégia da Manufatura Enxuta, e é por isso que eu dou destaque a essa prática em meu ciclo virtuoso, reapresentado na Figura 6.2, dentre as muitas práticas discutidas neste livro.

Revisando a lógica do ciclo virtuoso sob o enfoque da programação puxada, podemos dizer que com a montagem de supermercados pelos fornecedores, disponibilizando as variedades de itens necessários à produção dos clientes dentro da cadeia produtiva, nós, por um lado, reduzimos os *lead times* de produção, visto que os itens já estão prontos à disposição dos clientes (prontos porque são itens padrões e com demandas minimamente regulares), e por outro, aumentamos a flexibilidade, principalmente a de *mix* e um pouco a de volume, pois temos as máquinas, as pessoas e os insumos (em supermercados) esperando para repor o consumo, só produzindo o que realmente está saindo, o famoso *Just-in-Time*.

Figura 6.2   O ciclo virtuoso da ME e a programação puxada

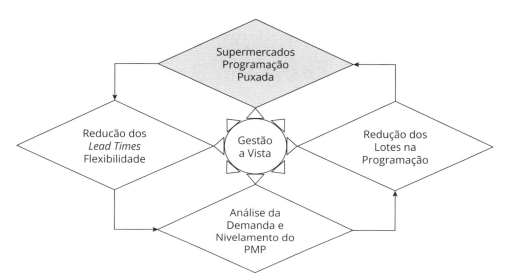

Sendo rápido e flexível, podemos nivelar melhor o nosso plano-mestre (PMP) à demanda de curto prazo, principalmente para os itens das classes A e B (80 a 90% da demanda), o que nos leva à redução nos lotes de programação dos componentes por toda a fábrica (para atender a esse PMP via explosão do MRP) e à necessidade de torná-los econômicos. Com lotes econômicos menores sendo solicitados fica mais fácil implantar e manter supermercados trabalhando segundo a programação puxada, que por sua vez aumenta a flexibilidade e reduz os tempos de atravessamento etc. etc. etc. Eis novamente a explicação do ciclo virtuoso da ME alavancando nossa estratégia produtiva, e no meio dele estão pessoas planejando e decidindo com base na gestão a vista, que por sua vez também é melhorada com a montagem de supermercados, quadros sequenciadores e programações puxadas por ordens visuais, os cartões *kanbans*, como será detalhado neste capítulo.

Logo, dentro desse ciclo virtuoso da ME, a montagem de supermercados com a programação puxada tem principalmente a função de:

✓ garantir uma entrega imediata ao cliente (interno ou externo), reduzindo os *lead times* produtivos;
✓ garantir uma variedade de itens com baixos níveis de estoques (em relação aos estoques no sistema empurrado);

178 MANUFATURA ENXUTA COMO ESTRATÉGIA DE PRODUÇÃO · Tubino

✓ produzir apenas o que é necessário (*Just-in-Time*), girando o capital;

✓ envolver os operadores na programação da produção (APS *on-line* e inteligente) e na solução de problemas de curto prazo.

Minha vida acadêmica sempre foi focada em PCP e ME, e acho que já li todos os livros históricos que explicaram a origem e aplicação das práticas da ME, em especial da programação puxada, bem como li muitos que explicavam o sistema de diferentes ângulos, conforme essas experiências foram saindo da indústria automobilística para os demais setores. Um ponto importante que gostaria de deixar claro, já no início deste capítulo, segundo meu ponto de vista, é em que momento nós devemos implantar a programação puxada.

Muitos autores advogam que a programação puxada só deve ser implantada depois de se melhorar a fábrica como um todo, via trabalho padronizado e polivalência, TRF e lotes econômicos pequenos, garantia da qualidade, focalização e células, estabilidade nas demandas etc. etc. Chegam a desenhar não só robustas casas gregas, mas pirâmides egípcias onde a programação puxada fica na parte alta da sequência de implantação das práticas.

Entendo, como todos, que um alicerce largo e sólido é importante para manter uma casa em pé, a minha na Praia Mole tem mais de 35 anos, mas sou de opinião totalmente inversa quanto ao momento de implantar a programação puxada. Acho inclusive que se a fábrica chegar nesse nível de excelência, com grande parte das práticas enxutas implantadas, tanto faz a forma como ela gera sua programação. Já visitei uma excelente fábrica de calçados no Rio Grande do Sul, *benchmarking* nesse setor, com todos os atributos enxutos de flexibilidade, prazo de entrega, qualidade, custo etc. que fazia sua programação empurrada em lotes de duas unidades via MRP.

Em minha opinião, e experiência de algumas décadas, a programação puxada deve ser o ponto inicial de mudança de paradigma na fábrica. Neste capítulo vou tentar explicar como tenho feito para implantar a ME com a introdução da programação puxada já no primeiro momento. Em geral, dá certo. Acabei me acostumando com a desconfiança inicial na fábrica de que um sistema tão simples de programação vá funcionar. Para relaxar brinco com a regra PT6, que ilustra este capítulo, e explico que Kepler (com a ajuda da navalha de Ockham) obteve a fórmula elíptica que define a dinâmica do sistema solar simplificando as equações, e não o contrário, aplicando epiciclos nos planetas que davam piruetas ao redor da Terra, como a teoria em voga na época. Logo, para mim a primeira questão a ser respondida na implantação da estratégia da ME é como montar um sistema de programação da produção de forma simples, que seja entendido por todos, e que permita produzir de acordo com as necessidades imediatas dos clientes? Para tanto tenho um roteiro básico, que é:

- ✓ fazer a classificação ABC e obter previsões confiáveis de demanda (confiáveis no sentido de que o comercial não vai fugir muito delas);
- ✓ focalizar (e flexibilizar) a capacidade de produção e reduzir os tamanhos de lotes econômicos;
- ✓ desenvolver uma dinâmica simples de planejamento e acompanhamento do sistema *kanban* e montar os supermercados;
- ✓ treinar os colaboradores e delegar autoridade aos mesmos para programação.

Antes de detalhar essas ações que levam à organização da programação puxada, gostaria de explicar a diferença entre o que seja programação puxada e programação empurrada e as vantagens que a programação puxada tem na estratégia da diferenciação. Na maioria das vezes o pessoal de apoio da TI não entende bem essa parte e questiona por que temos que abandonar a emissão de ordens empurradas que deu tanto trabalho para eles implantarem. Vou também defender o uso do MRP para o planejamento, pois muitos já mataram e enterraram o coitado, e, nesse caso, cabe detalhar as diferenças entre planejamento (estratégico e tático) e programação. Quem já entende do assunto pode pular essa parte, mas creio que há alguma confusão nesse aspecto, muito em decorrência da proliferação de nomes novos para coisas velhas, uma mania especial na engenharia de produção. Para mim sempre existiram apenas duas formas de programação (PT6, novamente), a empurrada e a puxada. Vamos a elas.

6.2 Programação Puxada *versus* Empurrada

Para definirmos o que seja programação da produção e sua diferença entre empurrar e puxar, é conveniente reapresentarmos a relação entre os três níveis de decisões do PCP em uma fábrica, conforme ilustrado na Figura 6.3. No longo prazo temos o chamado planejamento estratégico da produção. Esse planejamento gera um plano de produção com base em previsões de demanda de longo prazo no sentido de estruturar o sistema produtivo (homens, máquinas e materiais) para um determinado patamar de demanda. No médio prazo, já com o sistema montado, temos a função de planejamento-mestre da produção, que consiste em planejar o uso desse sistema produtivo, via formalização do plano-mestre de produção (PMP) para os produtos acabados, com base em previsões de médio prazo (se tivermos pedidos em carteira confirmados melhor, mas é difícil tê-los todos no médio prazo, como já explicamos no Capítulo 3).

Figura 6.3   O PCP e a programação da produção

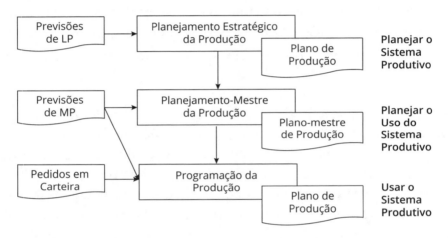

Por fim, quando chegamos ao curto prazo, em geral na semana em que se vai entrar, temos que fazer a programação da produção e gerar um programa de produção para atender aos pedidos em carteira e/ou a previsão da demanda. Com base no plano-mestre e nos registros de controle de estoques, a programação da produção está encarregada de definir quanto e quando comprar, fabricar ou montar de cada item necessário à composição dos produtos acabados propostos pelo plano-mestre. É a programação da produção que de fato aciona o uso dos recursos produtivos por intermédio de suas ordens emitidas, sequenciadas e liberadas. Essa programação pode ser feita de forma empurrada ou puxada, em todo o fluxo produtivo ou em partes dele de forma mista, conforme a estrutura apresentada na Figura 6.4.

Figura 6.4   Estrutura da programação empurrada e puxada

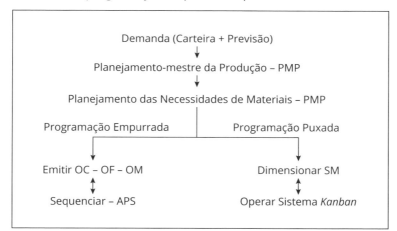

A grande diferença entre os dois tipos de programação se dá quanto ao uso da informação de demanda disponível no momento da programação, em geral mais previsões do que pedidos em carteira. Enquanto a programação empurrada usa a informação de demanda para emitir as ordens que irão acionar o sistema produtivo antes de a demanda realmente ocorrer, a programação puxada usa essa mesma informação para montar os estoques nos supermercados, de forma a deixar que o consumo dos mesmos puxe sua reposição. As duas montam estoques, uma manda produzir antes do tempo (o que é uma formação de estoques), torcendo para que as ordens fiquem realmente prontas no momento em que a demanda, com variabilidade, estará ocorrendo, e a outra monta estoques (os supermercados) antes do tempo torcendo para que a demanda, com variabilidade, por esses estoques aconteça. Não existe "estoque zero", o terror do comercial, como já comentei antes.

Logo, na dinâmica de programação empurrada, um conjunto de ordens sequenciadas é liberado para os postos de trabalho para execução durante o período dito congelado de programação, normalmente semanal. Essa programação é chamada de empurrada porque cada posto de trabalho fornecedor, ao concluir uma ordem desse conjunto, está autorizado a "empurrar" a mesma para o posto cliente seguinte, independente do que esteja acontecendo nos postos subsequentes, e pegar a próxima ordem da lista para nova execução, conforme ilustrado na Figura 6.5. E assim, sucessivamente, a ordem vai seguindo a sua rotina de operações-padrão em cada posto de trabalho, até ficar pronta.

Figura 6.5 Dinâmica da programação empurrada

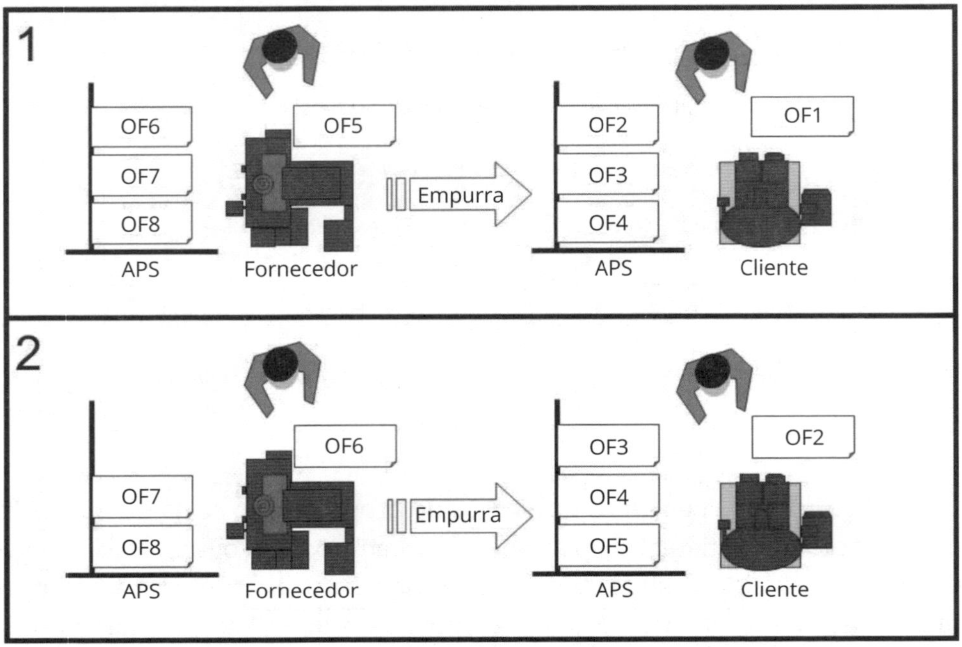

Se tudo correr bem com essas ordens na fábrica (talvez a fábrica já seja enxuta) e a demanda se confirmar (talvez tenha uma boa parceria com os clientes), a dinâmica de programação empurrada será efetiva. Contudo, é bom lembrar que estamos em um sistema repetitivo em lotes, onde a demanda já programada sofre variações de volume e *mix* no período congelado, o fluxo produtivo não é linear de forma a identificarmos rapidamente os gargalos que estariam emperrando essa programação e o consumo de máquinas, materiais, e, principalmente, do tempo das pessoas (o grande custo fixo nesse tipo de sistema produtivo) não é o cadastrado no banco de dados do ERP. Como já falei antes, no tempo do CIM (manufatura integrada pelo computador) se achava que o "cérebro eletrônico" ia cuidar disso tudo, e que as variáveis poderiam ser atualizadas a cada momento de forma a gerar reprogramações efetivas. Vamos esperar mais um pouco, talvez eles realmente dominem o mundo, não sei se ainda estarei por aqui, mas a vida na fábrica vai ficar muito fácil e bastante monótona para nós que gostamos de resolver problemas.

Já na programação puxada, como ilustrado na Figura 6.6, uma vez balanceadas as capacidades produtivas e montados os supermercados para uma determinada demanda prevista (o famoso nivelamento do PMP a demanda do

Capítulo 3), quando os postos clientes necessitam de itens para trabalhar, eles recorrem diretamente a esses supermercados para se abastecerem, gerando um disparo de uma ordem padrão (cartão *kanban*, por exemplo) para o posto fornecedor desse supermercado, que está autorizado a produzi-la. A programação é chamada de "puxada" porque quem autoriza a produção é o posto cliente (interno ou externo) que, ao retirar suas necessidades imediatas do supermercado, puxa um novo lote deste item do posto fornecedor.

Figura 6.6   Dinâmica da Programação Puxada

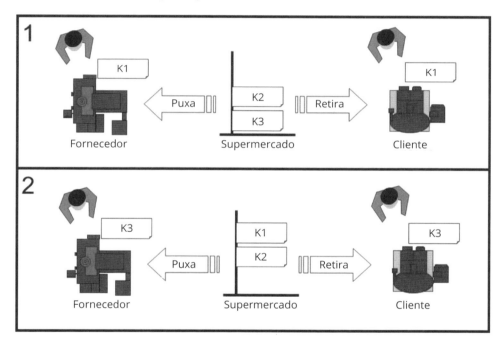

Em situações mais simples, o próprio supermercado, ao abrir espaços, permite uma visão de prioridade para o sequenciamento da produção, no que chamamos de *kanban* chão ou quadrado *kanban*. Contudo, em geral, se emprega um quadro ou painel porta *kanban* entre o posto cliente e o posto fornecedor, conforme ilustrado na Figura 6.7, onde os cartões (*kanbans*) dos lotes consumidos são colocados de forma a permitir um sequenciamento visual *on-line*, seguindo regras de dimensionamento com base em faixas vermelha (segurança), amarela (atenção) e verde (normal), que serão apresentadas e dimensionadas mais à frente.

Figura 6.7   Quadro para sequenciamento da Programação Puxada

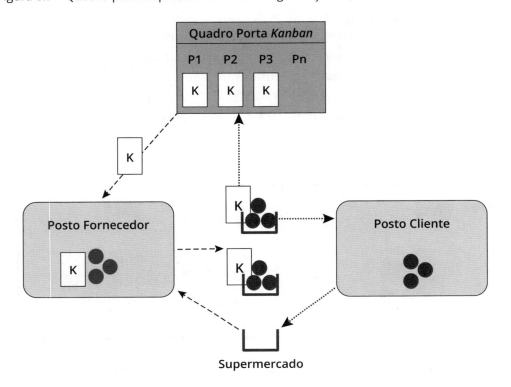

Antes de se entrar em detalhes nos dispositivos (cartão, quadro, contenedor e supermercado) e no modo como se planeja e opera o sistema puxado de programação, gostaria de esclarecer qual a característica principal que faz com que esse sistema de programação seja mais eficiente na estratégia da diferenciação do que o sistema empurrado. Como disse no primeiro capítulo, a estratégia de produção da ME em geral, e a programação puxada em especial, é moldada para os sistemas de produção repetitivos em lotes, o que significa dizer que temos máquinas, materiais e pessoas e precisamos produzir uma demanda ainda não muito definida (em relação ao *mix* e um pouco ao volume). Nesses sistemas, os critérios ganhadores de pedido são a flexibilidade e os prazos de entrega (confiabilidade e rapidez). E é justamente nesses dois critérios que a programação puxada consegue superar a programação empurrada com um nível de estoques bem menor, o que significa menos desperdícios (todos os oito), e custos, no processo.

Apesar de a programação puxada ser mais eficaz para itens padronizados, já mostramos no Capítulo 3 que a demanda em sistemas repetitivos em lotes segue uma classificação ABC com o acréscimo de alguns pedidos especiais, o que leva à necessidade de se conviver na prática com os dois sistemas de programação. Por favor, revejam a Figura 3.14 (Os quatro tipos de demandas e suas táticas para o PCP) com a explicação pertinente, não gostaria de reperi-la aqui, pois prefiro consumir sua paciência e algum espaço para evitar a morte prematura do nosso querido MRP (Planejamento das Necessidades de Materiais), o decano dos sistemas de informações gerenciais desenvolvido nos anos 1960 do século passado.

O MRP considera a dependência da demanda que existe entre itens componentes de produtos acabados no tempo. Ou seja, partindo-se das quantidades de produtos acabados a serem produzidas período a período, determinadas no plano-mestre, o sistema passa a calcular as necessidades brutas dos demais itens dependentes de acordo com a estrutura (ou árvore) do produto e o roteiro de fabricação e compras. Começa-se pelos componentes de nível superior e se desce de nível até chegar às matérias-primas.

Olhando-se para um item em particular, a dinâmica de cálculo das necessidades líquidas e da liberação de ordens para supri-la passa por obter as necessidades brutas do item em cada período futuro, oriunda das liberações de ordens dos itens do nível superior (pai) nesses períodos, descontar das mesmas as quantidades em estoque e acrescentar as quantidades já programadas para chegarem nesses períodos, de forma a se obter o valor do estoque projetado do item no final de cada período. Caso o estoque projetado no final do período em questão fique abaixo do nível de segurança estabelecido, surge uma necessidade líquida do item nesse determinado período, ou seja, uma quantidade que deve ser programada, normalmente em múltiplos de lotes padrões, para recolocar os estoques no nível de segurança nesse período. Para definir o momento em que se deve liberar uma ordem para cobrir essa necessidade líquida, leva-se em consideração o tempo de ressuprimento (ou *lead time*) da fase em que se encontra o item.

Exemplos e tabelas com essa dinâmica vocês podem obter no meu livro de PCP (*Planejamento e controle da produção: teoria e prática*, da Ed. Atlas, de 2007) no Capítulo 6. O que eu gostaria de deixar claro aqui é que essa lógica de cálculo é perfeita para se ter uma visão do que acontecerá no futuro próximo (em geral algumas semanas) caso nossa demanda e nosso sistema produtivo se comportem conforme o cadastrado no banco de dados. É o melhor que podemos fazer em termos de visão de planejamento. Toda empresa deveria ter essa importante ferramenta. A partir daí é que decidimos se vamos para a direita (programação puxada) ou para a esquerda (programação empurrada), conforme ilustrado na Figura 6.4. Para itens especiais de vendas não repetitivas só nos resta ir para a esquerda, pois não há o mínimo sentido montar um supermercado regulador para esses itens.

No caso da programação puxada, o MRP nos fornecerá qual será a provável demanda dos itens nas próximas semanas (em geral faremos uma média) que utilizaremos nas fórmulas de cálculo dos supermercados. Quanto mais itens comuns os produtos acabados compartilhem (característica da estratégia da diferenciação), mais importante se torna esse cálculo das programações futuras com base em suas necessidades líquidas e *lead times* de programação para se ter uma ideia aproximada da demanda do item a ser colocado no supermercado. Para esses itens, os *lead times* de reposição cadastrados no MRP devem ser de "zero" semanas, visto que dentro da dinâmica da programação puxada a emissão das ordens (*kanbans*) será na própria semana do provável consumo. Vejam exemplos no meu livro de PCP e na dinâmica de jogos que criei para ele.

Antes de ir em frente gostaria de deixar um alerta às empresas que instalam seus ERPs. Nem sempre o módulo que os fornecedores de sistemas chamam de MRP é um verdadeiro MRP. Tenho encontrado em várias empresas sistemas ditos MRP que não utilizam os *lead times* de programação para posicionar as necessidades líquidas no tempo. Simplesmente somam as necessidades líquidas futuras dos itens pais e, conforme a árvore dos produtos, as passam para os itens filhos no presente como necessidades brutas. Ou seja, ficamos sem nenhuma visão de futuro, pois uma demanda prevista de 100 para as próximas quatro semanas é muito diferente de uma demanda prevista de 0 + 0 + 0 + 100, ou de 25 + 25 + 25 + 25, ou ainda, com tendência de 5 + 15 + 30 + 50. Se você vai empurrar um grande lote, talvez não haja muitos problemas, agora, se você vai montar um supermercado e pretende fazê-lo girar em lotes econômicos pequenos e padrões adaptando-o às variações da demanda, a informação correta de como virá esta demanda (prevista, logo variável) já faz uma grande diferença.

E para finalizar, estamos tratando aqui de um sistema de programação puxada (alguns chamam de *kanban* amplo), onde grande parte da lógica da programação, do produto acabado às matérias-primas, está voltada para essa dinâmica (com algumas exceções empurradas). É nessa linha de raciocínio que vamos apresentar o capítulo. Algumas empresas que trabalham de forma empurrada fazem aplicações isoladas do sistema *kanban* (alguns chamam de *kanban* restrito), por exemplo, entre duas sequências de operações dentro de um departamento apenas, ou mesmo, entre um departamento e outro, ou com um fornecedor. Em geral, funciona, pois o sistema é simples e, nesses casos, uma previsão de demanda pontual e uma boa segurança resolvem. Mas é um desperdício de oportunidade não se aplicar realmente a lógica puxada e a estratégia da ME, como detalhada neste livro.

6.3 Dispositivos da Programação Puxada

Existem várias formas de se trabalhar a programação puxada via sistema *kanban*, sendo que na forma padrão os dispositivos empregados são o cartão *kanban*, o painel ou quadro *kanban*, o contenedor e o supermercado, conforme apresento na Figura 6.7. De uma maneira geral, o sistema *kanban* funciona com a montagem prévia de um estoque intermediário (supermercado) entre o posto fornecedor e o posto cliente, onde os itens são colocados em lotes padrões dentro de contenedores com sinalizações (cartões *kanban*). Uma vez que o cliente retire os itens de um contenedor para consumo, esvaziando-o, ele coloca o cartão *kanban* na devida posição no quadro porta *kanban* e disponibiliza o contenedor vazio para reposição. Por seu turno, o fornecedor está autorizado a, sempre que houver cartões no quadro, segundo regras de prioridade, pegar um cartão e providenciar sua reposição, recolocando o contenedor com o lote padrão e o cartão de volta no supermercado. Na sequência, cada um desses dispositivos será detalhado.

6.3.1 Cartão *Kanban*

Em um sistema puxado, os cartões *kanban* têm a função, conforme a finalidade para que se destinam, de substituírem as ordens de produção, de montagem, de compra ou de movimentação. Em cada uma dessas situações há necessidade de se colocar as informações indispensáveis específicas para a produção, montagem, movimentação ou compra dos itens, conforme for o caso. Informações adicionais, necessárias para atualização dos demais sistemas de informações do ERP, podem estar no cartão ou em anexo junto ao cartão. A princípio, quanto mais simples o cartão *kanban*, melhor para favorecer a gestão a vista.

O cartão *kanban* terá sempre sua área de atuação restrita à relação entre o cliente e o fornecedor, que podem ser internos ou externos. De uma forma geral, os cartões *kanban* convencionais são confeccionados de material durável para suportar o manuseio decorrente do giro constante entre os estoques do cliente e do fornecedor do item. Eventualmente, quando as distâncias são longas e se empregam sistemas informatizados para gerenciar o sistema *kanban*, o retorno do cartão nem sempre é conveniente. Nesse caso, o cliente pode destruir o cartão quando do uso dos itens e o fornecedor pode emitir um novo cartão em substituição ao mesmo.

O cartão *kanban* de produção ou de montagem, também chamado de *kanban* em processo, é empregado para autorizar a fabricação ou montagem de determinado lote de itens. A Figura 6.8 apresenta uma ilustração de um cartão *kanban* de produção com as informações básicas que esse tipo de cartão *kanban* normalmente necessita para operar, quais sejam:

✓ especificação do processo e do centro de trabalho fornecedor onde esse item é produzido;

✓ descrição do item, com o código e especificação do mesmo;

✓ local onde o lote deve ser armazenado após a produção;

✓ tamanho padrão do lote que será fabricado;

✓ tipo de contenedor para este item;

✓ número de emissão desse cartão em relação ao número total de cartões de produção para esse item, para controle dos cartões no sistema;

✓ relação dos materiais necessários para a produção desse item e local onde se deve buscá-los;

✓ código de barras que, ao ser lido, atualizará o fluxo de informações do banco de dados do ERP.

Figura 6.8 Cartão *kanban* de produção

Cada empresa, ao implantar seu sistema *kanban*, confecciona seus próprios cartões de acordo com suas necessidades de informações. A Figura 6.9 apresenta quatro exemplos de cartões *kanban* que ajudamos a implantar em uma usinagem de peças para máquinas do setor moveleiro, em uma malharia, em uma injetora e em uma caldeiraria. Em situações limites de simplificação, quando os recursos são focalizados às famílias de itens, como no caso do sistema implantado na malharia, apenas o número e a descrição da malha no cartão *kanban* já são suficientes para programar a produção, visto que a produção está direcionada para um grupo específico de teares (focalização) e o lote padrão é predefinido e obtido por uma balança de controle automático no próprio tear.

A introdução do sistema *kanban* e a definição do cartão que será utilizado é inclusive uma boa oportunidade para exercitar a participação dos operadores nos grupos de melhorias, pedindo aos mesmos que colaborem com sugestões na definição do cartão, pois, no final da implantação, serão eles mesmos que irão utilizar essa ferramenta. Por exemplo, no cartão projetado para a caldeiraria, na época comandada pelo meu amigo Alexandre, dada a grande variedade de peças, os operadores do grupo de melhorias sugeriam a inclusão do desenho da peça no verso do cartão, de forma a facilitar a sua identificação e fabricação na célula. Já no cartão *kanban* da usinagem ficou decidido, por sugestão do Luciano do PCP, incluir a informação de que a peça passaria ou não por um processo de zincagem externa. Essa informação era importante para definir o sequenciamento dos lotes na usinagem, dando-se prioridade para os que vão ser zincados externamente, com *lead times* maiores.

Figura 6.9 Exemplos de cartões *kanban* de produção

Como esses cartões *kanban* serão em geral afixados em um quadro porta *kanban*, recomenda-se o uso de um envelope plástico com um furo para sua fixação no quadro, de fácil aquisição no comércio, conforme os cartões desenvolvidos pelo meu amigo Mauro para sua malharia, ilustrado na Figura 6.10. Além disso, o envelope plástico permite que sejam colocados dentro dele outros documentos que, apesar de não serem necessários para a programação do sistema *kanban*, são necessários para a produção ou montagem dos itens e atualização do sistema de informações no ERP.

Um segundo tipo de cartão *kanban* é o de movimentação, também chamado de cartão *kanban* de transporte, retirada ou requisição, que permite que as movimentações de itens dentro da fábrica sejam incluídas na lógica do sistema puxado. Dessa forma, o fluxo de informações para a movimentação se dá também sem a interferência direta do pessoal do PCP. Assim como no cartão *kanban* de produção, no cartão *kanban* de movimentação, exemplificado na Figura 6.11, devem constar apenas informações indispensáveis para a movimentação dos itens entre os dois supermercados, ou seja:

✓ descrição do item, com o código e especificação do mesmo;

Figura 6.10 Cartões *kanban* com informações para o controle e registro da produção

- ✓ especificação do centro de trabalho fornecedor onde o item é produzido e o local no supermercado onde se encontra armazenado o lote a ser movimentado;
- ✓ especificação do centro de trabalho cliente onde o item será consumido e o local onde se deve depositar o lote requisitado;
- ✓ tamanho do lote que será movimentado;
- ✓ tipo de contenedor para este item;
- ✓ número de emissão desse cartão em relação ao número total de cartões de movimentação para esse item;
- ✓ código de barras que, ao ser lido, agilizará o fluxo de informações do banco de dados do ERP.

Figura 6.11 Cartão *kanban* de movimentação

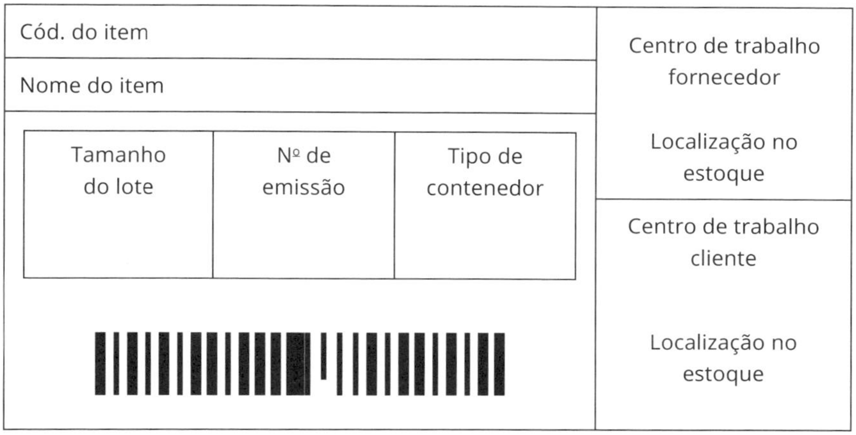

Cód. do item			Centro de trabalho fornecedor
Nome do item			
Tamanho do lote	Nº de emissão	Tipo de contenedor	Localização no estoque
			Centro de trabalho cliente
			Localização no estoque

Esse cartão funciona como uma requisição de materiais, autorizando o fluxo de itens entre dois supermercados do sistema produtivo que foram projetados para armazenar o mesmo tipo de item. Por princípio, eu tento não utilizar esse cartão dado que se deve evitar ao máximo a duplicação de pontos de estoques (supermercados) no sistema produtivo; contudo, existem determinadas situações em que eles são inevitáveis, como, por exemplo, para conectar o almoxarifado (supermercado) central, que recebe os itens em grandes lotes dos fornecedores internos ou externos (com processos produtivos com lotes econômicos maiores), com os supermercados locais junto aos centros de trabalho consumidores desses itens em lotes menores, como as linhas de montagem. Também pode ser empregado para movimentar os itens entre o supermercado de saída do fornecedor interno e o supermercado de abastecimento dos clientes internos que, por alguma limitação técnica, como segurança ou insalubridade, são obrigados a ficar distantes um do outro, como por exemplo, uma fundição de uma usinagem.

A Figura 6.12 ajuda a entender a lógica de funcionamento do sistema *kanban* nessa situação. Como pode ser visto nessa figura, no supermercado que fica junto ao posto cliente os cartões *kanban* são de movimentação (Km), de forma que quando o cliente consome um lote, ele coloca o cartão correspondente em um coletor (ou em um painel porta *kanban*) de cartões de movimentação. Periodicamente, um transportador (antigo almoxarife) passa por esse supermercado e recolhe os cartões do coletor e os contenedores vazios, se encaminhando para o supermercado do posto fornecedor de reabastecimento. Ao chegar ao supermercado fornecedor, o transportador retira os lotes correspondentes aos cartões de movimentação que está levando, coloca os cartões de produção (Kp) que estavam nos lotes no quadro porta *kanban* de produção e retorna com os contenedores cheios e os cartões *kanban* de movimentação para reabastecer o supermercado do posto cliente. Na medida em que o quadro porta *kanban* do fornecedor for recebendo os cartões de produção, ele está autorizado a produzi-los.

Figura 6.12   Dinâmica do cartão *kanban* de movimentação

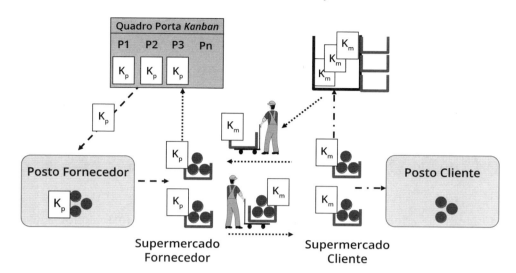

Uma boa alternativa ao uso de dois cartões (produção e movimentação), que empregamos sempre que possível em situações práticas que necessitam de dois, ou mais, pontos de armazenagem, consiste em colocar um sistema de *kanban* chão (espaços limitados e predefinidos) junto aos clientes de forma a informar ao fornecedor, apenas com o cartão de produção retornando, ou com o espaço no chão sendo liberado, que o lote *kanban* pode ser reposto. Na Figura 6.13 podemos ver esta dinâmica em um setor de beneficiamento de tecidos, onde o grupo de melhorias da fábrica (na foto com o Bruno que participou do processo) implantou um sistema de bordo de linha junto às máquinas com um número predefinido de cartões *kanbans* de movimentação que acompanha as ordens de produção do supermercado de tecidos crus (no caso chamado de depósito de tecidos crus – DTC), nesse exemplo, até a estamparia. Uma vez estampados, os cartões de movimentação retornam ao DTC para permitir a entrada de outros lotes de tecidos no beneficiamento, o que mantém o abastecimento do setor nivelado, para tranquilidade do Lucas, que gerencia essa área.

Figura 6.13 Cartão *kanban* de movimentação e o bordo de linha

Quando se consegue desenvolver em parceria com os fornecedores externos o sistema puxado para acionar as reposições de itens comprados, usa-se o chamado cartão *kanban* de fornecedor, ilustrado na Figura 6.14. O uso do sistema puxado com os fornecedores simplifica e racionaliza todas as atividades logísticas de reposição dos itens comprados, visto que os fornecedores parceiros ficam previamente autorizados a reporem os lotes padrões, de preferência diretamente na linha de produção do cliente, a partir do recebimento dos cartões *kanban*. Dessa forma, além das informações usuais a um cartão *kanban* de movimentação, o cartão *kanban* de fornecedor possui informações detalhadas quanto à forma e ao momento em que o fornecedor terá acesso às instalações do cliente para promover a entrega do lote. As informações básicas de um cartão *kanban* de fornecedor são as seguintes:

- ✓ nome e código do fornecedor autorizado a fazer a entrega;
- ✓ descrição do item a ser entregue, com o código e especificação do mesmo;
- ✓ especificação do centro de trabalho onde o lote do item deve ser entregue e local onde se deve depositar o lote requisitado;
- ✓ lista de horários, ou ciclos diários, em que se devem fazer as entregas dos lotes;
- ✓ tamanho do lote que será entregue;
- ✓ tipo de contenedor para esse item;
- ✓ número de emissão desse cartão em relação ao número total de cartões de fornecedor para esse item;

✓ código de barras que, ao ser lido, agilizará o fluxo de informações, inclusive o financeiro para registro e pagamento do fornecimento, do banco de dados do ERP.

Figura 6.14 Cartão *kanban* de fornecedor

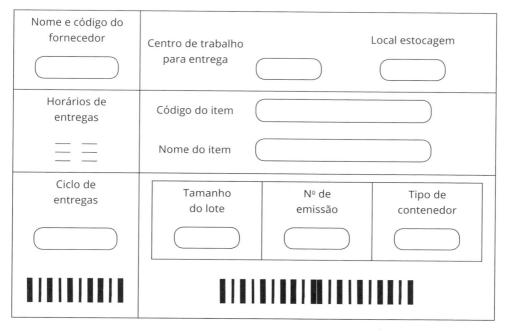

A operacionalização do sistema *kanban* com fornecedores é semelhante às apresentadas para o sistema interno, sendo que os fornecedores terão um ponto de coleta dentro da fábrica, um coletor ou um quadro porta *kanban*, onde recolherão os seus cartões e contenedores vazios e, dentro de períodos preestabelecidos, retornarão com os cartões e os contenedores cheios para depositá-los nos respectivos supermercados. Com o avanço nas tecnologias de comunicação a distância e no desenvolvimento de *softwares* voltados para administrar a logística da cadeia de suprimentos, o cartão *kanban* de fornecedor vem sendo substituído por sistemas informatizados que disparam automaticamente a ordem de reposição na fábrica do fornecedor.

Contudo, cabe ressaltar que o sistema puxado de programação da produção (interna ou externa) requer certa ordem em sua execução no curto prazo, dentro dos limites estabelecidos no planejamento tático do sistema no médio prazo. Os fornecedores só poderão responder de uma forma enxuta às solicitações dos clientes se estes cumprirem com os acordos de volumes firmados na etapa de planejamento.

Um exemplo prático de cartão *kanban* de fornecedor de malhas pode ser visto na Figura 6.15, onde a palavra "Facção" aparece em destaque para distingui-lo dos *kanbans* de produção interna, dado que nessa empresa, por exemplo, a meia malha (M/M) era produzida tanto internamente em teares próprios como faccionada em terceiros. Nesse caso, na etapa de planejamento da coleção eram feitas reservas de teares nos fornecedores, que durante a programação da produção semanal, no curto prazo, eram acionados de forma puxada com base no consumo real do sistema *kanban*.

Figura 6.15   Cartão *kanban* de fornecedor de malhas

6.3.2   Quadro ou Painel *Kanban*

O quadro ou painel *kanban* é utilizado em conjunto com o cartão *kanban* dentro do sistema de programação puxado para sinalizar e sequenciar as necessidades de reposições dos supermercados. No quadro *kanban*, conforme ilustrado na Figura 6.16, se projeta uma coluna para cada item existente no respectivo supermercado. Essas colunas são subdivididas em linhas, ou células, onde os cartões *kanban* são fixados. Dependendo da quantidade de cartões planejados para cada item, pode-se colocar um cartão *kanban* por célula ou, em situações onde se utilizam muitos cartões por item, estabelecer um número padrão de cartões por célula. Geralmente, como o dimensionamento do número de *kanbans* no sistema é um processo dinâmico, algumas dessas células, ou até mesmo colunas, podem no momento não estarem sendo usadas.

Figura 6.16   Quadro ou painel *kanban*

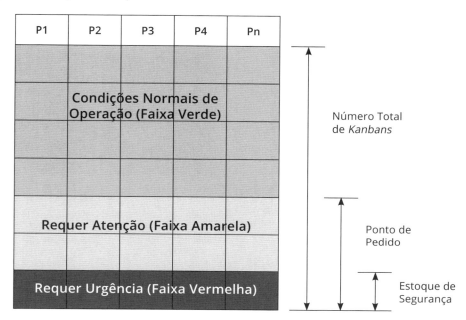

A Figura 6.17 apresenta alguns dos quadros que ajudamos a desenvolver com os grupos de melhorias das empresas; no caso, estes são para um setor de usinagem, uma malharia, uma forjaria e um setor de injeção de peças plásticas. Em cada um deles, especificidades dos sistemas produtivos foram consideradas pelos participantes dos grupos de melhorias que os projetaram.

Por exemplo, como nem sempre o lote de produção do fornecedor para repor o supermercado é unitário, ou seja, cartão a cartão, dado que em algumas situações, em função do tamanho do lote econômico ou do tamanho mínimo de carregamento da máquina, deve-se esperar pelo acúmulo de um número determinado de cartões *kanban* para se disparar uma reposição, no quadro *kanban* do setor de injeção foi adicionada uma faixa azul na parte de baixo do quadro com a finalidade de informar quantos cartões *kanban* devem se acumular para disparar um lote na injetora.

Figura 6.17 Exemplos de quadros *kanban*

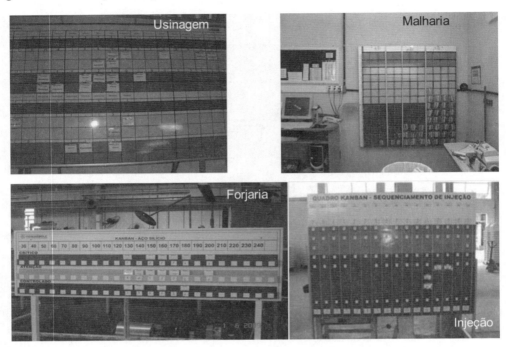

Já no quadro *kanban* desenvolvido pelo grupo de melhorias da forjaria para o corte das peças em aço silício optou-se por três faixas fixas (vermelha, amarela e verde) com uma caixa de acrílico para cada cor, onde se depositam os cartões *kanban* de acordo com o dimensionamento de cada item, conforme a etiqueta colada na caixa, que varia de acordo com a previsão de demanda. A Figura 6.18 apresenta esse detalhe para outro quadro do setor com a mesma sistemática (já a mão é a minha).

Figura 6.18   Detalhe do quadro *kanban* na forjaria

Como no início do processo de mudança para a programação puxada o grupo de melhorias não tem, em geral, uma visão clara de como essa programação vai funcionar e que informações adicionais serão necessárias, eu sempre sugiro que façamos uma versão bem simples do sistema para rodar o piloto e, só depois de consolidada e entendida as mudanças, se invista um pouco mais na montagem do sistema, já na sua versão final ideal. Visitas às empresas que já usam a programação puxada, hoje em dia mais fácil de serem encontradas, são uma boa forma de queimar etapas nesse aprendizado.

Um exemplo desta evolução pode ser visto na Figura 6.19 com o quadro *kanban* desenvolvido pelo grupo de melhorias, na época com meu amigo Ivo no PCP central, para um setor de malharia. No início, o quadro era pequeno, só para as malhas das classes A e B, com várias posições para cada faixa, cuja separação era feita com um elástico utilizado na confecção, de forma que era só passar o elástico para os lados e se mudavam as quantidades de cartões por malha. Após quatro meses de operação (duração de uma coleção em confecções), com o ótimo resultado alcançado, se expandiu o sistema puxado para todas as malhas (mais de 200), e se elaborou um quadro compatível para esse volume de itens, se optando, por exemplo, em utilizar apenas as faixas verde (normal) e vermelha (urgência) para ganhar espaço, dado que o grupo achou suficiente essa sinalização dupla para o sequenciamento da produção.

Figura 6.19 Evolução no quadro *kanban* da malharia

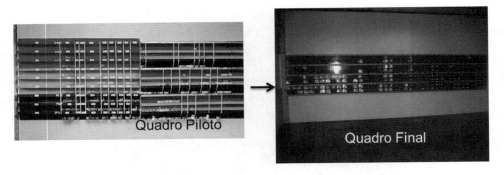

6.3.3 Supermercado e Contenedores

Além do cartão *kanban* e do quadro porta *kanban*, o sistema *kanban* utiliza como dispositivo de controle um local predeterminado de armazenagem, chamado de supermercado, onde os contenedores com os lotes padrões e os cartões *kanban* dos itens são colocados à disposição dos clientes. Como a implantação do sistema *kanban* tende a diminuir a quantidade de itens estocados, pela redução do tamanho e pelo aumento do giro dos lotes, os supermercados podem ser posicionados dentro do chão de fábrica, o mais perto possível dos fornecedores e clientes, evitando-se os almoxarifados centrais, com a vantagem de se acelerar os tempos de movimentação na entrega e no consumo dos lotes, que por si só levam a nova redução dos estoques, num ciclo de melhoramentos contínuos pregado pela manufatura enxuta.

A Figura 6.20 apresenta alguns exemplos de supermercados e contenedores utilizados em seis situações de sistemas *kanban* implantados: malharia, caldeiraria, tecelagem, ferragens, peças plásticas injetadas e em peças usinadas. É recomendável, onde se está implantando o sistema *kanban* em substituição a um sistema logístico já existente, procurar mudar o mínimo possível a situação atual, adaptando os atuais contenedores e locais de armazenagem, evitando assim resistências iniciais e demoras desnecessárias na implantação, até porque, na maioria das vezes, o sistema antigo continuará a valer para determinado grupo de itens onde não se pode aplicar a programação puxada.

Por exemplo, no caso do sistema implantado na malharia, como foi projetado para que cada rolo (de 16 a 37 quilos) de malha fosse um lote com seu próprio cartão *kanban*, os contenedores foram usados no supermercado apenas para sustentar a estrutura de movimentação e armazenagem dos rolos (ou para as malhas sintéticas enfraldadas que não podem ser enroladas). Da mesma forma, no sistema *kanban* implantado na tecelagem não se empregaram contenedores, dado o grande volume dos rolos (165 a 250 metros) de tecido, que também foram projetados para serem eles próprios um lote *kanban* com seu respectivo cartão.

Figura 6.20   Exemplos de supermercados

Já na implantação do sistema *kanban* no setor de injeção, onde antes não havia contenedor para as peças (Figura 6.21) foi desenvolvido um *reck* contenedor padronizado para 60 peças por cartão, visto que o lote de montagem nas linhas era desse valor. Ao se contar os *recks* têm-se uma visão clara de quantos dias de montagem o supermercado abastece. E, ainda, com a redução dos lotes econômicos de produção na injetora de 2.000 para 480 peças (via aplicação da TRF), os supermercados puderam ser transferidos da área de injeção para próximo da linha de montagem das máquinas, onde antes não havia espaço suficiente, eliminando-se uma movimentação.

Como o sistema *kanban* planeja com antecedência uma quantidade de contenedores, ou lotes, padrão para cada item no período de programação, bem como padroniza o próprio lote de produção e armazenagem, apesar de não ser exclusividade do sistema *kanban*, fica mais fácil se aplicar os conceitos de organização, limpeza, padronização e disciplina aos estoques da empresa, conhecidos historicamente como os cinco S (*seiri, seiton, seiso, seikettsu e shitsuke*) da ME e do TQC. Reparem como era o estoque de peças usinadas, apresentado na Figura 6.21, antes de iniciarmos a implantação da ME na empresa (vamos tentar pegar aquele contendor mais antigo que está atrás dos outros junto à janela), e comparem com a respectiva foto da Figura 6.20 após a implantação da ME. Uma angústia comum no início dessas implantações consiste em esperar que os estoques antigos, não raro de meses, baixem para patamares de semanas de forma que o primeiro cartão *kanban* retorne para o quadro e se dê início ao processo puxado. É sempre uma alegria chegar à empresa depois de semanas sem resultados e ver o pessoal todo animado com a entrada finalmente dos cartões no quadro.

Figura 6.21   Estoques antes da implantação do sistema *kanban*

Um setor especialmente complicado é o têxtil, com maquinários grandes e política de formação de estoques de malhas reguladores para toda a coleção (quatro meses), onde a produção ou compra de malhas com grande antecedência é uma norma desse setor. Nesse caso, as diferenças entre uma programação empurrada em grandes lotes econômicos e uma programação puxada com base em supermercados reguladores pré-dimensionados é muito grande; já falamos desse exemplo no Capítulo 2, sobre os desperdícios de estoques (Figura 2.8). Reparem nessas outras fotos da Figura 6.22. Elas foram batidas na mesma malharia (assim como a foto da Figura 6.20) com a diferença de um ano após a implantação da programação puxada na empresa, e diga-se, com a demanda em crescimento. Notem a quantidade de malhas "espalhadas" nas duas fotos de cima da Figura 6.22. Era impossível praticar um sistema FIFO na hora de montar uma carga para a tinturaria, pois as malhas mais antigas iam ficando para o fundo da "pilha" de malhas, sem nenhum acesso às mesmas. De nada adiantava nesse momento automatizar a coleta de informações dos lotes, o que foi feito com muito sucesso pelo Mauro só após a implantação do sistema *kanban*. Não raro, quando usadas essas malhas mais antigas ao final da coleção geravam defeitos no tingimento, com a quebra dos fios por excesso de estocagem.

Havia sete depósitos desse tipo espalhados pela empresa. Depois de um ano foram reduzidos para dois supermercados (um de malhas produzidas internamente e outro de faccionistas), além de um terceiro chamado sugestivamente de "cantinho da vergonha" para colocar malhas com defeitos ou sobras de programação, onde eram isoladas as malhas com problemas a serem resolvidos. Com base na eliminação de 50 toneladas de malhas após um ano, foram liberados 870 m² para a produção. Reparem na foto superior direita da Figura 6.22, onde o corredor do setor de acabamento do beneficiamento era utilizado como local extra de armazenagem das malhas cruas. Com a organização dos supermercados pela programação puxada, após um ano essa área (de 364 m²) foi utilizada para a instalação de mais quatro máquinas de acabamento.

Figura 6.22 Malharia antes e depois da implantação do sistema *kanban*

Outro ponto a ser ressaltado na dinâmica da programação puxada é que podemos adicionar mais informações "visuais" nos supermercados e contenedores de forma a facilitar a logística na fábrica. Por exemplo, na montagem dos supermercados para os componentes a serem soldados nos tanques de transformadores na caldeiraria, apresentado na Figura 6.20, o grupo de melhorias do setor utilizou cores diversas para diferenciar as famílias de componentes, facilitando a sua identificação e evitando erros, bem como desenvolveu um carrinho *kanban* que permite que o contenedor (e lote), agora pequeno, possa ser retirado do suporte e levado pelo próprio soldador para junto do tanque a ser soldado, sendo depois trazido de volta para o supermercado, como ilustrado na Figura 6.23. Essa dinâmica de supermercado e carrinho *kanban* reduziu em mais de 50% os estoques de componentes na caldeiraria, e foi disseminada para outros setores dentro da empresa.

Figura 6.23   Carrinho *kanban*

Itens	Estoques Antes		Estoque Atual (*Kanban*)		
	Peças	Dias	Peças	Dias	Redução
Suporte p/placa (desenho 120-8)	2.000	5	1.000	2,5	50%
Suporte p/placa (desenho 120-9)	300	6	100	2	67%
Suporte p/logotipo (desenho 120-12)	200	4	100	2	50%
Média	833	5	400	2,2	56%

Em situações mais simples podemos fazer uso dos supermercados e contenedores, muitas vezes sem cartão *kanban*, para delimitar o espaço físico de armazenagem, no que é chamado de *kanban* chão ou quadrado *kanban*, evitando, por um lado, a superprodução de lotes desnecessários, e, por outro, permitindo um sequenciamento puxado pela visualização da saída dos lotes desse espaço. Na Figura 6.24 apresento dois exemplos na área têxtil onde o *kanban* chão foi implantado com sucesso.

Figura 6.24   Exemplos de *kanban* chão

Na tinturaria de fios, o problema era que a máquina (conicaleira) que passava os fios dos cones de papelão para os de plástico (que podem entrar nas autoclaves e serem tintos), com um *lead time* significativo, não conseguia abastecer os lotes de fios para as máquinas da tinturaria (autoclaves) de acordo com as variedades de títulos (tipos) de fios solicitadas. Muitas vezes se mudavam as prioridades das ordens já emitidas, o que acarretava retrabalhos na conicaleira para retirar os cones de plástico dos fios que estavam sobrando no estoque por terem sido empurradas ordens antes do tempo. Pensava-se inclusive que a conicaleira era um gargalo e se planejava a compra de outra máquina.

A solução desenvolvida pelo grupo de melhorias nesse caso foi montar um sistema de *kanban* chão variando os lotes de dois a quatro contenedores, ou carga da autoclave, de acordo com a demanda prevista dos fios tintos na coleção. Uma placa de sinalização na parede da coluna do fio no supermercado informava esse valor. Dessa forma, o operador da conicaleira, sempre que terminava de bobinar uma carga de fios, colocava-a no supermercado e verificava quais tipos de fios estavam em falta para a próxima bobinagem. Não preciso dizer que produzindo de forma puxada apenas o que estava saindo, e sem retrabalhos, a conicaleira não era um gargalo, e em uma visita à fábrica mais de 10 anos depois, ela ainda estava dando conta sozinha da produção.

O segundo exemplo de *kanban* chão é utilizado no supermercado de fios crus para a tecelagem, apresentado na Figura 6.24. Ele é mais simples e teve como objetivo evitar que o fornecedor de fios sobrecarregasse os estoques com lotes de fios não necessários no momento, bem como, em consequência desse excesso de estoque, se acabasse misturando lotes de fios distintos em uma carga de tear (o que gera problemas de tingimento e deve ser monitorado com atenção). Como se pode ver na fotografia, foram traçados retângulos no chão (*kanban* chão) do tamanho da carroceria do caminhão de fios, e o motorista que faz a entrega dos fios duas vezes ao dia só pode repor um espaço desses depois de todo o fio consumido, e deve dar prioridade para repor o mesmo lote do fio, até que ele se esgote.

Sem dúvida, o setor têxtil apresenta muitas oportunidades para aplicar a programação puxada; a maioria delas exige uma boa dose de conhecimento do setor, pois as particularidades são muitas, e só tentar replicar o modelo metal mecânico da Toyota de caixinha, cartão e quadro pode ser um tiro no pé na maioria das situações. Vamos a mais um exemplo do *kanban* chão, ilustrado na Figura 6.25, esse no setor de preparação das malhas cruas em lotes de carregamento para a tinturaria nos Jets, ou seja, a montagem das chamadas OBs (ordens de beneficiamento). Já falamos desse exemplo no capítulo sobre o nivelamento do PMP a demanda. Deem uma olhada novamente nas duas fotos da Figura 3.26 para complementar essa aqui, eu espero um pouco, podem ir lá dar uma olhada.

Voltando, como se pode ver na Figura 6.25, com a programação empurrada tínhamos estoques para todos os lados, seja de malhas cruas em rolo para serem abertas nas OBs (esse era um dos sete estoques de malhas cruas na fábrica), seja de OBs montadas para a tinturaria. Nesse setor descobrimos a famosa "síndrome dos três turnos", também conhecida popularmente como "lei do menor esforço", que pode ser descrita assim: o turno que pegar a lista das OBs primeiro monta todas que tiverem as malhas cruas por perto, independente da prioridade. Já quem pegar por último passa seu turno procurando onde estão as malhas das OBs restantes. Não raro, se descobre depois que ela já foi usada (pois estava perto do abridor) para montar uma OB que só vai ser necessária depois de amanhã no final da programação e acaba-se emitindo uma ordem de malharia com urgência *urgentíssima* para repor a malha consumida na outra OB. Bem, não preciso dizer que as máquinas de preparar as malhas (os abridores) eram consideradas gargalos.

Figura 6.25 Preparação das malhas para a tinturaria

A solução desenvolvida pelo grupo de melhorias nesse caso foi implantar um sistema de *kanban* chão para as cargas dos *Jets* e um quadro (*heijunka*) que fornecia uma estimativa de quando a próxima carga seria necessária em cada *Jet*. Como cada tingimento podia durar de cinco (cores claras) a oito (cores escuras) horas e uma pesagem e abertura da carga, meia hora, caso a malha estivesse identificada em local conhecido no supermercado da malharia (que também foi implantado), um sistema de *kanban* chão de três cargas por Jet seria suficiente para um ritmo de programação diário das OBs. Dessa forma, uma carga estaria no *Jet* sendo tingida e no máximo duas estariam preparadas, o que dava em média um dia de demanda por máquina garantida. Pode-se ver na Figura 6.25 na foto da direita que junto à parede do galpão foram colocados cartões com os números dos *Jets*, e foram demarcados no chão espaço para duas cargas.

A Figura 6.26 apresenta os gráficos montados pelo grupo de melhorias com situações típicas dos níveis de lotes de malhas cruas preparadas para a tinturaria antes e depois da implantação do *kanban* chão pelo grupo. Como se pode ver, além de se eliminar a parada de máquina por falta de carregamento (*Jets* 3, 7 e 19), se eliminou também o desperdício de superprodução, que chegava a ter seis ou sete lotes prontos para uma máquina (dois dias de produção). Após a implantação dessa programação puxada pelo cliente, como se pode ver no gráfico de baixo, não só se eliminou a parada de máquina por falta de carga, como isso foi feito com estoques médios 50% menores. E fica proibido, mesmo tendo a OB em mãos e a malha no supermercado, preparar mais carga para a máquina se o *kanban* chão estiver cheio. Pronto, um período de treinamento e dedicação dos colaboradores e estava resolvido mais um problema. Ponto para o meu amigo Mauro, gerente do setor na época.

Figura 6.26 Níveis de lotes das malhas para a tinturaria

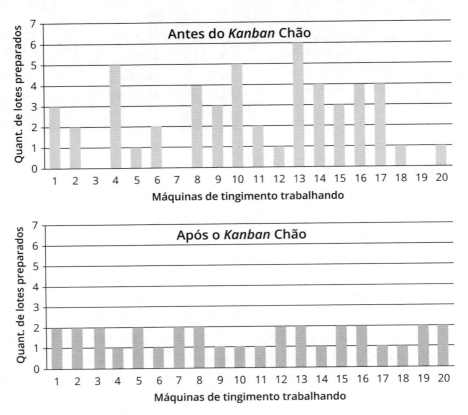

Olhando para essas duas fotos da Figura 6.25, não posso deixar de contar uma história (com H, pois é verdadeira) da qual me orgulho muito. Essa empresa é a principal empregadora da cidade onde se encontra e tudo o que acontece nela acaba virando assunto na cidade, é claro. Pois, uma vez chegando à fábrica, me contaram rindo que na cidade estavam dizendo que a empresa devia ir mal das pernas, pois nem estoque ela estava conseguindo manter dentro da fábrica. Não preciso repetir que nessa época estávamos produzindo mais do que nos anos anteriores, "paradoxalmente", para os leigos em ME, com a fábrica bastante "vazia".

Temos muitos exemplos desse tipo na área têxtil, visto que aqui em SC esse setor é bem atuante, e à medida que vamos ganhando experiência (e perdendo cabelos) os problemas e as soluções se repetem. O que vocês fariam se o coordenador da confecção lhes relatasse que a programação empurrada das células de costura de toalhas não está sendo seguida, dado que os colaboradores começavam cortando nas "abrideiras" as maiores ordens para ganhar "produtividade" e acabavam atolando a área de entrada das células com lotes que não eram prioritários e, muitas vezes, nem dispunham dos aviamentos necessários à costura (sim, é a já famosa "síndrome dos três turnos", doutor).

Bem, o remédio ao paciente pode ser um APS de última geração com inteligência artificial para sequenciar os lotes, ligado *on-line* ao ERP (e que gerou uma bela publicação em periódico "AAA+–") ou, se você estiver com pressa, uma dose de *kanban* chão por dia. E foi esta última, é claro, que o grupo de melhorias da confecção em pouco tempo implantou, como se pode ver nas fotos da Figura 6.27. No lado direito da figura, o Andrei (coordenador) está nos mostrando (eu tirei a foto e a minha amiga Silene fez a pose junto com o nosso *lean leader* Bruno) a versão final do quadro que já estava funcionando para duas células (com espaços livres para as demais). Como cada ordem (rolo de tecido) podia ser aberta em até três tiras de toalhas (uma em cada *reck*), cada linha do quadro possuía três cartões (A, B e C). No lado esquerdo da figura, agora com a presença da Alexandra, programadora do PCP local, podemos ver o supermercado (*kanban* chão) junto à célula de costura com o cartão afixado no lote. O grupo definiu como oito o número máximo de ordens na célula, duas na faixa verde, três na amarela e três na vermelha (aproximadamente um turno de trabalho). E não é que o paciente não só se salvou, como o ambiente de trabalho ficou mais organizado (5S).

Esses são apenas alguns exemplos das aplicações realizadas nestas últimas décadas. Na realidade, as opções para implantação do sistema puxado são múltiplas, dependerá da criatividade do grupo que o está implantando e dos recursos disponíveis na empresa, respeitando sempre os princípios básicos de funcionamento do sistema puxado, que serão resumidos em poucas regras no final deste capítulo. Antes, contudo, vamos para a importante definição de uma fórmula para dimensionar o sistema. Em situações bem simples, como no caso da colocação de um quadrado *kanban*, ou *kanban* chão, entre dois processos, uma estimativa de consumo do processo cliente e uma do tempo de produção dos lotes *kanbans* na reposição, são suficientes. Contudo, quando estamos falando em montar um *kanban* amplo, que ligará a programação dos produtos acabados (PMP) aos componentes, temos que pensar nessas variáveis com um pouco mais de detalhe. Na sequência, vamos explicar nossa forma de tratar esse dimensionamento, sem, contudo, complicar demais a solução, como coloquei na Regra PT6.

Figura 6.27 Controle do fluxo de abastecimento da costura de toalhas

6.4 Dimensionamento dos Supermercados

A fórmula 6.1 (acho que tem sua origem no livro do Monden, de 1984) é a fórmula convencional para o dimensionamento do sistema *kanban*, apresentada em geral pela maioria dos livros na área. A primeira parte da fórmula determina o número de cartões *kanban* de produção e a segunda, o número de cartões *kanban* de movimentação, atrelados aos *lead times* de produção e de movimentação do lote, respectivamente.

$$Nk = \left(\frac{D}{Q} \cdot T_{prod} \cdot (1 + S) \right) + \left(\frac{D}{Q} = \cdot T_{mov} \cdot (1 + S) \right) \quad (6.1)$$

Onde:

Nk = número total de cartões *kanban* no sistema (cartão);

D = demanda média diária do item (itens/dia);

Q = tamanho do lote por contenedor ou cartão (itens/cartão);

T_{prod} = tempo total para um cartão *kanban* de produção completar um ciclo produtivo, em percentual do dia, na estação de trabalho (dia);

T_{mov} = tempo total para um cartão *kanban* de movimentação completar um circuito, em percentual do dia, entre os supermercados do produtor e do consumidor (dia);

S = fator de segurança, em percentual do dia (dia).

Estou apresentando aqui essa fórmula tradicional primeiro para deixar claro que a conheço, como tudo o mais que faz parte da história na ME; já a utilizei muito dentro da sala de aula, contudo, na medida em que me voltei para as aplicações práticas, notei que quando usamos essa fórmula nos trabalhos de implantação do sistema *kanban* nas empresas, via grupo de melhorias, ela não era a melhor maneira de discutir a questão do dimensionamento e comprometimento do grupo quanto às metas a serem atingidas.

Quando formamos os grupos para a implantação do sistema *kanban* na empresa, é importante que eles sejam ecléticos, com a participação de todos os setores da empresa que serão afetados pela estratégia da ME, ou seja, precisamos da colaboração de todos os setores mesmo. Não só os responsáveis pelo chão de fábrica e PCP (ou logística, em algumas empresas), mas principalmente o comercial, que me fornecerá a demanda e precisa ver seus pedidos atendidos, e o financeiro, que não quer ver seus custos elevados, no caso os da formação de estoques ou de máquinas e pessoas eventualmente paradas.

Bem, o fato é que eu notei que quando estávamos discutindo nos grupos o sistema *kanban* e começando a planejar os seus supermercados com *lead time* de produção e *lead time* de movimentação, o cara do comercial já ia conferir seus *e-mails* no *notebook* (mais recentemente no celular) e o do financeiro mexia alegremente em suas planilhas de Excel. Com certeza estavam pensando: *o que que eu tenho com este negócio de* lead time *de produção e de movimentação? O pessoal da produção e o PCP (e este professor) que se virem, se não funcionar este sistema de japonês, eu não tenho nada a ver com isto!*

Como se acaba aprendendo na prática que sem a colaboração do comercial e do financeiro não implantamos nada em uma empresa, tínhamos que dar um jeito de chamar esses setores para dentro do problema (ou da solução). Tínhamos que achar uma forma de transformá-los de ovo em *bacon*, como diz a piada do comprometimento da galinha e do porco no nosso café da manhã.

Pensando nisso, a melhor maneira que me ocorreu foi colocar na fórmula a linguagem usual do comercial e do financeiro, ou seja, vamos montar um supermercado para quantos dias de estoques (também chamado de cobertura)? Pois é assim que eles trabalham em seus planejamentos e enxergam a fábrica: como uma caixa preta que fornece (ou trabalha com) "dias" de estoques para atendê-los. E, muito importante, na reunião eu perguntava: *quantos dias de estoque vocês (nossos clientes da produção, que são nossos reis) querem?*, olhando justamente para eles, e pedindo que eles dessem ao grupo uma ideia de como nós da fábrica deveríamos trabalhar para atendê-los. Funciona, podem acreditar em mim; na mesma hora eles desligam o celular e fecham a planilha e começam a trabalhar com o grupo.

Essa é a história de como chegamos à fórmula 6.2 que cumpre esse requisito político-estratégico de comprometimento geral, além de ser parcimoniosa (Kepler teria adorado minha navalha cortando variáveis). Com certeza, para um colega de pesquisa operacional, acostumado a otimizar funções em artigos para congresso, essa fórmula pode parecer simplista demais para resolver um problema dessa magnitude. Mas é justamente esse o seu ponto forte, a simplicidade em cima de três variáveis apenas, de forma que ninguém pode dizer na empresa que não entende o que o sistema puxado irá fazer quando implantado: montaremos um supermercado para atender dias de demanda prevista.

$$Nk = \frac{D}{Q} \cdot Nd \qquad\qquad (6.2)$$

Onde:

Nk = número total de cartões *kanban* no sistema (cartão);

D = demanda média diária do item (itens/dia);

Q = tamanho do lote por contenedor ou cartão (itens/cartão);

Nd = número de dias de cobertura da demanda que colocaremos no supermercado (dia).

Outra grande vantagem da fórmula atrelada aos dias de estoque, ou à cobertura, é que ela, por si só, já é um dos mais importantes indicadores de gestão do chão de fábrica para a eliminação dos desperdícios na estratégia da ME. Com esse valor você pode traçar metas para o projeto de implantação e avaliar o potencial de ganhos (o financeiro gosta muito dessa parte) comparando a cobertura (ou giro) atual com a que teremos com o andamento do projeto da ME. Na verdade, o Nd será a quantidade máxima que ficará em estoque no supermercado se a demanda não ocorrer; em geral, segundo minha experiência, para itens com giro (itens A e B), os estoques médios deverão chegar a um pouco mais da metade desse valor.

Conforme já apresentamos no Capítulo 3 de análise da demanda e nivelamento do plano-mestre, esse dimensionamento dos supermercados, junto com as adequações do TK/TC e reorganização das rotinas de operação-padrão, faz parte do que é chamado na estratégia da ME de adaptação mensal da produção às variações da demanda na ME. É uma ação de médio prazo (tática, digamos mensal) e tem como função garantir que no curto prazo, ou seja, na etapa de programação, a fábrica (ritmos e estoques) esteja preparada para atender à demanda prevista. Nesse dimensionamento dos supermercados iremos usar a regra PT3 (deu a louca no PCP), atrelada à classificação ABC da demanda, para definir os valores das variáveis, a qual, como já apresentado, diz:

✓ *o que se vende muito se produz pouco*, ou melhor, de pouco em pouco para não subirmos os estoques, mas todos os dias, como se fosse um processo contínuo, dado que pela focalização não teremos *setups*;

✓ *já o que se vende pouco se produz muito*, ou melhor, de vez em quando se produz um lote econômico maior, que não representará muito volume, pois são itens C, mas que trará uma melhor organização nos custos de *setups*.

Vamos utilizar uma tabela para dimensionamento dos supermercados, ilustrada na Figura 6.28, para explicar essa dinâmica de cálculo atrelada à classificação ABC da demanda. Note que nela temos dois itens da classe A, três da B e três da C, para representar demandas (D) grandes, médias e pequenas, respectivamente.

Figura 6.28 Tabela para o dimensionamento dos supermercados

Item	Cód.	Especificação	D	Q	Nd	LT	% Seg.	Nk	SM	Quadro		
1	1.001	Item A1	530	10	1	0,5	10	53	530	20	27	6
2	1.002	Item A2	470	10	1	0,5	10	47	470	18	24	5
3	1.003	Item B1	210	20	5	2,5	10	53	1.050	20	27	6
4	1.004	Item B2	198	20	5	2,5	10	50	990	20	25	5
5	1.005	Item B3	170	20	5	2,5	10	43	850	16	22	5
6	1.006	Item C1	35	40	10	5,0	10	9	350	3	5	1
7	1.007	Item C2	23	40	10	5,0	10	6	230	2	3	1
8	1.008	Item C3	11	40	10	5,0	10	3	110	0	2	1
			1.647					262	4.580	57	135	30

A primeira variável da fórmula 6.2 é a demanda média diária (D). Lembrando que se for de produto acabado, será obtida do comercial (ou do PMP), já se for de componentes, será obtida da explosão da demanda pelo MRP. Se não tivermos esses *softwares* no PCP, temos que partir para uma previsão qualitativa mesmo ou alguma conta simples no Excel. Recomendo utilizar como demanda média diária uma média de 4 a 8 semanas para pegar a sazonalidade, que em geral existe na maioria dos setores, devendo ser atualizada todo o mês. Dessa forma evitamos grandes mudanças nos níveis de estoques dos supermercados, podendo ir subindo-os de forma gradual (colocando cartões no sistema) quando a demanda começa a aumentar, assim como podemos baixá-los (retirando cartões do sistema) aos poucos quando a demanda tender a diminuir.

Já para demandas muito irregulares, em geral alguns itens da classe C, utilize o valor máximo dessa previsão. Assim você garante o seu lado, pois uma regra básica é que o sistema puxado tem que sempre atender ao cliente, e, no final das contas, pela minha experiência, mesmo assim, você irá manter menos estoques do que o sistema antigo empurrado. Uma característica boa da programação puxada é que você vai sentir rapidamente e de forma visual se exagerou nas variáveis, o que permitirá corrigir seu erro (nesse caso, baixar um pouco a demanda) já no próximo período.

A segunda variável da fórmula 6.2 é o tamanho do lote por contenedor ou cartão. Em teoria, deve-se usar o famoso lote econômico (tema do próximo capítulo), contudo, na prática, alguns fatores do chão de fábrica relacionados à logística de armazenagem e consumo irão balizar essa decisão, como, por exemplo, o tamanho do contenedor, o tamanho do lote de produção do equipamento fornecedor, limitações de peso visando às movimentações manuais, a dinâmica de consumo do cliente para evitar sobras no contenedor, entre outras.

Em situações onde não é possível produzir lote a lote, ou seja, o lote do cartão *kanban* for menor do que o lote econômico de fabricação ou compra, deve-se definir outra variável no sistema, chamada de lote de produção. Nesse caso irá se esperar juntar um determinado número (mínimo, em geral) de cartões *kanban* no quadro para disparar uma reposição. Por exemplo, no sistema montado para as peças injetadas, já descrito, o lote econômico para uma determinada peça era de 480 unidades, e o lote *kanban* ficou definido como de 60 peças em função de ser esse o lote de produção da linha de montagem das máquinas. Logo, sempre que saía um *kanban* para abastecer a linha, todas as 60 peças eram consumidas e um cartão voltava para o quadro. No quadro se esperava acumular pelo menos oito cartões dessa peça para se emitir uma ordem de injeção na Romi.

Outra questão, que facilita a aplicação da regra PT3, é que em função do potencial de focalização da produção para os itens das classes A e B, com *setup* em geral apenas para desgaste das ferramentas, teremos lotes econômicos menores nesses itens e, consequentemente, lotes *kanbans* menores também em relação aos itens da classe C, como exemplificado na tabela da Figura 6.28, onde os lotes são de 10, 20 e 40 para as classes A, B e C, respectivamente.

Dada uma demanda média por dia (D) e um lote *kanban* (Q), para o cálculo do número de *kanbans* (Nk) no sistema falta definir a variável número de dias (Nd). Vou dar uma dica importante para os novatos em como encaminhar essa discussão dentro dos grupos de melhorias para a escolha do Nd a ser usado na fórmula. Pergunte inicialmente para todos com quantos dias de estoques (ou cobertura) estamos trabalhando atualmente com a programação empurrada e, também, qual o nível (ou %) de atendimento dessa demanda (na verdade, você já deveria ter levantado esses dados no *pré-kaizen* com o PCP, agora, é só uma encenação para dar ênfase à proposta de melhoria). Em geral, quanto mais convencional for o sistema produtivo, maior será a cobertura atual dos estoques (pois você tem muito do que não precisa agora e pouco do que está precisando), em consequência, pior será também o nível de atendimento dos pedidos. Minha dica então é: proponha para o grupo um nível de atendimento maior, mas com uma cobertura menor usando a regra PT3, mas não exagere, pois no começo teremos muitos problemas práticos para resolver e uma folga permite tempo para o aprendizado.

Logo, se a empresa, ou o setor, está carregando dois meses de estoques e está com um nível de atendimento de 60%, mesmo que seja possível reduzir os estoques médios para 15 dias pelas suas contas, vamos propor inicialmente um estoque médio de 30 dias, mas com atendimento de 90%. Fica mais tranquilo para implantar e, depois de uns quatro a seis meses, com um bom acompanhamento do sistema e foco no treinamento dos colaboradores, você baixa para 15 dias. Vão ficar todos muito felizes em alcançar e superar as metas traçadas.

Um ponto importante na definição do Nd é que ele não pode ser menor do que a soma dos *lead times* de produção e de movimentação do item, mais alguma segurança, afinal, as fórmulas 6.1 (tradicional) e 6.2 (a minha simplificada) são iguais. Dessa forma, analise com o grupo como se dará o fluxo

216 MANUFATURA ENXUTA COMO ESTRATÉGIA DE PRODUÇÃO • Tubino

desse cartão no sistema. Por exemplo, se nós pretendemos fazer dois *setups* por semana no tear para esta família de malha, o *lead time* de produção é de 2,5 dias (semana de cinco dias), pois um cartão indo para o quadro irá esperar no máximo até o próximo *setup*. E se o abastecedor vier duas vezes por dia na malharia para levar os *kanbans* até o supermercado de malhas cruas, o *lead time* de movimentação é de 0,5 dia. Sendo assim, o Nd não pode ser menor do que uns 3,5 a 4 dias (2,5 + 0,5 + segurança). Essa conta de padeiro (com todo respeito aos padeiros) é simples, mas é muito útil para sabermos onde está o limite mínimo. Logo, ficamos entre esse valor mínimo e o valor máximo atualmente obtido pela programação empurrada.

Sabendo desses limites para o Nd, fica faltando associar agora na lógica de cálculo a nossa regra PT3 aos itens da classe A, B e C. Como vocês podem ver no exemplo da tabela da Figura 6.28, esses valores foram de 1, 5 e 10 dias para os itens das classes A, B e C, respectivamente. O que significa que para os itens da classe A os estoques médios no supermercado serão pequenos em relação a sua demanda. Isso é possível dado que sua produção está focalizada e não temos *setup* ou filas de espera nas máquinas, bem como os lotes econômicos (e os cartões *kanban*) são pequenos e voltam rápido para os supermercados, uma vez que a célula estará perto do supermercado, e de nesse caso serem poucos itens mais fáceis de controlar de forma visual etc. Já os itens da classe C terão estoques bem maiores do que sua demanda, neste exemplo, para 10 dias (ou duas semanas); dessa forma poderemos acumular cartões desses muitos itens C em uma semana para na outra organizar uma sequência de *setup* das máquinas que seja mais eficaz, reduzindo seu principal custo, e ao mesmo tempo garantindo seu atendimento com estoques em mãos de pelo menos uma semana. Os itens da classe B ficarão entre estes dois extremos, como no exemplo com cinco dias de estoque.

Calculando-se o número de *kanbans* (Nk) que manteremos em estoque no supermercado com esses parâmetros obtemos, por exemplo, para o item A1, 53 cartões ((530/10) * 1), já para o item C3 teremos apenas três cartões ((11/40) * 10), e assim para os demais itens, conforme pode ser visto na tabela da Figura 6.28. Como resultado dessa tática, dividindo-se os estoques totais esperados para o supermercado, de 4.580 itens, pela demanda média/dia de 1.647 itens, chega-se a um estoque médio, ou cobertura da demanda, no supermercado de apenas 2,78 dias.

Cabe lembrar também que na maioria das situações práticas, deve-se limitar em dois o número inferior de cartões no sistema, de forma que enquanto um cartão estiver no quadro para ser reposto, o outro estará com os itens no supermercado à disposição do cliente, no sentido de garantir um atendimento de 100% das demandas. No caso de se trabalhar com apenas um cartão, para itens com demandas muito baixas, por exemplo, deve-se estabelecer uma regra de disparo do cartão para o quadro porta *kanban* antes do consumo total do lote padrão no supermercado.

Uma vez definidas as três variáveis (demanda, lote e número de dias) que permitem o dimensionamento do nível máximo dos supermercados (Nk), podemos passar agora para a definição das três faixas de controle do sistema puxado que dará uma dinâmica de gestão a vista ao sequenciamento da produção (embutidas na fórmula (6.1) original), com base no quadro ou painel porta *kanban*, conforme ilustrado na Figura 6.29. Como já apresentado, esse quadro está dividido em três faixas de prioridades: uma vermelha, uma amarela e uma verde. A regra consiste em colocar os cartões da faixa verde para a vermelha, conforme os estoques forem se esgotando no supermercado.

Figura 6.29 Quadro *kanban* e o dimensionamento das faixas dos supermercados

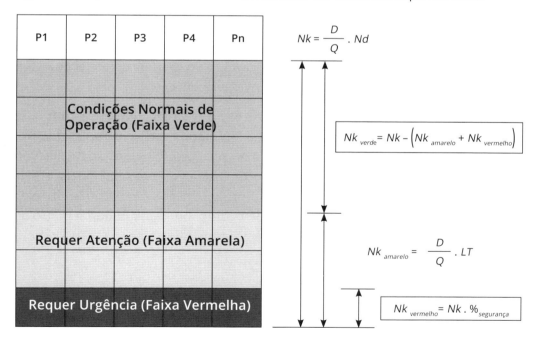

Temos que começar dimensionando a faixa vermelha pela fórmula 6.3. A faixa vermelha, com um % de segurança, tem como objetivo maior gerar um

alerta quanto ao potencial de esgotamento do estoque para que ações rápidas sejam tomadas quando do sequenciamento das ordens, via gestão a vista (que é a coisa mais *on-line* que existe, a informação vai direto do quadro para o cérebro do programador, do operador, do líder, do gerente etc.). Em geral, 10% é um bom valor para essa função, com um mínimo de um cartão. Esqueça a teoria do estoque de segurança com níveis de confiabilidade ligados aos desvios-padrões que o Professor Tubino colocou em seu livro de PCP, lá era teoria, aqui é a prática, e só precisamos de um bom nível de alerta.

$$Nk_{vermelho} = Nk \cdot \% \text{ segurança} \tag{6.3}$$

Onde:

$Nk_{vermelho}$ = número de cartões *kanban* na faixa vermelha (cartão);

Nk = número total de cartões *kanban* no sistema (cartão);

$\% segurança$ = percentual de segurança (%).

No exemplo da tabela da Figura 6.28, usamos 10% de segurança para todos os itens. Logo, para o item A1 com 53 cartões (Nk), a faixa vermelha ficou com seis cartões (arredondando 53 * 0,10 = 5,3); já para todos os itens da classe C a conta foi arredondada em um cartão. No caso de se ter apenas um cartão no sistema, esse será sempre da faixa vermelha.

Na sequência, calculamos o número de cartões da faixa amarela com base na fórmula 6.4. Essa faixa está relacionada ao tempo total de atravessamento, ou *lead time*, do cartão no sistema em dias, ou seja, o LT é o número de dias, ou percentual, que irá demorar para que o cartão, uma vez que saia do supermercado, retorne ao mesmo com o lote após a programação. A faixa amarela mais a vermelha é o que chamamos de ponto de pedido, ou seja, quando o ponto de pedido é atingido, no caso os cartões entrarem na faixa amarela, está na hora de disparar uma reposição deste item.

$$Nk_{amarelo} = \frac{D}{Q} \cdot LT \tag{6.4}$$

Onde:

$Nk_{amarelo}$ = número de cartões *kanban* na faixa amarela (cartão);

D = demanda média diária do item (itens/dia);

Q = tamanho do lote por contenedor ou cartão (itens/cartão);

LT = tempo de atravessamento total, ou *lead time*, do cartão (dias).

Faça uma conta simples do fluxo na definição do LT; em geral, o pessoal da fábrica e o PCP sabem responder bem a essa questão. Tente ligar esse LT a uma dinâmica planejada de *setups* nos recursos e/ou de fluxo logístico (interno ou externo) de forma que, ao implantar o sistema *kanban*, você acabe estabelecendo regras mais claras para a produção e compras, organizando a bagunça da programação empurrada, principalmente dos itens da classe C, quando a qualquer momento pode surgir um lote de produção indesejado (para a produção, é claro) esculhambando toda a sua organização prévia dos *setups*.

Para não repetir o exemplo aqui, deem uma lida novamente na descrição da implantação do sistema *kanban* em uma malharia apresentado no Capítulo 3, junto com as Figuras 3.15 e 3.16, onde eu relaciono a tática de produção à classificação ABC e ao dimensionamento dos supermercados. Seguindo essa mesma regra do exemplo prático descrito no Capítulo 3, a do PCP que ficou louco, na tabela de cálculo dos supermercados do exemplo da Figura 6.28, nós utilizamos como LT 0,5 dia para os itens da classe A; 2,5 dias para os da B; e 10 dias para os da classe C. Logo, dos 53 cartões do item A1, 27 (arredondando 530/10 * 0,5= 26,5) deles são da faixa amarela. Já para o item C3, dois dos três cartões são da faixa amarela.

Uma vez definidas essas duas faixas que compõem o ponto de pedido, podemos determinar a faixa verde, o chamado *kanban* de operação, segundo a fórmula 6.5. Por um lado, essa faixa verde funciona como mais uma segurança que você tem no sistema, pois ela está acima do ponto de pedido, logo, com cartões na faixa verde do quadro você a princípio não precisa se preocupar em produzi-los agora e tem um tempo maior para se organizar. Por outro lado, como definimos qual deve ser o número máximo de estoques no sistema com o Nd, estando os cartões na faixa verde você tem uma autorização prévia para produzi-los, caso você queira, por exemplo, aproveitar o *setup* da máquina ou a matéria-prima que se está usando. Também é um bom sistema para direcionar os trabalhos nos finais de semana, ou no terceiro turno, quando o PCP em geral não está presente na fábrica para liberar as ordens (*kanbans*) de produção caso dê algum problema com a ordem que se está produzindo.

$$Nk_{verde} = Nk - (Nk_{amarelo} + Nk_{vermelho}) \qquad (6.5)$$

Onde:

Nk_{verde} = *número de cartões kanban na faixa verde (cartão);*

Nk = número total de cartões *kanban* no sistema (cartão);

$Nk_{amarelo}$ = número de cartões *kanban* na faixa amarela (cartão);

$Nk_{vermelho}$ = número de cartões *kanban* na faixa vermelha (cartão).

A planilha de cálculo dos supermercados da Figura 6.28 mostra as quantidades que ficaram na faixa verde do sistema com base nas variáveis definidas. Note que o item C3 não terá cartões na faixa verde, e o retorno do primeiro cartão para o quadro já entrará direto na faixa amarela. E, lembrando, caso você tenha exagerado no número de dias (Nd), ou a demanda tenha diminuído, os cartões só entrarão na faixa verde. Nesse caso, você estará trabalhando com mais estoques do que o necessário, dado que em um sistema bem dimensionado os cartões entrarão na faixa amarela normalmente.

Espero não ter complicado a explicação desse dimensionamento, mas na prática ele é simples. Depois de um tempo, todos na fábrica já dominam esse conjunto de variáveis e conseguem dimensionar bem seus estoques na medida em que a demanda e os recursos produtivos vão se alterando. Lembrando que ele faz parte da famosa "adaptação mensal da produção a demanda" do STP a ser trabalhada pelo menos mensalmente, com a importante participação do comercial e do financeiro, e a sua implantação em uma planilha (do Excel) é necessária para agilizar o processo. Na Figura 6.30 apresento a planilha de cálculo que utilizamos em uma malharia para dimensionar os supermercados.

Uma vez que a programação puxada esteja consolidada, a empresa pode evoluir jogando essa dinâmica para dentro do seu ERP, agilizando e democratizando, ainda mais, a informação. Os talentos da TI da empresa não terão muitas dificuldades em fazer essa inclusão dado que é uma planilha simples. Além disto, em situações onde se tenha uma quantidade muito grande de itens ou mudanças de patamares de demanda muito rápidas (apesar de termos concentração, ela não é perene) como, por exemplo, em um período do ano em que o item está na faixa A de demanda e, por alguma conjuntura do mercado, ele caia para a faixa C ou mesmo não tem demanda, obrigando você a tirá-lo (ou incluí-lo no sentido inverso) no sistema, é importante passar de uma planilha solta a um módulo do ERP integrado ao banco de dados.

Figura 6.30 Planilha de dimensionamento do sistema *kanban* da malharia

N	Código	Descrição	kg/dia	Lote k	LT	ND	Seg.	Supermercado (kg)	Cartões	Quadro Verde	Amarelo	Vermelho
1	31.360	PUNHO SANF. 2X1 24/PT. FCH.	63	20	0,5	3	10%	220	11	7	2	2
2	31.498	RIBANA S/ELAST.	21	20	0,5	3	10%	80	4	2	1	1
3	7.250	RIBANA C/ELAST. 1X1 NÃO MERC.	31	16	2,5	7	10%	240	15	8	5	2
4	7.257	RIBANA C/ELAST. 1X1 NÃO MERC.	2	16	5	15	10%	48	3	1	1	1
5	7.249	RIB. SANF. 2X1C/ELAST. 1X1 NM.	0	16	5	15	10%	0	0	0	0	0
6	7.260	RIB. C/ELAST. 1X1 NÃO MERC.	23	16	5	15	10%	384	24	13	8	3
7	7.256	MOLETOM PELUCIADO N. MC.	279	16	0,5	3	10%	928	58	43	9	6
8	7.267	PIQUE DUPLO	29	16	5	15	10%	480	30	18	9	3
9	43.051	MOLETOM 100% ALGODÃO	4.764	26	0,5	3	10%	15.730	605	452	92	61
10	7.303	COTTON NÃO MERC.	0	16	0,5	3	10%	0	0	0	0	0
11	7.271	MOLETINHO PELUC. CONFORT. N.MERC.	703	16	0,5	3	10%	2.320	145	108	22	15
12	7.254	MEIA MALHA 30/PA. PT	11	16	5	15	10%	192	12	6	4	2
13	31.546	MEIA MALHA 30/PT. ABT	231	27	0,5	2	10%	513	19	12	5	2
14	7.246	M/MALHA NÃO MERC.	59	16	0,5	3	10%	208	13	9	2	2
15	7.266	M/MALHA CONFORT. NÃO MERC.	307	16	0,5	3	10%	1.024	64	47	10	7
16	7.269	M/MALHA MESCLA	50	16	2,5	7	10%	400	25	14	8	3
17	31.174	COTTON NÃO MERC.	742	20	0,5	3	10%	2.460	123	91	19	13
18	43.088	COTTON NÃO MERC.	382	20	0,5	3	10%	1.260	63	46	10	7

222 MANUFATURA ENXUTA COMO ESTRATÉGIA DE PRODUÇÃO • Tubino

Como exemplo prático do que poderia ser chamado de *kanban* eletrônico apresento, nas Figuras 6.31, 6.32 e 6.33, as três telas que foram desenvolvidas dentro do ERP do fabricante de eletroferragens que possui essas características: muitos itens por família de peças e demandas muito variáveis. Nesse caso, não queríamos colocar todos os itens na programação puxada. Como se pode ver, a tela da Figura 6.31 é utilizada pelo PCP para definir os parâmetros do sistema, e a tela da Figura 6.32 permite ao PCP calcular os níveis do supermercado e suas faixas de controle a partir da importação da demanda.

Pelo menos uma vez por mês o sistema é rodado, ocasião em que as demandas são atualizadas e a inclusão ou exclusão de itens é analisada pelo PCP. Para auxiliar a redimensionar os níveis do supermercado foi desenvolvida a tela de acompanhamento do sistema *kanban* apresentada na Figura 6.33. Ela tem a função de informar ao PCP quantos cartões ele deve inserir no sistema, ou retirar, e em que faixa isso se dará. Por exemplo, o primeiro item da tela que trabalhava no mês passado com dois *kanbans*, um no amarelo e um no vermelho, no mês atual passará a trabalhar com três cartões, um em cada faixa. Logo, o PCP precisa ir até o quadro na fábrica e colocar um novo cartão desse item na faixa verde.

Figura 6.31   Tela de cadastramento dos parâmetros do sistema *kanban* no ERP da empresa

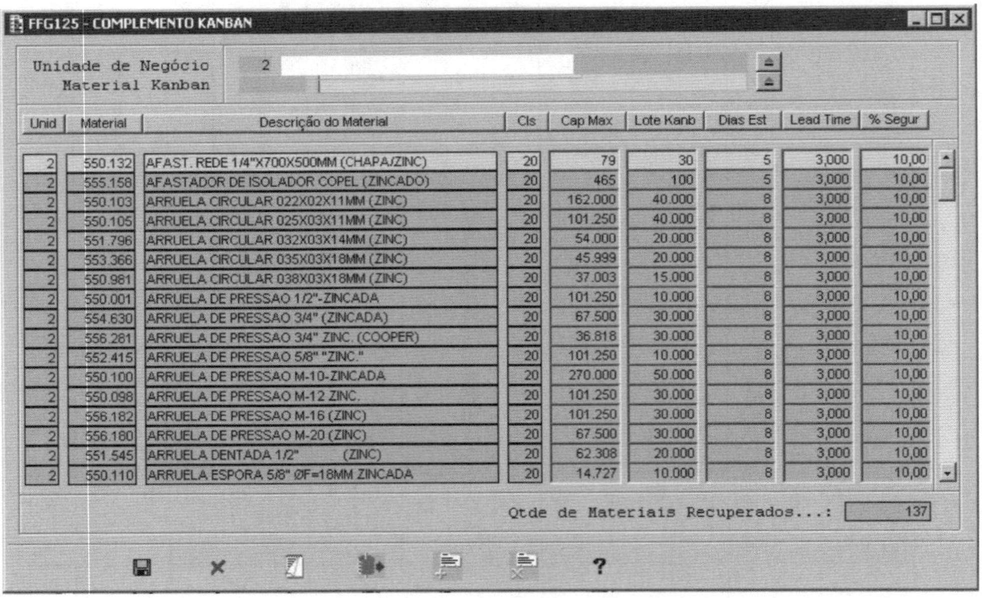

FFG125 - COMPLEMENTO KANBAN

Unidade de Negócio   2
Material Kanban

Unid	Material	Descrição do Material	Cls	Cap Max	Lote Kanb	Dias Est	Lead Time	% Segur
2	550.132	AFAST. REDE 1/4"X700X500MM (CHAPA/ZINC)	20	79	30	5	3,000	10,00
2	555.158	AFASTADOR DE ISOLADOR COPEL (ZINCADO)	20	465	100	5	3,000	10,00
2	550.103	ARRUELA CIRCULAR 022X02X11MM (ZINC)	20	162.000	40.000	8	3,000	10,00
2	550.105	ARRUELA CIRCULAR 025X03X11MM (ZINC)	20	101.250	40.000	8	3,000	10,00
2	551.796	ARRUELA CIRCULAR 032X03X14MM (ZINC)	20	54.000	20.000	8	3,000	10,00
2	553.366	ARRUELA CIRCULAR 035X03X18MM (ZINC)	20	45.999	20.000	8	3,000	10,00
2	550.981	ARRUELA CIRCULAR 038X03X18MM (ZINC)	20	37.003	15.000	8	3,000	10,00
2	550.001	ARRUELA DE PRESSAO 1/2"-ZINCADA	20	101.250	10.000	8	3,000	10,00
2	554.630	ARRUELA DE PRESSAO 3/4" (ZINCADA)	20	67.500	30.000	8	3,000	10,00
2	556.281	ARRUELA DE PRESSAO 3/4" ZINC. (COOPER)	20	36.818	30.000	8	3,000	10,00
2	552.415	ARRUELA DE PRESSAO 5/8" "ZINC."	20	101.250	10.000	8	3,000	10,00
2	550.100	ARRUELA DE PRESSAO M-10-ZINCADA	20	270.000	50.000	8	3,000	10,00
2	550.098	ARRUELA DE PRESSAO M-12 ZINC.	20	101.250	30.000	8	3,000	10,00
2	556.182	ARRUELA DE PRESSAO M-16 (ZINC)	20	101.250	30.000	8	3,000	10,00
2	556.180	ARRUELA DE PRESSAO M-20 (ZINC)	20	67.500	30.000	8	3,000	10,00
2	551.545	ARRUELA DENTADA 1/2" (ZINC)	20	62.308	20.000	8	3,000	10,00
2	550.110	ARRUELA ESPORA 5/8" ØF=18MM ZINCADA	20	14.727	10.000	8	3,000	10,00

Qtde de Materiais Recuperados...:   137

Figura 6.32 Tela de dimensionamento do sistema *kanban* no ERP da empresa

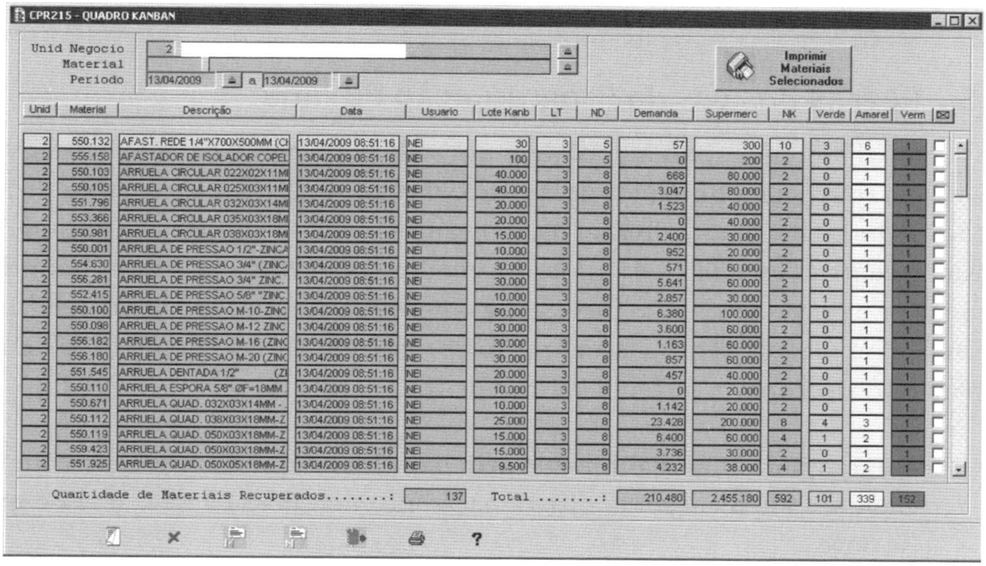

CPR215 - QUADRO KANBAN

Unid Negocio: 2
Material:
Periodo: 13/04/2009 a 13/04/2009

Imprimir Materiais Selecionados

Unid	Material	Descrição	Data	Usuario	Lote Kanb	LT	ND	Demanda	Supermerc	NK	Verde	Amarel	Verm
2	550.132	AFAST. REDE 1/4"X700X500MM (CI	13/04/2009 08:51:16	NEI	30	3	5	57	300	10	3	6	1
2	555.158	AFASTADOR DE ISOLADOR COPEL	13/04/2009 08:51:16	NEI	100	3	5	0	200	2	0	1	1
2	550.103	ARRUELA CIRCULAR 022X02X11MI	13/04/2009 08:51:16	NEI	40.000	3	8	668	80.000	2	0	1	1
2	550.105	ARRUELA CIRCULAR 025X03X11MI	13/04/2009 08:51:16	NEI	40.000	3	8	3.047	80.000	2	0	1	1
2	551.796	ARRUELA CIRCULAR 032X03X14MI	13/04/2009 08:51:16	NEI	20.000	3	8	1.523	40.000	2	0	1	1
2	553.366	ARRUELA CIRCULAR 035X03X18MI	13/04/2009 08:51:16	NEI	20.000	3	8	0	40.000	2	0	1	1
2	550.981	ARRUELA CIRCULAR 038X03X18MI	13/04/2009 08:51:16	NEI	15.000	3	8	2.400	30.000	2	0	1	1
2	550.001	ARRUELA DE PRESSAO 1/2"-ZINCA	13/04/2009 08:51:16	NEI	10.000	3	8	952	20.000	2	0	1	1
2	554.630	ARRUELA DE PRESSAO 3/4" (ZINCA	13/04/2009 08:51:16	NEI	30.000	3	8	571	60.000	2	0	1	1
2	556.281	ARRUELA DE PRESSAO 3/4" ZINC.	13/04/2009 08:51:16	NEI	30.000	3	8	5.641	60.000	2	0	1	1
2	552.415	ARRUELA DE PRESSAO 5/8" "ZINC.	13/04/2009 08:51:16	NEI	10.000	3	8	2.857	30.000	3	1	1	1
2	550.100	ARRUELA DE PRESSAO M-10-ZINC	13/04/2009 08:51:16	NEI	50.000	3	8	6.380	100.000	2	0	1	1
2	550.098	ARRUELA DE PRESSAO M-12 ZINC	13/04/2009 08:51:16	NEI	30.000	3	8	3.600	60.000	2	0	1	1
2	556.182	ARRUELA DE PRESSAO M-16 (ZINC	13/04/2009 08:51:16	NEI	30.000	3	8	1.163	60.000	2	0	1	1
2	556.180	ARRUELA DE PRESSAO M-20 (ZINC	13/04/2009 08:51:16	NEI	30.000	3	8	857	60.000	2	0	1	1
2	551.545	ARRUELA DENTADA 1/2" (ZI	13/04/2009 08:51:16	NEI	20.000	3	8	457	40.000	2	0	1	1
2	550.110	ARRUELA ESPORA 5/8" ØF=18MM	13/04/2009 08:51:16	NEI	10.000	3	8	0	20.000	2	0	1	1
2	550.671	ARRUELA QUAD. 032X03X14MM -	13/04/2009 08:51:16	NEI	10.000	3	8	1.142	20.000	2	0	1	1
2	550.112	ARRUELA QUAD. 038X03X18MM-Z	13/04/2009 08:51:16	NEI	25.000	3	8	23.428	200.000	8	4	3	1
2	550.119	ARRUELA QUAD. 050X03X18MM-Z	13/04/2009 08:51:16	NEI	15.000	3	8	6.400	60.000	4	1	2	1
2	559.423	ARRUELA QUAD. 050X03X18MM-Z	13/04/2009 08:51:16	NEI	15.000	3	8	3.736	30.000	2	0	1	1
2	551.925	ARRUELA QUAD. 050X05X18MM-Z	13/04/2009 08:51:16	NEI	9.500	3	8	4.232	38.000	4	1	2	1
Quantidade de Materiais Recuperados........: 137					Total ....:			210.480	2.455.180	592	101	339	152

Figura 6.33 Tela de acompanhamento do sistema *kanban* no ERP da empresa

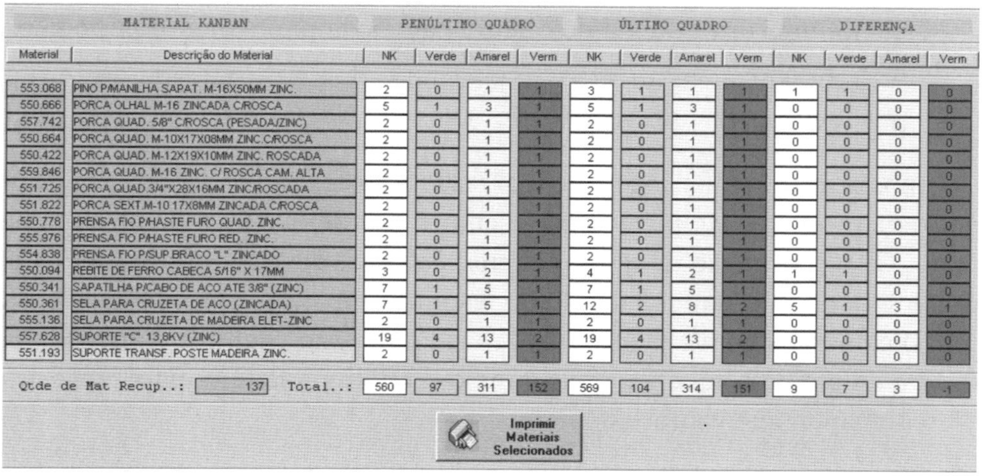

MATERIAL KANBAN		PENÚLTIMO QUADRO				ÚLTIMO QUADRO				DIFERENÇA			
Material	Descrição do Material	NK	Verde	Amarel	Verm	NK	Verde	Amarel	Verm	NK	Verde	Amarel	Verm
553.068	PINO P/MANILHA SAPAT. M-16X50MM ZINC.	2	0	1	1	3	1	1	1	1	1	0	0
550.666	PORCA OLHAL M-16 ZINCADA C/ROSCA	5	1	3	1	5	1	3	1	0	0	0	0
557.742	PORCA QUAD. 5/8" C/ROSCA (PESADA/ZINC)	2	0	1	1	2	0	1	1	0	0	0	0
550.664	PORCA QUAD. M-10X17X08MM ZINC.C/ROSCA	2	0	1	1	2	0	1	1	0	0	0	0
550.422	PORCA QUAD. M-12X19X10MM ZINC. ROSCADA	2	0	1	1	2	0	1	1	0	0	0	0
559.846	PORCA QUAD. M-16 ZINC. C/ ROSCA CAM. ALTA	2	0	1	1	2	0	1	1	0	0	0	0
551.725	PORCA QUAD.3/4"X28X16MM ZINC/ROSCADA	2	0	1	1	2	0	1	1	0	0	0	0
551.822	PORCA SEXT.M-10 17X8MM ZINCADA C/ROSCA	2	0	1	1	2	0	1	1	0	0	0	0
550.778	PRENSA FIO P/HASTE FURO QUAD. ZINC.	2	0	1	1	2	0	1	1	0	0	0	0
555.976	PRENSA FIO P/HASTE FURO RED. ZINC.	2	0	1	1	2	0	1	1	0	0	0	0
554.838	PRENSA FIO P/SUP BRACO "L" ZINCADO	2	0	1	1	2	0	1	1	0	0	0	0
550.094	REBITE DE FERRO CABECA 5/16" X 17MM	3	0	2	1	4	1	2	1	1	1	0	0
550.341	SAPATILHA P/CABO DE ACO ATE 3/8" (ZINC)	7	1	5	1	7	1	5	1	0	0	0	0
550.361	SELA PARA CRUZETA DE ACO (ZINCADA)	7	1	5	1	12	2	8	2	5	1	3	1
555.136	SELA PARA CRUZETA DE MADEIRA ELET-ZINC	2	0	1	1	2	0	1	1	0	0	0	0
557.628	SUPORTE "C" 13,8KV (ZINC)	19	4	13	2	19	4	13	2	0	0	0	0
551.193	SUPORTE TRANSF. POSTE MADEIRA ZINC.	2	0	1	1	2	0	1	1	0	0	0	0
Qtde de Mat Recup..: 137	Total..:	560	97	311	152	569	104	314	151	9	7	3	-1

Imprimir Materiais Selecionados

Creio ter abrangido os principais pontos da programação puxada dentro do contexto da estratégia da manufatura enxuta; procurei não inventar muitos nomes e variantes. Vou finalizar este capítulo apresentando um conjunto sucinto de regras de funcionamento do sistema *kanban*, até porque regras demais só atrapalham e, em geral, em aplicações práticas temos que, se não quebrá-las, pelo menos adaptá-las ao sistema em questão. Vou aproveitar para reforçar alguns lembretes.

6.5 Regras Básicas da Programação Puxada

Como disse, nem todo mundo tem um sistema produtivo como o da Toyota, e querer aplicar a dinâmica de quadro, cartão, supermercado e contenedor pode não ser a melhor alternativa. Portanto, a nossa proposição de regras básicas dentro das quais os grupos de melhorias deverão trabalhar para desenvolver uma programação puxada na empresa é simples e dividida em três partes: para planejamento e atualização do sistema, para o cliente do sistema e para o fornecedor do sistema. Vamos a elas.

✓ **Regras para planejamento e atualização**: no que se refere ao planejamento e atualização da programação puxada, nossa sugestão é de que se deve:

1. planejar e montar um supermercado de forma que ele dê sempre cobertura à demanda prevista;
2. definir junto com o cliente a demanda a ser atendida;
3. montar um sistema de cálculo para acompanhamento periódico;
4. reorganizar os recursos (supermercados e capacidade do fornecedor) sempre que necessário.

Vamos reforçar a mensagem acima. Pela minha experiência, temos que planejar uma programação puxada para sempre atender à demanda prevista pelo cliente. O velho chavão de que "o cliente é o Rei" deve ser cumprido, principalmente quando estamos falando do sistema amplo, que vai até a expedição e tem o comercial como cliente final. Mas lembre-se, chame o comercial para a festa e dê para ele aquela parte do meio do bolo onde tem mais recheio, ou seja, a demanda que vamos atender.

Agora, não vamos colocar itens que tenham demandas muito irregulares; mantenha a programação empurrada para eles, reservando capacidade para tal. Caso queiram incluir esses itens nos supermercados, assumam o custo de manter estoques mais altos, pois para evitar faltas é bom usar a demanda máxima em vez da média.

E, por fim, não deixe as crianças soltas na rua (ou na Internet, hoje em dia), ou seja, acompanhe de perto sempre o sistema e atualize as variáveis na planilha. É fácil, pois a gestão com quadros, cartões e espaços físicos é visual; utilize uma planilha de cálculo simples e mantenha um histórico no banco de dados para relatórios de desempenho. Não se esqueça de tirar umas fotos com o celular, pois depois de um tempo ninguém mais se lembra de como era a bagunça antes da ME e vai que você se anima a escrever um livro.

✓ **Regras para o cliente**: para o cliente da programação puxada, nossa sugestão é de que se deve:
  1. retirar do supermercado as quantidades necessárias apenas no momento em que forem necessárias;
  2. dar preferência a retiradas de múltiplos de lotes padrões;
  3. limitar o consumo imediato às quantidades previstas para o supermercado e negociadas com o cliente.

Não vale fazer estoques "particulares" no setor. Isso em geral ocorre no começo da implantação, quando os clientes ainda não possuem confiança no sistema, afinal, estão acostumados com uma programação empurrada, onde os níveis de entrega estão na faixa dos 60%. Faz parte da natureza humana, por isso temos aquele famoso "pneuzinho" na barriga.

E acabe, pelo menos para os itens puxados, com aquele famigerado campo do sistema de controle de estoques de reserva de itens. Muito usado quando temos itens que são vendidos para mercados diferentes, controlados por vendedores distintos. Como estamos olhando para o saldo em estoque para decidir pela reposição, uma "saída" para a reserva vai gerar reposição. Se confirmada a reserva, tudo bem. Mas se o vendedor (nosso cliente) retira a reserva, os níveis de estoques vão para o espaço.

É fácil acompanhar esse problema se você mantiver o histórico. Depois de um tempo, reúna o grupo e apresente a situação. No meu caso, em uma empresa que trabalhava com reservas, consegui mostrar que mesmo sem a reserva a demanda seria atendida e ela foi abolida para os itens do *kanban*. O problema fica sendo quando vendemos pedidos especiais com um volume não considerado no planejamento do supermercado. Nesse caso, combine que a entrega é imediata até a demanda prevista; para demandas acima desta o *lead time* de entrega é o do fluxo produtivo a partir da entrada do pedido, ou seja, do sistema empurrado. A programação puxada tem seus limites e não faz milagres. Mantenha o histórico que o santo ajuda na hora de ver por que o sistema falhou.

Se você quiser fazer com que esse pedido especial fique dentro do *layout* do sistema *kanban*, crie um *kanban* com uma cor diferente, talvez vermelha, ou azul com uma listra branca e outra preta (se a empresa fosse minha), e acrescente tantos cartões especiais quantos necessários para esse pedido no quadro. Uma vez que o pedido seja concluído, tire os cartões do sistema. Pedidos especiais sempre vão existir nessa estratégia de produção, não iremos puxar tudo, alguma coisa sempre vai ser empurrada, mas tente organizar a bagunça.

✓ **Regras para o fornecedor**: para o fornecedor da programação puxada, nossa sugestão é de que se deve:

1. repor em múltiplos de lotes padrões apenas as quantidades retiradas do supermercado;

2. evitar a superprodução.

Depois de um bom treinamento, dê liberdade para o colaborador do setor definir sua própria produção, desde que dentro das regras predefinidas do sistema. Acho que chamam a isso de gestão participativa. É muito mais rápido; como digo, é o sistema mais *on-line* que existe, pois é bater o olho no quadro e decidir (certo) o que fazer, sem precisar esperar que o pessoal do PCP faça a programação e libere as ordens para os setores. O PCP passa a planejar os níveis dos supermercados e a administrar as exceções. Já ganhamos em uma aplicação do sistema puxado em uma empresa até um turno inteiro no *lead time* dos produtos, liberando para que os operadores fizessem suas próprias programações.

E assim podemos encerrar este capítulo e dar por vencida a explicação de como tenho me virado na prática dentro da nossa estratégia da ME com a programação puxada. No próximo capítulo vamos discutir a questão do tamanho dos lotes dentro da fábrica, sua influência nos *lead times* de produção e o conceito de lote econômico, que, assim como o de MRP, meus colegas de engenharia de produção também costumam enterrar precocemente ao buscar a perfeição.

7

REDUÇÃO NO TAMANHO DOS LOTES

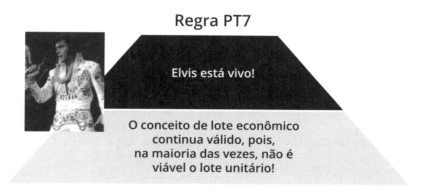

7.1 Introdução

Não sei se vocês repararam, mas sempre que falo em tamanho de lote neste livro, associo a ele o termo "econômico" e a frase "tão pequeno quanto possível". Tento não me referir ao lote como "unitário", no máximo um "tendendo para unitário". Talvez, se no começo do livro eu tivesse definido isto como padrão, não precisasse ficar repetindo, mas esses dois conceitos (lotes econômicos e tão pequenos quanto possível) são tão importantes para o entendimento da estratégia de produção da manufatura enxuta que me vejo na obrigação de lembrá-los sempre. É comum ver o conceito de lote econômico (e o do MRP) nas tabelas de comparação entre os sistemas convencionais (também chamados de produção em massa) e a ME como sendo algo negativo, a ser evitado, que leva à produção em massa.

No capítulo anterior, sobre programação puxada, ressuscitei o MRP como ferramenta de planejamento tático. Neste capítulo quero ressuscitar o lote econômico, pois, assim como o Elvis (PT7), ele não só foi um marco na engenharia de produção quantitativa dos anos 1970, como está bem vivinho, interferindo na composição dos custos produtivos e fazendo com que a tentativa de "produção em fluxo unitário" leve algumas empresas a interromper precocemente o projeto de implantação dessa estratégia, dado que raramente o lote de produção em uma máquina pode ser economicamente unitário.

Dessa forma, o correto é colocarmos, naquela tabela de comparação entre sistemas convencionais *versus* enxutos para a produção repetitiva em lotes, que nos convencionais (não os chamem de massa, pois a produção em massa ainda é muito eficaz para demandas grandes, como apresentei na Figura 1.3 sobre a escolha por uma posição competitiva dentro do Capítulo 1) o lote econômico é grande (por razões que detalharemos neste capítulo) em comparação com lotes econômicos tão pequenos quanto possíveis (se chegarmos ao unitário economicamente melhor ainda). Nesse caso, segundo meu ponto de vista, o raciocínio certo é que na estratégia da ME, em comparação com a estratégia convencional, devemos buscar a redução dos lotes econômicos na programação, como reapresentado na Figura 7.1 dentro do nosso ciclo virtuoso.

Figura 7.1 O ciclo virtuoso da ME e a redução dos lotes na programação

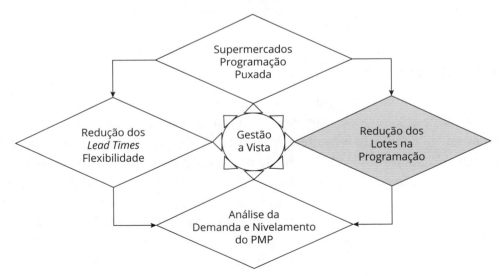

Rememorando o ciclo a partir da redução dos lotes econômicos de programação, podemos afirmar que se conseguirmos reduções nos lotes de programação, iremos facilitar a disseminação da programação puxada com base em supermercados, que por sua vez darão mais rapidez e flexibilidade à produção. Sendo rápido e flexível (critérios ganhadores de pedido na estratégia de produção focada na diferenciação), podemos nivelar melhor a demanda e errar menos nas previsões, o que leva a nova redução nos lotes de programação etc. etc. Lotes econômicos menores e padrões também auxiliam as pessoas a planejar e decidir melhor com base na gestão a vista. Sendo assim, a resposta à pergunta de por que montar um sistema produtivo que possa produzir lotes econômicos tão pequenos quanto possíveis passa por:

- ✓ permitir a produção em fluxo contínuo e eliminar os desperdícios de superprodução;
- ✓ reduzir os *lead times* produtivos e possibilitar o nivelamento do PMP à demanda;
- ✓ girar rápido os estoques e facilitar a implantação de um sistema de puxar a programação da produção;
- ✓ identificar imediatamente problemas no fluxo e na qualidade.

Sempre é bom lembrar que na estratégia de produção focada na diferenciação, os estoques gerados pela diferença entre lote programado e demanda realizada ou são a causa ou a consequência de todos os famosos desperdícios (superprodução, espera, transporte, processamento, estoque em si, movimentos desnecessários e produtos defeituosos) que devem ser combatidos para se chegar a um sistema produtivo mais eficaz. Por isso, um dos melhores indicadores de desempenho da eficácia dos sistemas produtivos é obtido pela análise e acompanhamento do giro de estoques. A meta da estratégia de produção da ME é buscar lotes econômicos tão pequenos quanto possíveis, o que irá permitir acelerar o fluxo produtivo, e no limite transformar uma produção repetitiva em lotes em uma produção em fluxo contínuo (uma minimassa, pelo menos para aqueles itens das classes A e B).

Ótimo, já temos um diagnóstico para o paciente: os lotes estão muito grandes. Para atacar esse problema, o que devemos fazer? Como podemos obter lotes econômicos pequenos? Bem, primeiro tomando consciência de quais são as variáveis envolvidas nesse problema, e após aplicando algumas práticas que foram desenvolvidas e testadas no ambiente do STP. Logo, isso passa então por:

- ✓ entender a importância dos tamanhos de lotes na formação dos *lead times* produtivos;
- ✓ entender e aplicar o conceito de lote econômico;
- ✓ reduzir ou eliminar os custos de preparação das máquinas para itens internos:
  - – aplicando o desenvolvimento enxuto de produtos (DEP);
  - – aplicando a troca rápida de ferramentas (TRF).
- ✓ reduzir os custos do processo de compra para itens externos:
  - – desenvolvendo relacionamentos de longo prazo com fornecedores.

Os dois primeiros pontos, a formação dos *lead times* e os lotes econômicos, os quais podemos chamar de conscientização para a implantação de lotes pequenos, serão objeto de detalhamento deste capítulo. O restante ficará para ser discutido no Capítulo 8.

7.2 Formação dos *Lead Times* Produtivos

Lead time, ou tempo de atravessamento ou de fluxo, é uma medida do tempo gasto pelo sistema produtivo para transformar matérias-primas em produtos acabados. Como já explicado, é uma variável importante tanto no planejamento tático do uso do sistema produtivo, para a previsão da demanda na montagem do PMP, por exemplo, ou para montar a estrutura da lógica do MRP, como é importante na programação (empurrada ou puxada) para a definição do período congelado e para o dimensionamento dos lotes que irão gerar os níveis de estoques.

Vamos recorrer à Figura 7.2 no sentido de tentar entender como se dá a formação desses *lead times* na estratégia de produção em lotes focada na diferenciação, e quais são as principais ações que fazem com que esses *lead times* na manufatura enxuta sejam significativamente menores do que nos sistemas convencionais. Tanto essa figura como a explicação que darei a seguir, estão baseadas na ótima apresentação do STP do livro do Monden de 1984, já citado anteriormente. Se possível deem uma lida no original. Vou tentar colocar o assunto a partir das minhas experiências em ambientes bem diferentes do ambiente automobilístico da Toyota.

Figura 7.2 A composição do *lead time* produtivo na produção em lotes

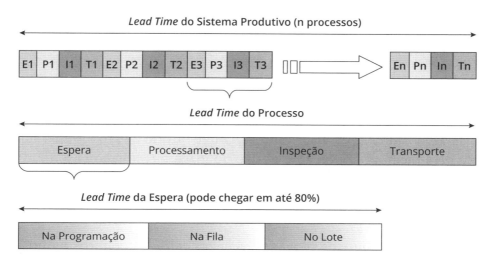

Como visto na Figura 7.2, o *lead time* de um sistema repetitivo em lote consiste da soma dos *lead times* dos n processos pelos quais o lote passa em seu roteiro de fabricação. Em cada um desses processos se podem identificar quatro tempos distintos: espera, processamento, inspeção e transporte. A princípio, apenas o tempo gasto com processamento é o que agrega valor, os demais são desperdícios. Calma pessoal, eu sei que na vida real, de uma forma ou de outra, temos que inspecionar o produto, transferi-lo de um ponto da fábrica para outro, fazer sua programação, esperar sua vez em um recurso etc., contudo, o que estamos falando é que esses tempos não precisam ser excessivos, ou desperdiçados, e caso consigamos eliminá-los, melhor ainda.

Dentre esses desperdícios, os tempos consumidos com as esperas para entrar em processamento nos diferentes postos produtivos são os mais críticos, pois podem chegar a 80% do *lead time* total nos sistemas convencionais e é onde as atenções devem estar inicialmente focadas na implantação das práticas da ME. Define-se a espera como um estado no qual o tempo passa sem que haja a ocorrência de processo, inspeção ou transporte no item.

Como está apresentado na Figura 7.2, pode-se considerar como tempo de espera o tempo necessário para a programação da produção do item, o tempo perdido pelo item aguardando na fila (em geral, em algum estoque) para que o recurso se libere e o tempo necessário para o processamento do lote do qual o item faz parte. Como dito, os tempos gastos com espera não agregam valores aos produtos, e devem, por princípio, ser eliminados. O tempo de espera é proporcional ao número de etapas pela quais o item passa, pois para cada uma delas ele sofrerá essa espera. Dessa forma, ele é crítico nos sistemas de produção repetitivos em lotes.

Na Figura 7.3 apresento um exemplo prático de mapeamento de fluxo de valor (MFV) que foi desenvolvido quando estávamos estudando com o grupo de melhorias da empresa o estado atual do fluxo produtivo de uma de suas famílias de produtos, a da mão-francesa, com o intuito de propor uma solução enxuta para melhorá-lo. Ressalto abaixo do mapa o resultado encontrado em relação aos tempos do fluxo mapeado. Do *lead time* total de 8,82 dias, 5,55 dias, ou 63% dele, eram consumidos com as esperas, inspeções e transportes entre as seis etapas produtivas.

Em sistemas produtivos convencionais com lotes econômicos muito grandes, como por exemplo os lotes que passam por fundições ou por grandes máquinas na indústria têxtil, ou ainda com fornecedores que impõem prazos longos de antecedência nos pedidos, como na compra de motores elétricos ou de aviamentos exclusivos, muitas vezes importados, pode-se chegar a valores altos nesses tempos desperdiçados entre as etapas produtivas. Por exemplo, se olharmos no MFV da situação encontrada na cadeia produtiva da empresa de motobombas quando iniciamos os trabalhos de implantação da estratégia enxuta com o grupo de melhorias, apresentado na Figura 7.4, podemos ver que dos 81,23 dias necessários para uma motobomba vencer o fluxo produtivo nas diferentes etapas, em 78,8 dias, ou seja, 97% desse total, a motobomba (na realidade, ela ou seus componentes) estava parada em algum ponto do fluxo.

Qualquer engenheiro metalúrgico, como eu, sabe que os lotes econômicos em fundições são grandes e restritos aos tamanhos dos fornos, o que não permite uma produção em fluxo unitário por mais que eu pense enxuto. Contudo, uma boa programação puxada integrada na cadeia produtiva com a usinagem, linhas de montagem e centros de distribuições, assim como um nivelamento do PMP à demanda e outras práticas enxutas discutidas neste livro, podem trazer os *lead times* para um patamar mais baixo com um nível bem menor de estoques (desperdícios) no sistema.

Como tomamos consciência desde 1984 a partir do livro de Monden, a estratégia de produção da ME desenvolveu soluções simples e inovadoras para tratar o problema da redução dos *lead times* na produção repetitiva em lotes, com foco maior nesses tempos de esperas, que serão discutidas na sequência.

Redução no tamanho dos lotes **233**

Figura 7.3 Os percentuais dos tempos no MFV da mão-francesa

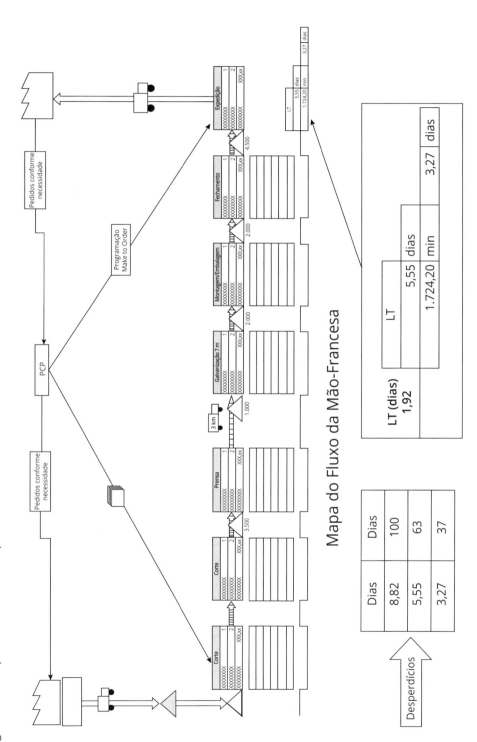

Mapa do Fluxo da Mão-Francesa

234 MANUFATURA ENXUTA COMO ESTRATÉGIA DE PRODUÇÃO • Tubino

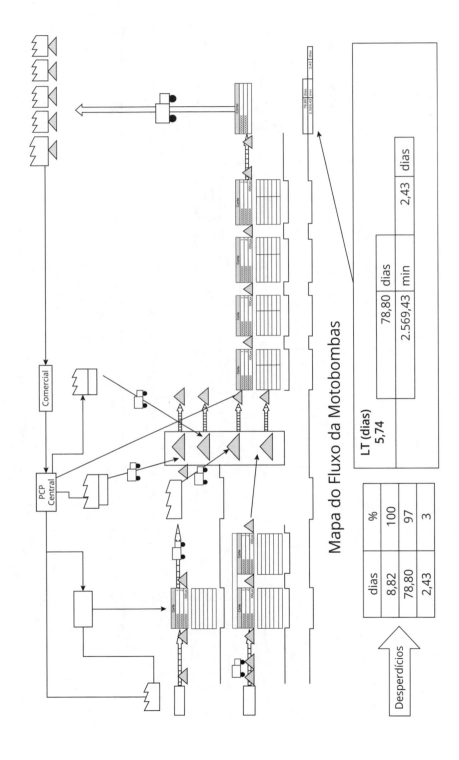

Figura 7.4 Os percentuais dos tempos no MFV de motobombas

7.2.1   Redução nos Tempos de Esperas para Programação

Organizar a programação da produção com todas as suas atividades de sequenciamento, emissão e liberação de ordens consome um bom tempo dentro das fábricas. Nos sistemas de PCP convencionais empurrados via MRP, não só a quantidade de ordens de programação emitida (e congelada) para a produção é grande, como normalmente é reorganizada em ciclos semanais. Caso se queira incluir um pedido novo, ou corrigir algum problema na programação atual, isso só será feito ao final do ciclo de programação, quando todas as informações sobre as ordens concluídas e pendentes, os estoques disponíveis e os novos pedidos em carteira ou previstos atualizarem o banco de dados do ERP. Ou seja, um pedido que entre no comercial na terça-feira desta semana e não tiver seus itens em estoque na expedição só será incluído na programação da fábrica, na melhor das hipóteses, na segunda-feira da próxima semana.

Já comentei antes que, principalmente nos sistemas repetitivos em lotes, o roteiro complexo das ordens e os problemas de curto prazo dentro do período congelado de programação inviabilizam uma lógica de programação *on-line*, pois muitas ordens em paralelo de componentes de um mesmo produto estão em andamento dentro da fábrica, em diferentes estágios de acabamento, para que eu possa de forma organizada parar a produção de todas elas e trocar por outra sequência de produção. Em empresas de grande porte se reserva pelo menos um dia inteiro, em geral nos finais de semana, para consolidar os dados e rodar a programação para a semana seguinte no ERP.

Mesmo na atividade de sequenciamento das ordens já emitidas em uma programação empurrada se perde um bom tempo, por exemplo, conferindo se a máquina estará livre e se as matérias-primas já entraram no estoque e estão disponíveis para essa ordem. Considere ainda os fins de semana (e o terceiro turno), quando o PCP não está presente, e os problemas ficam esperando solução junto com as ordens paradas até a segunda-feira. É por essa razão que as empresas com sistema de programação empurrada trabalham com tantos estoques protetores, pois são eles que fazem com que as mudanças de prioridades possam ser implementadas.

Por outro lado, o sistema de programação puxada da produção, detalhado no capítulo anterior, faz com que o período de tempo entre a identificação de uma necessidade (um pedido novo ou uma correção) e o início da produção seja praticamente imediato. Com o dimensionamento e a montagem de estoques intermediários (supermercados/gestão a vista) entre clientes e fornecedores, as ordens fluem de forma simples pelo sistema produtivo pela ação dos próprios envolvidos no processo. Com colaboradores bem treinados não teremos problemas para administrar o sequenciamento nos fins de semana ou no terceiro turno, quando em geral o setor administrativo não está presente. Pode-se afirmar que em relação ao *lead time* de produção, a programação puxada nos reduz em, pelo menos, uma semana do tempo de conclusão de uma ordem. Em fluxos maiores, como no têxtil com Fiação-Malharia-Tinturaria-Acabamento-Preparação-Confecção-Expedição, a programação puxada consegue reduzir ainda mais os *lead times* da fábrica.

7.2.2 Redução nos Tempos de Espera na Fila

Os tempos de espera de uma ordem de produção na fila de um recurso para ser trabalhado é o componente de maior peso dentro dos tempos de espera, e consequentemente, dos *lead times* totais. Os itens que compõem as ordens podem estar esperando junto às máquinas ou, o que é mais comum, ficarem em estoque aguardando o momento de serem demandados. Os tempos de espera na fila ocorrem devido a três fatores principais:

1. desbalanceamento entre carga de trabalho e capacidade produtiva (gargalos);
2. esperas para *setup* e processamento dos lotes com prioridade no recurso;
3. problemas de qualidade no sistema produtivo.

A existência de gargalos na fábrica leva ao desbalanceamento entre a carga solicitada pela programação e a capacidade dos recursos, principalmente quando se baseiam as decisões de programação no conceito de valor agregado. Como já dito, é comum na contabilidade gerencial dentro das fábricas considerar que no simples fato de um lote passar por uma etapa produtiva está se agregando valor ao produto. Nesse caso, é inevitável a formação de filas tanto na frente dos recursos gargalos devido a sua limitação de capacidade, como na frente dos demais recursos que estão dependentes de itens provenientes de gargalos que acabam não chegando para compor o produto.

A famosa teoria das restrições (TOC) que apareceu nos anos 1980, em paralelo com o STP, com uma solução computacional para resolver esse problema de sequenciamento, chamava de *output* a produção em si, e de *throughput* a produção vendável, ou seja, a que chegará ao final do fluxo. Identificar gargalos e rodar uma heurística que maximize o lucro dos produtos que passem por esse gargalo pode até ser viável nos processos contínuos onde esses gargalos são de fácil identificação. Já nos processos intermitentes em lotes, a variedade de itens e roteiros produtivos dificulta a identificação dos pontos gargalos, ainda mais que, dependendo do *mix* de produção, esses gargalos podem mudar de posição.

Por exemplo, no setor têxtil, na coleção de verão o gargalo tende a ser a estamparia, pois em sua maioria são peças leves e muito coloridas, enquanto que no inverno o gargalo pula para o beneficiamento, pois as malhas são mais pesadas, como os moletons, e mais sóbrias nas estampas. Não é fácil desenvolver uma solução computacional com regras de sequenciamento que permitam toda essa diversidade de heurísticas se alternando a cada coleção. Eu já passei por isso e não gostaria de repetir a experiência, mas se vocês quiserem tentar, fiquem à vontade, mas não digam que não avisei.

Por outro lado, a estratégia de produção da ME facilita a identificação dos gargalos, e tenta evitar o carregamento do sistema produtivo acima dessa cota sem necessariamente recorrer a heurísticas complexas, dando atenção aos seguintes pontos:

- ✓ produção focalizada com potencial do *layout* celular, com base na classificação ABC, facilitando a identificação dos pontos de gargalos. Quanto mais simples for o fluxo, mais fácil fica de administrar as capacidades;
- ✓ balanceamento dos recursos com base em um TK/TC projetado a partir da demanda do PMP (a mesma do dimensionamento dos supermercados), negociada de forma mais simples com o comercial;
- ✓ emprego do sistema de puxar a produção a partir das necessidades dos recursos de clientes, evitando que se produzam itens desnecessários naquele momento;
- ✓ e permissão para que recursos com capacidades excedentes sejam acionados apenas para atender aos clientes. Lembrando que os custos fixos são as pessoas, que, em independentemente de seu uso, recebem mensalmente, enquanto que as máquinas são, na realidade, custos variáveis, pois caso não utilizadas, se resguardam para o próximo período.

Administrados os gargalos na fábrica, conseguiremos reduzir as filas; contudo, um lote de um item ainda ficará na fila tanto tempo quanto for necessário para que todos os lotes com prioridades superiores à sua sejam preparados

238 MANUFATURA ENXUTA COMO ESTRATÉGIA DE PRODUÇÃO • Tubino

para entrar no recurso e processados. Convencionalmente, trata-se o tempo gasto com a preparação dos recursos, ou *setup*, como algo indesejável, porém, intrinsecamente, necessário ao processo produtivo. Os altos tempos (e custos) de *setups* são então diluídos pelo tamanho do lote, dentro do conceito de lote econômico, gerando tamanhos grandes de lotes. Com grandes lotes econômicos pela fábrica, as filas de espera nos recursos aumentam. A Figura 7.5 ajuda a explicar essa situação. Os 2.000 itens C ficarão esperando boa parte da semana (em geral o horizonte de programação) até que os 5.000 itens A e os 3.000 itens B passem pela máquina e a liberem para o *setup* e produção de itens C.

Figura 7.5   Programação em lotes grandes *versus* lotes pequenos

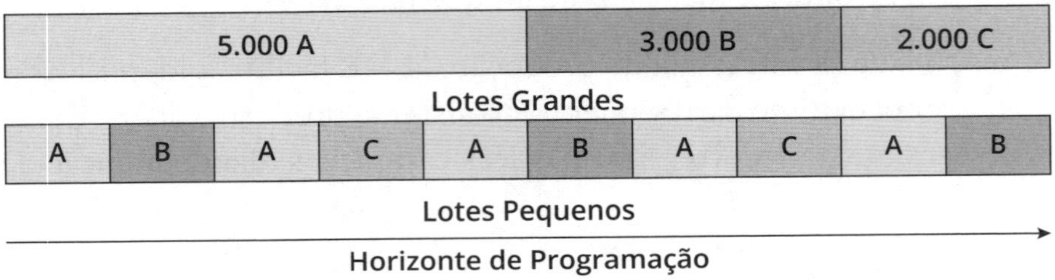

Como forma de se reduzir esses tempos de espera na fila, ações devem ser feitas para se baixar os tempos de *setup* de maneira a tornar econômico o uso de lotes pequenos, de preferência padrões. Com lotes econômicos menores podemos fazer uma programação mais nivelada a partir do PMP (discutida no Capítulo 3) e reduzir os tempos de espera nas filas dos recursos. Voltando ao exemplo do item C da Figura 7.5, reduzindo e padronizando os tamanhos dos lotes econômicos dos itens para 1.000 itens, iremos esperar a preparação e produção de apenas 3.000 itens para entrar com esse lote na máquina. A partir daí teremos um *mix* de itens A, B e C para faturar os pedidos dos clientes dentro da própria semana de programação.

Um exemplo de aplicação prática desses conceitos para reduções dos *lead times* em filas de espera pode ser visto na Figura 7.6. Originalmente, na foto à esquerda, a fabricante de transformadores possuía apenas uma esteira de entrada no setor de pintura dos tanques monofásicos e trifásicos para o jateamento em duas cabines. Sempre que um lote de trifásico entrava no jateamento, os lotes posteriores tinham um grande tempo de espera, de forma que o tempo médio de cada tanque na fila era de 21 minutos. Essa média era como a da piada da temperatura média com a cabeça no *freezer* e os pés no forno, pois pouco adiantava para organizar o fluxo do fornecedor dos tanques a solda da caldeiraria.

Figura 7.6   Redução das filas de espera no jateamento da pintura de tanques

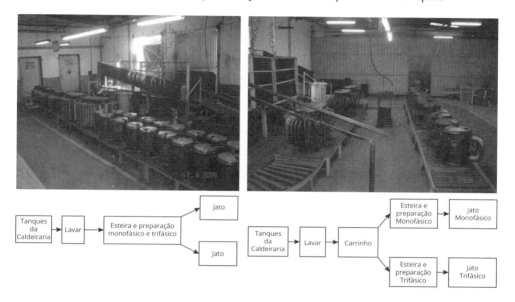

Como essa fila do jateamento era o gargalo do setor de solda na caldeiraria, que só enviava novos tanques quando havia espaço na mesma, essas variações nos tempos passavam para a solda. A solução desenvolvida pelo grupo de melhorias da pintura para reduzir e nivelar esses tempos, depois que a empresa, instigada pelo meu amigo Ayrton, começou a questionar as filas de espera no fluxo gargalo do processo, foi relativamente simples, dividir o fluxo em dois: um monofásico e um trifásico, conforme pode ser visto na foto à direita. Dessa maneira, o fluxo mais lento dos trifásicos no jateamento não atrasava o fluxo mais rápido dos monofásicos, e, principalmente, após o nivelamento dos ritmos, um para o trifásico e outro para o monofásico, se pôde organizar melhor o setor de solda na caldeiraria. E o interessante é que mesmo duplicando as esteiras, pela redução das filas se acabou reduzindo em 7% a área do setor.

Além dos gargalos e dos grandes lotes, o terceiro componente gerador das filas dentro das fábricas é a forma como nos prevenimos de problemas. Como nos sistemas convencionais os estoques são também projetados para amortecer problemas, as filas serão tanto maiores quanto forem os fatos geradores desses problemas, ou seja:

✓ quebras de equipamentos, com manutenções apenas corretivas;
✓ treinamento inadequado da mão de obra, não atendendo aos padrões de trabalho (ROP);
✓ geração de itens defeituosos, com identificação apenas na inspeção ao final do processo;
✓ baixo relacionamento com fornecedores, recebendo itens antes, ou depois, do preestabelecido com qualidade duvidosa.

Ao invés de aumentarmos os lotes inserindo neles um fator de segurança contra esses eventuais problemas, na estratégia de produção da ME todos esses problemas devem ser tratados de forma preventiva e com enfoque na melhoria contínua (*kaizen*) via gestão a vista. Apontar imediatamente esses problemas com lotes econômicos menores é a forma de permitir que os grupos de melhorias identifiquem e priorizem corretamente as ações preventivas a serem tomadas.

7.2.3 Redução nos Tempos de Espera Dentro do Lote

Uma vez ultrapassada a fila de espera, o lote entrará na máquina para ser processado. O tempo em que cada item desse lote fica aguardando para ser processado e liberado é mais um componente do *lead time* do item, e é bom lembrar que o *lead time* médio de um item dentro de um lote é sempre o *lead time* do último item processado, ou seja, o *lead time* máximo dentro dos itens do lote. Dessa forma, quanto maior for o tamanho do lote, maior será o *lead time* de qualquer item desse lote. Vejamos por exemplo, com o auxílio da Figura 7.7, o que aconteceu com os *lead times* produtivos dos rotores para motobombas quando o grupo de melhorias da empresa reduziu e padronizou o tamanho dos lotes econômicos na usinagem de 600 para 250 unidades (com base na redução dos *setups* de 20,5 minutos para 10 minutos e um pouco na mudança de conceito de valor agregado).

Figura 7.7 Influência do tamanho dos lotes nas esperas

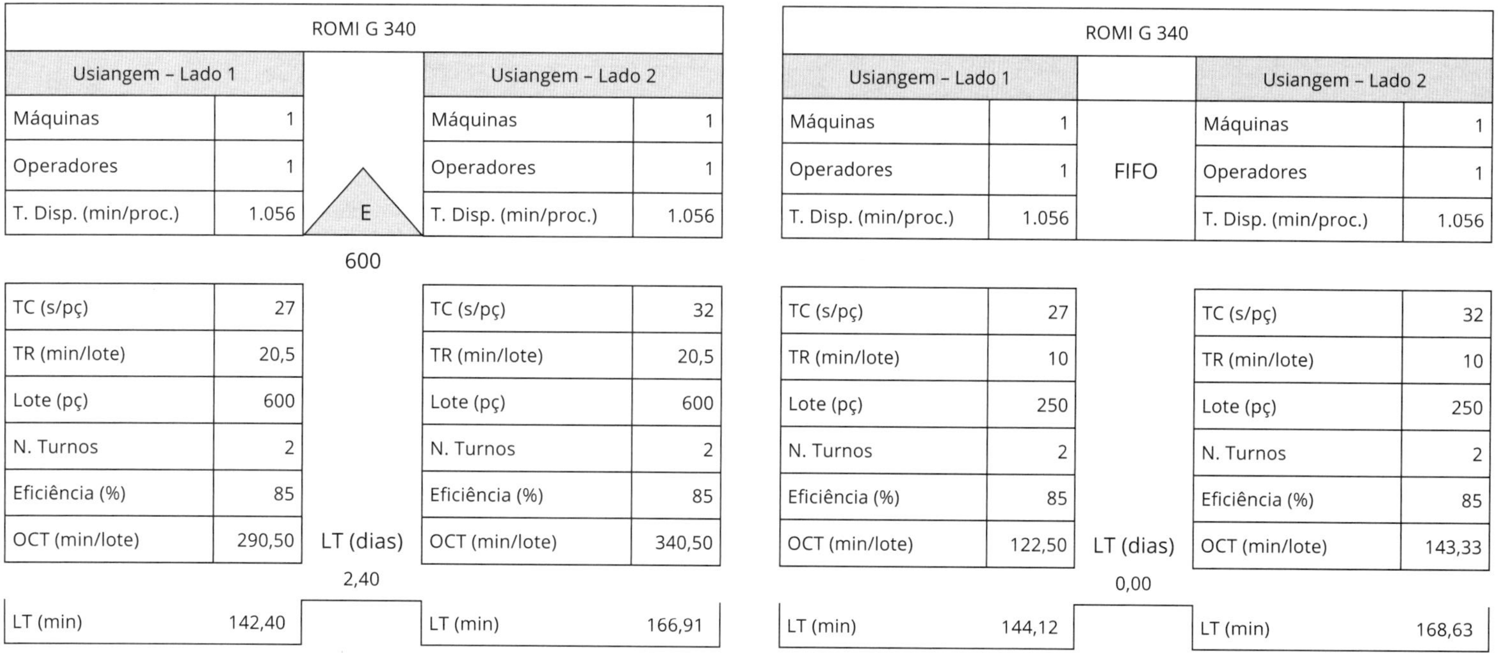

ROMI G 340

Usiangem – Lado 1		E 600	Usiangem – Lado 2	
Máquinas	1		Máquinas	1
Operadores	1		Operadores	1
T. Disp. (min/proc.)	1.056		T. Disp. (min/proc.)	1.056

TC (s/pç)	27		TC (s/pç)	32
TR (min/lote)	20,5		TR (min/lote)	20,5
Lote (pç)	600		Lote (pç)	600
N. Turnos	2		N. Turnos	2
Eficiência (%)	85		Eficiência (%)	85
OCT (min/lote)	290,50		OCT (min/lote)	340,50
LT (dias)	2,40			
LT (min)	142,40		LT (min)	166,91

ROMI G 340

Usiangem – Lado 1		FIFO	Usiangem – Lado 2	
Máquinas	1		Máquinas	1
Operadores	1		Operadores	1
T. Disp. (min/proc.)	1.056		T. Disp. (min/proc.)	1.056

TC (s/pç)	27		TC (s/pç)	32
TR (min/lote)	10		TR (min/lote)	10
Lote (pç)	250		Lote (pç)	250
N. Turnos	2		N. Turnos	2
Eficiência (%)	85		Eficiência (%)	85
OCT (min/lote)	122,50		OCT (min/lote)	143,33
LT (dias)	0,00			
LT (min)	144,12		LT (min)	168,63

Lote	L1	L2	Total
600	290,50	340,50	631,00
250	122,50	143,33	265,83

Como pode ser visto no lado esquerdo da Figura 7.7, com lotes de 600 unidades, o lado um do rotor era usinado em 290,50 minutos (OCT = 20,5 + (600 * 27)) e o lado dois, em 340,50 minutos (OCT = 20,5 + (600 * 32)), perfazendo um total de usinagem de 631 minutos nessa família de motobombas. Isso representa mais de 10 horas de máquina, ou seja, um turno começa e outro termina. Considerando ainda que a programação era empurrada para o almoxarifado central nesses lotes de 600 unidades, sem a visão de fluxo, em geral o lote usinado no lado um ficava em estoque junto à máquina aguardando um novo sequenciamento para finalizar a usinagem do lado dois, o que representava em termos de *lead time* de espera na fila mais 2,40 dias (600 peças).

Com o grupo de melhorias trabalhando forte na mudança de estratégia para a ME, via gestão a vista, focalização, TRF, nivelamento do PMP e programação puxada, foi possível baixar o lote para 250 unidades de rotores na usinagem, lote esse que representava uma demanda média diária dessa família de motobombas. Dessa forma, como pode ser visto no lado direito da Figura 7.7, com lotes de 250 unidades, o tempo de usinagem do lado um passou para 122,50 minutos (OCT = 10 + (250 * 27)) e o tempo para o lado dois passou para 143,33 minutos (OCT = 10 + (250 * 32)), dando um total de 265,83 minutos. Com tempos menores de usinagem foi possível empregar a lógica do FIFO no sequenciamento da máquina, ou seja, usinou um lado, faz o *setup* e já usina o outro. Dessa forma, em menos de 5 horas os 250 rotores (demanda média de um dia) já estavam a caminho do supermercado para repor os cartões *kanban* no quadro.

Assim, como visto no exemplo acima, a solução para reduzir o tempo de espera no lote consiste em buscar tamanhos menores de lotes econômicos, e isso é alcançado quando reduzimos, ou até eliminamos, os *setups* dentro da fábrica. Essa ação pode ser muito simples, desde que os operadores estejam estimulados a identificar desperdícios dentro dos *setups* que levam aos grandes lotes em seu ambiente de trabalho. Na Figura 7.8 apresento um trabalho realizado pelo grupo de melhoria da caldeiraria no sentido de buscar a redução dos *lead times* (e estoques) na galvanização das presilhas usadas na fixação das tampas dos transformadores da empresa, com base na redução e padronização dos tamanhos dos lotes econômicos.

Originalmente, a caldeiraria trabalhava com um estoque de 18.000 presilhas, divididas em três caixas de madeira para 6.000 peças. Ao serem consumidas na montagem dos transformadores, as caixas eram enviadas para a caldeiraria com uma ordem de 6.000 presilhas a repor. Chegando à galvanização, como mostrado no lado esquerdo da Figura 7.8, havia necessidade de se trocar da caixa de madeira para duas caixas de metal de 3.000 peças, ou seja, dois *setups*. Uma vez galvanizadas, as 6.000 presilhas voltavam para a caixa de madeira (mais dois *setups* além da espera para completar a caixa grande) e seguiam para o estoque de abastecimento da linha. Resultado: *lead time* de duas semanas (10 dias) para galvanizar as 18.000 presilhas.

Figura 7.8   Redução e padronização do lote na galvanização das presilhas

Aberta a temporada de caça aos desperdícios, com a implantação da estratégia da ME na empresa, os operadores do setor, com o apoio do Alexandre, começaram a ver que todas essas movimentações e esperas na preparação da galvanização das presilhas podiam ser não só reduzidas, como eliminadas, desde que o lote de produção fosse reduzido e padronizado para caixas de metal de 3.000 peças que entrassem diretamente na galvanização. Ao final da galvanização, como pode ser visto no lado direito da Figura 7.8, com o intuito de liberar as caixas para serem reutilizadas na galvanização, o lote de 3.000 presilhas prontas era repassado para outra caixa de 3.000 peças que seguia direto para o supermercado. Resultado: os estoques foram reduzidos para 9.000 presilhas (três caixas de 3.000) e os *lead times* caíram de 10 para três dias.

Outro ponto a ser explorado na redução dos *lead times* consiste em transformar a produção em lote departamental em uma produção em linha via célula de fabricação. Ao invés de irmos transferindo os lotes de máquina em máquina dentro do departamento, e parando nas filas de sequenciamento dos recursos, na produção focalizada com células de fabricação por famílias de itens, discutida no Capítulo 4, apesar de se ter um lote econômico na programação, ele é mantido fora da célula, sendo que internamente os itens podem ser produzidos e movimentados individualmente. Nesse caso, o operador da célula pode manter um ritmo de trabalho em sua ROP associado ao TC da demanda, ou seja, ao TK, e os itens irão passar de uma máquina para outra em lotes unitários, cujo *lead time* é a própria ROP e seu TC, conforme ilustrado na Figura 7.9. Nessa figura, ao invés de termos três filas, e possíveis movimentações dentro do setor entre cada máquina, teremos apenas uma fila na entrada da célula.

Figura 7.9   Produção em fluxo unitário dentro da célula

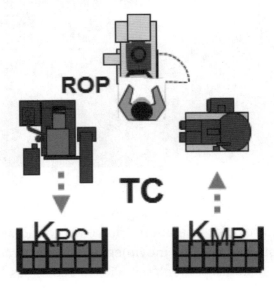

Em resumo, os *lead times* nos sistemas produtivos repetitivos em lotes consistem de uma sequência de tempos de espera, processamento, inspeção e transporte. Acabamos de explicar como a estratégia da ME reduz os tempos de espera. Já a redução dos tempos de processamento é obtida em geral com a atualização da tecnologia de produção. Por exemplo, acabei de presenciar a instalação de novos teares planos em uma empresa onde cada um deles irá substituir, pelo menos, três teares mais antigos (uma mudança de 140 para 600 rpm). Contudo, nesses casos, é bom ficar atento para não incorrer no aumento dos tamanhos dos lotes econômicos, pois na estratégia da ME para a produção repetitiva em lotes sempre teremos os itens C, que precisarão ser feitos em menor escala. Seria bom manter máquinas já depreciadas que mesmo não sendo de última geração permitirão lotes econômicos menores, podendo-se focá-las aos produtos de menor demanda, ou mesmo, deixá-las paradas quando o supermercado estiver completo sem *stress* da contabilidade em agregar valor. Dito isto, podemos passar para a discussão de como a estratégia da ME busca a redução nos tempos restantes, os tempos de inspeção e de transporte.

7.2.4 Redução nos Tempos de Inspeção

A redução dos tempos de inspeção na estratégia da ME consiste em aumentar o número de pontos de inspeção dentro do fluxo produtivo e restituir o poder de identificar, analisar e corrigir os problemas de forma imediata ao operador do processo, e parece, à primeira vista, que irá aumentar os *lead times* produtivos quando comparada a se fazer uma única inspeção por amostragem ao final do fluxo produtivo. Essa incoerência pode ser resolvida quando analisamos não só o tempo gasto com a inspeção em si, mas também os efeitos que essas duas estratégias de inspeção geram nos *lead times* do sistema como um todo. Vamos à explicação.

Na evolução dos sistemas produtivos convencionais, parecia uma boa oportunidade de redução de custos e aceleração de fluxos retirar da ROP do operador a inspeção de qualidade e concentrá-la ao final do processo em um inspetor de qualidade, realizando-a por amostragem. A inspeção por amostragem exige um conhecimento forte em tratamento de dados estatísticos, não dominados pelos operadores da produção. Eram os tempos do capitalismo selvagem, com sua busca pela redução dos tempos de ciclo, retirando tudo o que não fosse produção dos operadores. Como sabemos hoje, apenas parecia uma boa solução, pois nesse caso da qualidade, acabaram surgindo novos problemas. O mais famoso é o custo para o cliente final, que recebe um produto defeituoso que passou dentro do nível de qualidade aceitável (NQA) da inspeção. Aceitável uma ova, pois para o cliente que comprou uma roupa, ou uma motobomba, um defeito em sua roupa é 100% de defeito. Por outro lado, quando olhamos sobre a ótica dos tempos de atravessamento, fazer apenas uma inspeção ao final do fluxo gera vários fatores que acabam contribuindo para o aumento desses tempos na fábrica.

O primeiro deles é que o inspetor de qualidade tende a ser um recurso gargalo, ou seja, há poucos (e caros) dentro da fábrica, e, como já explicado na questão da fila, o *lead time* dos lotes aumenta pelo simples fato de ficarem esperando para serem inspecionados. O segundo ponto é que com a inspeção por amostragem ao final do fluxo, os defeitos serão descobertos muito tarde, provavelmente longe de onde foram gerados. Dessa forma, além do grande lote econômico defeituoso, potencialmente todos os outros grandes lotes nesse fluxo produtivo poderão estar com os mesmos problemas. Isso fará com que o volume de retrabalho seja muito maior para colocar todos os grandes lotes em dia.

O terceiro fator é que os lotes a serem retrabalhados voltam e atravessam a produção, geralmente com prioridades maiores devido aos seus prazos de entrega vencidos ou a vencer, quebrando regras de otimização e dificultando o sequenciamento. O *lead time* médio de todos os lotes irá aumentar, e acabaremos com grande parte deles atrasados, em regime de urgência urgentíssima.

O quarto ponto a considerar no aumento dos *lead times* com a inspeção por amostragem ao final do processo é que ao se pegar o problema em estágio avançado, teremos que realizar mais duas operações (desmanchar e refazer) em muitos produtos. Não raro vale mais a pena sucatear os itens defeituosos, assumir os custos e recomeçar os trabalhos. E ainda, por fim, como já falamos em relação à perda de tempo em filas em função de lotes grandes, quanto mais problemas de qualidade o sistema tiver, maiores serão os lotes com o acréscimo de percentuais de segurança pelo pessoal do PCP.

Bem, associando todos esses problemas ao fato de que os critérios ganhadores de pedidos na nossa estratégia de produção serem entregas rápidas e confiáveis e flexibilidade de *mix*, não é difícil imaginar por que um aumento aparente no processo de inspeção para garantir melhor qualidade pelo próprio operador no momento da produção (que agora pode ser em lotes econômicos menores) acabará reduzindo os tempos totais de atravessamento.

O nome histórico como esse processo ficou conhecido é o de "autonomação" (*Jidoka*), ou como diz Monden, "uma automação com o toque humano" para a garantia da qualidade (e da quantidade também). A origem dessa prática enxuta vem do tempo (lá pela última década do século 19 e início do século 20) em que a família Toyoda (Toyota é a fábrica de automóveis), antes de entrar no ramo automobilístico, estava desenvolvendo teares para tecidos planos e buscando reduzir o trabalho manual pela automação dos mesmos. Uma vez automatizado, um tear pode trabalhar praticamente sozinho, sendo que o operador é necessário apenas para a colocação ou troca dos fios de trama e urdumes. Dessa forma, um operador pode cuidar de vários teares, e, creio eu, esse também foi o embrião para a polivalência em células de fabricação depois utilizada no STP.

Contudo, ao afastar o operador dos teares, um grande problema que surge é como esse operador pode identificar se um dos fios arrebentou gerando um defeito permanente no pano tecido, que, a partir desse momento, terá que ser jogado fora. A solução encontrada pela família Toyoda foi colocar um sensor na passagem dos fios, de forma que caso o fio arrebentasse, o tear parava e o tecelão era avisado do problema. Na Figura 7.10 apresento a versão moderna dessa técnica em um tear circular para malharia. Quando um fio arrebenta, a máquina para e uma luz vermelha acende no local do fio que se rompeu para facilitar a identificação, e outra luz vermelha acende acima do tear para chamar a atenção do tecelão ao problema. Como o mundo evolui rápido, hoje em dia os teares modernos emendam automaticamente o fio arrebentado através de um jato de ar. Mas de qualquer forma, sempre que entro em uma malharia ou tecelagem me vem à mente a origem da autonomação que dos teares passou para o STP. Alguns autores colocam que a autonomação junto com o sistema *kanban* foi o núcleo criador do STP. Eu acrescentaria a polivalência nessa lista.

Figura 7.10 Uma versão moderna da origem da autonomação no STP

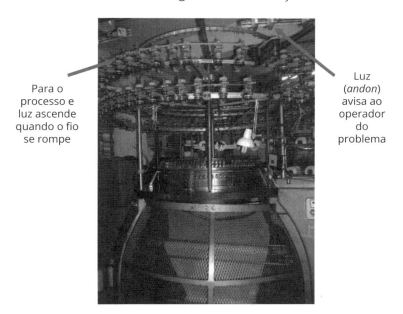

Generalizando, a ideia de controle autônomo dos problemas consiste em que caso algum problema (qualidade ou quantidade) ocorra no processo, a autonomação promoverá a parada do processo e direcionará a atenção dos operadores ao problema, conforme se pode ver na Figura 7.11 (novamente adaptada do livro do Monden de 1984). Dessa forma:

✓ garante a qualidade pela inspeção em 100% dos itens produzidos e direciona as ações de melhorias;
✓ permite que os operadores possam operar várias máquinas simultaneamente em sua ROP, separando as operações manuais das mecânicas, liberando-os da atenção constante às operações da máquina.

Figura 7.11   Tipos de autonomação e a ME

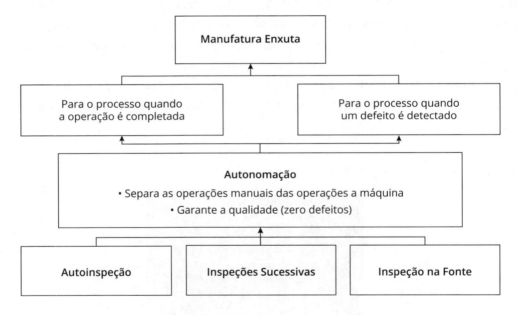

Historicamente se classifica a autonomação em três categorias: autoinspeção, inspeções sucessivas e inspeção na fonte. A autoinspeção consiste em o próprio operador verificar se o item produzido por ele naquele momento está em perfeitas condições. Nesse caso, a velocidade de resposta ao problema é a mais alta possível, pois quem executa a operação pode imediatamente parar o processo e corrigir o problema. Para evitar que erros por mau julgamento ou desatenção passem, a autoinspeção deve ser reforçada pela inclusão dos chamados dispositivos à prova de erros (*poka-yoke*).

Em processos onde vários operadores manuseiam o item que está sendo produzido, como células de fabricação ou linhas de montagem, pode-se evitar a parcialidade na detecção dos erros promovendo inspeções sucessivas onde cada operador inspeciona os itens provenientes da operação anterior. Nesse caso, dispositivos à prova de erros também podem ser projetados para auxiliar os operadores nessa inspeção.

Já a chamada inspeção na fonte previne a ocorrência de defeitos atuando sobre a causa do defeito, controlando diretamente o processo antes que os itens fiquem prontos. Pode-se controlar o erro dentro da própria operação (chamada de horizontal), como no caso do controle sobre as linhas dos teares, ou pode-se rastrear as condições externas à operação, como monitorando a temperatura ou pressão, evitando que se produzam itens defeituosos (nesse caso, chamada de vertical). Para a inspeção na fonte, dispositivos à prova de erros devem ser usados. Posso estar enganado, mas segundo meu ponto de vista, o conhecido CEP (controle estatístico do processo) é uma versão moderna de inspeção na fonte como forma de prevenção com seus gráficos de controle.

Quanto aos dispositivos, a prova de erros, conforme apresentado na Figura 7.12, pode ter a função de parar o processo ou de apenas advertir o operador quanto à existência de um problema. A parada do processo é utilizada no caso de defeitos que se tornem permanentes, como, por exemplo, o desgaste de uma ferramenta que deve ser substituída, ou o fio arrebentado no tear. A advertência funciona bem quando os defeitos são ocasionais e o item defeituoso pode ser facilmente separado dos demais sem interferir no andamento do processo, como, por exemplo, um defeito em parte da matéria-prima utilizada. De uma maneira geral, os dispositivos à prova de erros possuem um instrumento para detectar o problema, uma ferramenta para restringir a operação ou isolar o item defeituoso e um sistema de sinalização (*andon*) para chamar a atenção do operador. Os dispositivos à prova de erros podem ser enquadrados em três métodos: do conjunto, do contato e das etapas.

O método do conjunto visa assegurar que um conjunto de operações projetadas foi executado de forma correta. Por exemplo, em uma linha de montagem de circuitos impressos, cada operador, dentro de seu tempo de ciclo, tem que afixar um determinado número de dispositivos na placa que está montando. Para assegurar que a operação foi realizada de forma correta, alarmes são instalados na frente das caixas que contêm os dispositivos, de forma que se algum deles não for retirado da caixa correta, o respectivo alarme dispara (ou uma luz acende) e o processo é interrompido até que o operador corrija seu erro. Ou ainda, pode-se empregar um contador para detectar se o número de pontos de solda realizado na peça está de acordo com o projetado, caso contrário o processo é interrompido e o operador avisado para conferir e refazer o processo.

Figura 7.12 Autonomação e os dispositivos à prova de erros

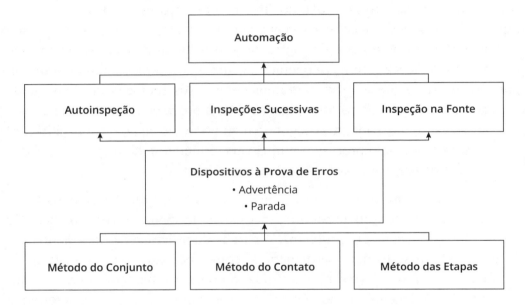

O método do contato busca detectar o problema através da utilização de dispositivos que permitam verificar a existência, ou não, de alguma característica associada à forma ou dimensão do item. Por exemplo, na saída de um torno pode-se introduzir um dispositivo por gravidade que obrigue as peças torneadas a passarem por um gabarito que verifica suas dimensões. Ou então, em processos de montagem se podem introduzir intencionalmente características nos componentes de forma que sua montagem incorreta seja impossível de ocorrer. Ou ainda, pode-se incluir dentro do método do contato o emprego de diferentes códigos cromáticos para evitar erros nas operações.

Já o método das etapas exige que o operador execute uma etapa que não faz parte do roteiro de produção do item para garantir que o mesmo seja produzido sem erros. Por exemplo, em linhas de montagem, para garantir que as ROP sejam executadas de acordo com o TC, se colocam sinalizadores para que os montadores, ao terminarem suas ROP, os acionem. Caso algum montador não o acione a tempo, todos param (e promovem a ajuda mútua se for o caso) até que o montador atrasado acione o seu sinalizador confirmando também sua rotina. Esse é o mesmo método utilizado na Fórmula 1 quando os montadores levantam os braços (que não tem nada a ver com trocar pneus) para garantir que todos executaram suas rotinas.

Logo, é dessa forma, utilizando as inspeções autônomas, que conseguimos fazer mais inspeções, se possível em 100% da produção, e ao mesmo tempo reduzir os *lead times* produtivos nos sistemas repetitivos em lotes. Podemos ir agora para a discussão da redução nos tempos da quarta etapa da composição do *lead time* produtivo na produção em lotes apresentada na Figura 7.2, os tempos associados ao transporte dos lotes.

7.2.5 Redução nos Tempos de Transporte

Nos sistemas produtivos convencionais com grandes lotes econômicos circulando em um *layout* departamental e longas linhas de montagem, há necessidade de muita movimentação mecânica. Como normalmente esses grandes lotes produzidos não serão consumidos de imediato, há necessidade ainda de um deslocamento ao almoxarifado para armazenagem dos mesmos, lembrando que grandes almoxarifados ficam longe da produção. Por outro lado, os equipamentos como empilhadeiras e pontes rolantes são em geral gargalos nas fábricas e acabam aumentando ainda mais os tempos de movimentação pela espera na fila.

A solução convencional para reduzir os tempos de transporte dos lotes sempre foi a de melhorar a tecnologia desses equipamentos de movimentação e armazenagem. A pergunta era: como podemos acelerar as movimentações na fábrica? Hoje em dia, dentro da estratégia da ME sabemos que antes de responder a essa pergunta, para evitar automatizar os desperdícios, devemos buscar a resposta a outra: como podemos, se não eliminar, pelo menos reduzir as movimentações dos lotes pela fábrica?

A primeira resposta da estratégia da ME, que já vem sendo discutida nos capítulos anteriores, para essa pergunta passa por desenvolver *layouts* celulares (Figura 7.9), ou a simples focalização da produção (via classificação ABC), que reduzam ou eliminem as distâncias a serem percorridas. Reapresento a Figura 7.13 com o exemplo da fabricação de parafusos máquina, cuja produção exigia o deslocamento de um contenedor cheio de parafusos entre cinco diferentes operações, por meio de empilhadeiras, como se pode ver na foto da esquerda com operação monofuncional. O tempo de atravessamento do grande lote econômico era de dois dias. A solução encontrada pelo grupo de melhorias foi aproximar as máquinas, formando uma célula de parafusos, ligando-as por rampas que farão a movimentação por gravidade, como apresentado na Figura 7.13 à direita. Nesse caso, o operador passou a ser polivalente e a trabalhar em pé, se deslocando entre as máquinas para completar imediatamente o que foi produzido antes. Além de eliminar o custo, ou desperdício, de transporte, o tempo de atravessamento do lote econômico passou a ser de apenas 4 horas.

Figura 7.13   Redução da movimentação na fabricação de parafusos

A segunda resposta da estratégia da ME para atacar esse problema vem complementar a primeira. Focalizando grande parte da produção em células de fabricação e montagem, podemos trabalhar economicamente com lotes pequenos, e lotes econômicos pequenos podem ser movimentados pelo próprio operador, ou por gravidade, e armazenados em supermercados dentro da produção, sem necessidade de grandes deslocamentos para o almoxarifado.

Como visto, a redução do tamanho dos lotes de programação tem uma relação direta com todos os tempos que compõem o *lead time*, ou seja, sempre que se reduz economicamente o lote, os tempos de espera, processamento, inspeção e transporte se reduzem. A meta da estratégia de produção da ME é buscar lotes econômicos tão pequenos quanto possíveis, pois permite transformar uma produção repetitiva em lotes em uma produção em fluxo praticamente unitário (minimassa). Assim, antes de se apresentar no próximo capítulo como se obtêm lotes econômicos pequenos (via DEP/TRF/parcerias), cabe entender melhor o conceito de lote econômico. Convivo com ele desde 1979, quando entrei na engenharia de produção, e nunca deixei de usá-lo para validar as teorias que foram surgindo, inclusive a da ME. Vamos então ressuscitar o Elvis (PT7) e mostrar para a gurizada que ele ainda canta muito bem!

7.3 Teoria do Lote Econômico

A determinação do tamanho ideal do lote de produção, chamado de lote econômico, está ligada aos componentes de custo gerados por esse lote, que podem ser agrupados em três categorias:

- ✓ custo direto (fabricação ou compra);
- ✓ custo de preparação (da fabricação ou da compra);
- ✓ custo de manutenção de estoques.

Apesar de a estratégia de produção da ME ter como ideal a busca por lotes unitários, a ação desses três componentes de custo é que irá ditar até que ponto a redução dos lotes é viável. O mais importante nessa história nem é obter exatamente o tamanho do lote econômico, até porque as variáveis envolvidas no cálculo, como sempre digo, são obviamente *variáveis*, principalmente nos sistemas repetitivos em lotes, foco da ME. Logo, nossa demonstração aqui tem por objetivo principal mostrar alguns pontos básicos que, me parece, acabam sendo esquecidos dentro das fábricas, quais sejam:

- ✓ lotes menores aumentam os custos das preparações e lotes maiores aumentam os custos de armazenagem;
- ✓ sempre que for possível, é vantajoso fazer "entregas parciais" dos lotes, pois aumentam o tamanho do lote econômico (diminuindo os custos de preparação) e diminuem os estoques médios (diminuindo os custos de armazenagem);
- ✓ sempre que se conseguir reduzir os tempos de preparação (internos ou externos), essa redução pode ser passada para o tamanho dos lotes econômicos sem afetar a capacidade de produção;
- ✓ reduzir os custos de preparação é autossustentável (vale a pena investir nisso).

254 MANUFATURA ENXUTA COMO ESTRATÉGIA DE PRODUÇÃO • Tubino

Para discorrer sobre essas afirmações vamos primeiro colocar umas variáveis nessas três categorias de custos, começando pelo Custo Direto (CD), que é aquele incorrido diretamente com a compra ou fabricação do item. O CD é proporcional à demanda para o período e aos custos unitários do item (de fabricação ou de compra) de acordo com a Fórmula 7.1. Na prática, o custo unitário pode variar com a quantidade produzida (utilizando máquinas diferentes, por exemplo) ou comprada (descontos do fornecedor) em decorrência da redução dos custos fixos, contudo, para a breve exposição a ser feita aqui, ele será considerado fixo.

$$CD = D \times C \tag{7.1}$$

Onde:

CD = Custo direto do período;

D = Demanda do item para o período;

C = Custo unitário de compra ou fabricação do item.

A segunda categoria de custos é o chamado Custo de Preparação (CP). No CP estão todos aqueles custos referentes ao processo de reposição do item pela compra ou fabricação do lote, como mão de obra para emissão e processamento das ordens de compra ou de fabricação, materiais e equipamentos utilizados para a confecção das ordens, custos indiretos dos departamentos de compras ou do PCP para a confecção das ordens, como luz, telefone, aluguéis etc., e, muito importante na nossa discussão aqui, quando for o caso de fabricação dos itens, os custos de preparação dos equipamentos produtivos (*setups*). O CP é proporcional ao número de preparações (compra ou fabricação) no período e ao valor de cada uma dessas preparações, e pode ser obtido pela Fórmula 7.2.

$$CP = N \times A = D/Q \times A \tag{7.2}$$

Onde:

CP = Custo de preparação do período;

N = Número de preparações durante o período;

Q = Tamanho do lote de reposição;

A = Custo unitário de preparação.

Já o terceiro componente dos custos é o chamado Custo de Manutenção de Estoques (CM), decorrente do fato de o sistema produtivo necessitar manter itens em estoques para o seu funcionamento. Podemos incluir nessa categoria os custos da mão de obra para armazenagem e movimentação dos itens, aluguel, luz, seguro, telefone, sistemas computacionais e equipamentos do almoxarifado, custos de deterioração e obsolescência dos estoques, e, principalmente na nossa pátria amada Brasil, o custo do capital investido relacionado com a taxa de mínima atratividade (TMA) da empresa. A soma desses custos nos dá a chamada taxa de encargos financeiros sobre os estoques (I), expressa em percentuais. O CM é então proporcional ao estoque médio, ao custo unitário e à taxa de encargos financeiros sobre os estoques, conforme a Fórmula 7.3.

$$CM = Qm \times C \times I \tag{7.3}$$

Onde:

CM = Custo de manutenção de estoques do período;

Qm = Estoque médio durante o período;

C = Custo unitário de compra ou fabricação do item;

I = Taxa de encargos financeiros sobre os estoques.

O estoque médio (Qm) considerado na Fórmula 7.3 depende da maneira como a entrega do lote é feita. Basicamente, pode-se fazer a entrega de todo o lote (Q) de uma só vez, ou então, em parcelas, segundo uma taxa de entrega (m). A Figura 7.14 apresenta o gráfico da demanda ao longo do tempo, chamado de gráfico dente de serra, para um sistema de entregas totais à esquerda, e o gráfico para um sistema de entregas parceladas à direita. De maneira geral, o estoque médio será obtido pela área do triângulo, ressaltada nos gráficos, dividida pelo tempo (t). As fórmulas obtidas para o Qm estão abaixo dos respectivos gráficos.

Figura 7.14 Estoques médios com entrega total e parcelada

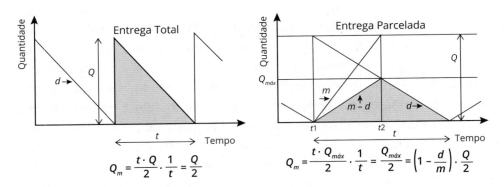

Sendo assim, temos duas fórmulas para obter os custos totais (CT) gerados a partir de um determinado lote, dependendo se a entrega for total (Fórmula 7.4) ou se a entrega for feita de maneira parcelada (Fórmula 7.5). Vamos colocar valores nessas variáveis para ver como esses três custos se comportam em relação às variações nos tamanhos de lotes (de produção ou compra) para inicialmente uma situação de entregas totais, ou seja, Qm = Q/2.

$CT = [D \times C] + [D/Q \times A] + [Q/2 \times C \times I]$ \hfill (7.4)

$CT = [D \times C] + [D/Q \times A] + [(1 - d/m) \times Q/2 \times C \times I]$ \hfill (7.5)

Digamos que uma determinada peça em nossa fábrica custa R$ 50 por unidade, que sua demanda em um mês é de 2.000 unidades, que temos um custo de *setup* na máquina de R$ 500 por preparação e, ainda, que a taxa de encargos sobre nossos estoques é de 100 % ao mês, ou seja, para cada real em estoque gastamos outro real com a manutenção deles. Os custos diretos (CD), os custos de preparação (CP), os custos de manutenção de estoques (CM) e os custos totais (CT) são apresentados em forma de tabela para diferentes tamanhos de lotes (ou número de ordens) na Figura 7.15. Um gráfico com os CP e CM também é apresentado ao lado.

Como podemos ver na tabela da Figura 7.15, o lote que nos dá o menor custo total é o de 200 unidades, o chamado lote econômico (Q*), resultando em R$ 110.000 de CT, divididos em R$ 100.000 de CD, R$ 5.000 de CP e outros R$ 5.000 de CM. Nesse caso, o recomendado para uma demanda mensal de 2.000 unidades é fazermos 10 lotes (e preparações) de 200 unidades. Agora, caso o comercial tenha certa urgência em atender clientes e resolva negociar com o PCP uma redução no tamanho dos lotes de 200 para 50 unidades naquele mês, os CD não serão alterados, pois continuaremos a produzir a demanda de 2.000 unidades no mês, já os CM serão reduzidos para R$ 1.250 em função da redução dos estoques médios, que dependem do lote. Contudo, os CP subirão para R$ 20.000 dado que nesse mês precisaremos fazer 40 e não 10 preparações na máquina. Como resultado geral, ao atender a essa solicitação do comercial, todos devem estar cientes de que os CT subirão de R$ 110.000 para R$ 121.250, ou seja, um acréscimo de R$ 11.250. Será que podemos tirar da produção e colocar esse valor no centro de custos do comercial?

Figura 7.15   Obtenção do lote econômico por tabela e por gráfico

Lotes	Núm. Ordens	CD	CP	CM	CT
50	40	100.000	20.000	1.250	121.250
100	20	100.000	10.000	2.500	112.500
150	13	100.000	6.667	3.750	110.417
200	10	100.000	5.000	5.000	110.000
250	8	100.000	4.000	6.250	110.250
300	7	100.000	3.333	7.500	110.833
350	6	100.000	2.857	8.750	111.607
400	5	100.000	2.500	10.000	112.500
450	4	100.000	2.222	11.250	113.472
500	4	100.000	2.000	12.500	114.500
550	4	100.000	1.818	13.750	115.568
600	3	100.000	1.667	15.000	116.667
650	3	100.000	1.538	16.250	117.788
700	2,9	100.000	1.429	17.500	118.929
750	2,7	100.000	1.333	18.750	120.083
800	2,5	100.000	1.250	20.000	121.250
850	2,4	100.000	1.176	21.250	122.426
900	2,2	100.000	1.111	22.500	123.611
950	2,1	100.000	1.053	23.750	124.803
1.000	2,0	100.000	1.000	25.000	128.000

C = 50 R$/un.
D = 2.000 un./mês
A = 500 R$/ordem
I = 100% a/m
Qm = Q/2 (entrega total)

Bom, vamos jogar agora a pedra no telhado da produção; digamos que o gerente da estamparia está preocupado que nesse mês tem muitas peças estampadas no PMP e a estampa rotativa já está se tornando um gargalo (por exemplo, temos que arrumar um tempo para fazer aquela manutenção planejada). Dessa forma ele negocia com o PCP para que os lotes neste mês subam de 200 para 1.000 unidades, transformando assim em tempo produtivo as oito preparações que não serão feitas. Nesse caso, novamente os CD não serão alterados, pois continuaremos a produzir a demanda de 2.000 unidades no mês, já os CP, e os tempos, serão reduzidos de R$ 5.000 para R$ 1.000 com os dois *setups*.

Contudo, sempre tem um contudo, os CM com lotes de 1.000 unidades, que elevam os estoques médios de 100 para 500 unidades, irão saltar de R$ 5.000 para R$ 25.000. O resultado final é um CT de R$ 126.000, ou seja, ao atender a essa solicitação estamos aumentando em R$ 16.000 os custos totais da fábrica. Quem vai pagar o pato? O PCP, a estamparia, os acionistas ou o cliente?

Parece brincadeira da forma como estou colocando aqui, mas tenho encontrado nas empresas esse tipo de proposta indecorosa, ora jogando os lotes nas alturas por falta de análise da capacidade do PMP na hora de assumir compromissos com os clientes, ora buscando lotes pequenos para completar pedidos ou recuperar atrasos de produção. Bem, a teoria do lote econômico sai da tumba vestida com lantejoulas, junto com Elvis, para lembrar que:

✓ lotes menores do que os econômicos aumentam os custos das preparações e lotes maiores do que os econômicos aumentam os custos de armazenagem (veja no gráfico da Figura 7.15).

Na verdade, não precisamos montar tabelas nem desenhar gráficos para obter o valor do lote econômico (Q*) e analisar os efeitos de sua variabilidade. Ele pode ser calculado diretamente pela fórmula apresentada na Figura 7.16, com base na derivada da equação do CT em relação ao tamanho do lote (Q). Como se pode confirmar nessa figura, para os dados do exemplo que estamos seguindo, o lote econômico é de 200 unidades e os custos totais são de R$ 110.000 por mês para entregas totais.

Figura 7.16 Lote econômico e custos totais para entrega total

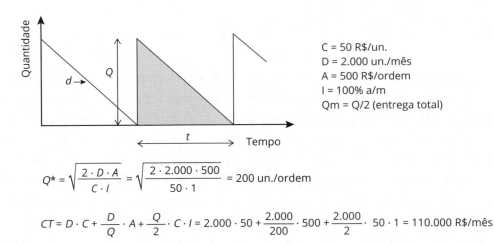

De maneira similar, podemos desenvolver uma fórmula, apresentada na Figura 7.17, para o cálculo do lote econômico quando as entregas forem parceladas segundo uma taxa de entrega (m). Por exemplo, com uma demanda média de 80 unidades por dia, para 25 dias trabalhados por mês, e uma taxa de entrega de 100 unidades por dia, teremos um lote econômico de 447 unidades. Ou seja, os menores custos são obtidos quando emitimos ordens de 447 unidades para cobrir uma demanda de 2.000 unidades por mês (2.000/447 = 4,47 pedidos por mês), sendo que o fornecedor (ou a máquina) nos entrega o lote em parcelas (contenedores) de 100 unidades por dia, suficientes para cobrir a demanda média diária de 80 unidades e ainda fazer um estoque (área do triângulo no gráfico da figura). Os custos totais para essa alternativa ficam em R$ 104.472. Neste caso, estamos admitindo que ao parcelar o lote da ordem segundo uma taxa de entrega, não sofremos um aumento nos custos de preparação (internos ou externos).

Figura 7.17   Lote econômico e custos totais para entrega parcial

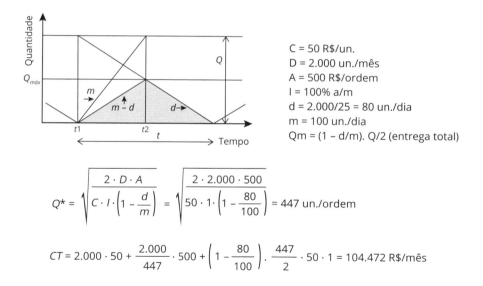

$$Q^* = \sqrt{\frac{2 \cdot D \cdot A}{C \cdot I \cdot \left(1 - \frac{d}{m}\right)}} = \sqrt{\frac{2 \cdot 2.000 \cdot 500}{50 \cdot 1 \cdot \left(1 - \frac{80}{100}\right)}} = 447 \text{ un./ordem}$$

$$CT = 2.000 \cdot 50 + \frac{2.000}{447} \cdot 500 + \left(1 - \frac{80}{100}\right) \cdot \frac{447}{2} \cdot 50 \cdot 1 = 104.472 \text{ R\$/mês}$$

Como vocês podem ver, os custos totais, quando eu promovo entregas parceladas, desde que não subam os custos de preparação (foco do próximo capítulo), são menores do que quando eu espero completar todo o lote para só aí entregá-lo ao cliente. Nesse exemplo eles caíram de R$ 110.000 para R$ 104.472, ou seja, são R$ 5.528 menores. Como conseguimos economizar esse valor mesmo aumentando o tamanho do lote econômico original? O que a estratégia da ME tem a dizer a respeito disso?

O que acontece é que, ao invés de esperarmos que todo o lote econômico fique pronto para só então entregá-lo ao cliente, introduzimos as entregas parceladas, ou seja, entregamos as peças à medida que vão ficando prontas. Dessa forma, conseguimos reduzir os estoques médios do sistema e, consequentemente, reduzir seus custos de manutenção (sem falar nos desperdícios associados à superprodução). Isso pode ser constatado de forma visual no gráfico à esquerda da Figura 7.18, onde o triângulo retângulo da entrega total libera parte de sua área quando temos uma taxa de entrega, dado que os estoques só sobem à razão de (m – d).

Figura 7.18   Redução de estoques médios na entrega parcial e no JIT

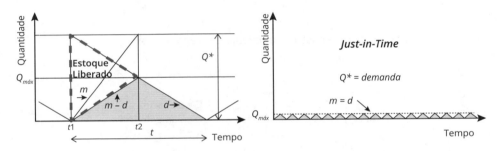

Como, por princípio, no lote econômico temos o equilíbrio de custos de manutenção de estoques com custos de preparação (gráfico da Figura 7.15), caso os custos de manutenção de estoques se reduzam com a entrega parcelada, os custos de preparação também deverão cair. E caem, porque na entrega total com lote econômico de 200 unidades tínhamos 10 reposições por mês para atender a demanda de 2.000 unidades. Agora, na entrega parcelada, temos um lote econômico de 447 unidades repostos apenas 4,47 vezes ao mês. Ou seja, com menos pedidos temos menos custos de preparação, sejam negociações com fornecedores externos, sejam *setups* de máquinas na produção. Em resumo, podemos afirmar que pela teoria do lote econômico:

- ✓ sempre que for possível, é vantajoso fazer "entregas parciais" dos lotes, pois aumentam o tamanho do lote econômico (diminuindo os custos de preparação) e diminuem os estoques médios (diminuindo os custos de armazenagem).

Gosto de pensar que deve ter sido esse o raciocínio dos criadores do STP, no caminho para descobrir como é possível aumentar a frequência de reposições com entregas parceladas, dentro e fora da fábrica, sem aumentar os custos de preparação. Cabe lembrar que eles foram os primeiros a identificar que o excesso de estoque nas fábricas é a fonte primária de todos os desperdícios, ou seja, ao se reduzir os estoques médios, a redução nos custos é muito maior do que podemos calcular, pois ela é "estrategicamente" maior.

E, dessa forma, não precisamos matar o Elvis para justificar o famoso *Just-in-Time* do STP. Ele nada mais é do que a aplicação do lote econômico quando temos custos de preparação muito baixos e consideramos os custos de manutenção de estoques estrategicamente altos. O gráfico à direita da Figura 7.18 tenta ilustrar o *Just-in-Time*, onde os estoques (área dos triângulos) ficam baixos, pois a taxa de entrega diária (m) é igual à demanda diária (d), ou seja, estou produzindo e consumindo justo no tempo. Nesse caso posso considerar que o tamanho da ordem (Q*) é a própria demanda, ou seja, com uma única preparação (por exemplo, planejamento dos supermercados ou contrato de parceria com o fornecedor) eu consigo tocar minha produção por um grande período.

Infelizmente, nem sempre conseguimos implantar o *Just-in-Time* nas empresas, até porque estamos lidando com sistemas de produção repetitivos em lotes que têm por base atender demandas variáveis a partir de uma mesma estrutura física. Nesse caso, os *setups* serão inevitáveis e é normal trabalharmos com lotes econômicos maiores do que o consumo imediato. Mas, mesmo assim, não devemos nos esquecer da influência desse tamanho de lote no desempenho do sistema produtivo.

Tenho visto em geral um esforço nas fábricas para transformar tempos de *setup* unicamente em tempos produtivos, com foco no aumento da disponibilidade de máquina e não na redução dos lotes econômicos. É uma grande perda de oportunidade para se encaminhar a ME. Para tratar desse assunto vou reapresentar um exemplo já discutido no meu livro de PCP, onde um fabricante de máquinas de lavar estava com problemas de estoques altos e falta de capacidade no setor de injeção de peças plásticas, que abastecia sua linha de montagem, eventualmente recorrendo a terceirizações. Esse setor de injeção já trabalhava em três turnos, 30 dias por mês, com disponibilidade líquida de 584 horas por injetora (720 horas totais menos 136 horas de paradas planejadas), de forma que a empresa estava planejando aumentar essa capacidade pela compra de uma nova injetora.

Antes disso, estudamos junto com o grupo de melhorias da empresa o problema de falta de capacidade do setor com base nos dados da injetora Romi. Ela produzia as 16 peças grandes das máquinas a serem fabricadas. Montamos inicialmente uma tabela (Tabela 7.1) para entender o que aconteceria caso o PCP da empresa resolvesse programar em um único mês os atuais lotes econômicos de produção para atender à demanda média mensal de 18.629 peças.

Acompanhando os dados na Tabela 7.1 podemos ver, por exemplo, que a CUBA TW, com uma demanda mensal de 2.541 peças, precisaria de dois (giro) lotes econômicos de 2.000 peças, ou seja, 4.000 peças de produção no mês, para atender à demanda. Dessa forma, sobrariam em estoque 1.460 peças. O tempo total de produção desses dois lotes seria de 97,28 horas, composto por 92,48 horas de produção e 4,8 horas de *setup*, fazendo com que, em média, cada uma das 4.000 peças consumisse um tempo de 0,0243 horas. Para as demais 15 peças produzidas nessa injetora as quantidades e tempos foram calculados da mesma forma.

Na última linha da Tabela 7.1 podemos acompanhar os totais que seriam obtidos com a tática de programar em um único mês os até então lotes econômicos de produção para atender a demanda média mensal de 18.629 peças. Da produção total de 31.500 peças, 12.871 peças (41%) ficariam sobrando em estoque, e o tempo total de produção para essas 31.500 peças seria de 646,56 horas, composto de 598,56 horas de produção e 48 horas de *setup* (20 lotes vezes 2,4 horas por lote). O tempo médio de produção por peça, utilizado para atribuir custos produtivos, ficaria em 0,0212 horas.

O que se pode concluir dessa simulação? Primeiro, que ela é apenas uma simulação, pois como a injetora só dispõe de 584 horas por mês, e como se necessitariam de 647 horas para atender a esse programa de produção, essa tática é inviável (daí a necessidade de se comprar uma nova injetora). O segundo ponto é que quase a metade do que se estaria produzindo iria parar no estoque, e não no caixa da empresa. A Figura 7.19 ilustra essas duas situações. Faltando 63 horas (647 horas *menos* 584 horas) de injetora para atender ao programa de produção, como o PCP fazia para manter a linha de montagem abastecida? Simples, ele recorria aos estoques formados nos meses anteriores, ou, na falta de um item em estoque, terceirizava parte da produção.

Tabela 7.1   Produção convencional (lotes econômicos grandes) da injetora

	PEÇAS	Demanda	Lote	Produção	Sobra	Giro	T/P. Prod.	T. Setup	T. T. Prod.	T. Setup	T. T.	T. Peça
1	CUBA TW	2.541	2.000	4.000	1.460	2	0,0231	2,4	92,48	4,80	97,28	0,0243
2	TAMPA AZUL SP/FV	557	1.000	1.000	443	1	0,0209	2,4	20,86	2,40	23,26	0,0233
3	TAMPA AZUL TW	1.967	3.000	3.000	1.033	1	0,0156	2,4	46,92	2,40	49,32	0,0164
4	TAMPA BRANCA TW	738	3.000	3.000	2.262	1	0,0156	2,4	46,92	2,40	49,32	0,0164
5	TAMPA MARROM TR	415	1.000	1.000	585	1	0,0155	2,4	15,49	2,40	17,89	0,0179
6	PAINEL MARRON TR	416	1.000	1.000	584	1	0,0160	2,4	15,96	2,40	18,36	0,0184
7	PAINEL BEGE TR	981	1.050	1.500	519	1	0,0160	2,4	23,94	2,40	26,34	0,0176
8	TAMPA BEGE TR	979	2.000	2.000	1.021	1	0,0155	2,4	30,98	2,40	33,38	0,0167
9	CORPO DO CESTO CW	1.727	2.000	2.000	273	1	0,0371	2,4	74,24	2,40	76,64	0,0383
10	CORPO SUPERIOR CW	1.576	2.000	2.000	424	1	0,0203	2,4	40,54	2,40	42,94	0,0215
11	SAIA CW	1.541	2.000	2.000	459	1	0,0183	2,4	36,56	2,40	38,96	0,0195
12	SAIA SP	356	1.000	1.000	644	1	0,0228	2,4	22,83	2,40	25,23	0,0252
13	PAINEL BRANCO SP/FV	570	1.000	1.000	430	1	0,0203	2,4	20,27	2,40	22,67	0,0227
14	TANQUE C/ABA C/BUCH/RET.AG	588	500	1.000	413	2	0,0206	2,4	20,55	4,80	25,35	0,0254
15	TANQUE C/ABA-C/BUC E RET. TR	1.404	1.000	2.000	596	2	0,0206	2,4	41,10	4,80	45,90	0,0230
16	RODAPÉ TW	2.274	2.000	4.000	1.726	2	0,0122	2,4	48,92	4,80	53,72	0,0134
	Total	18.629		31.500	12.871	20			598,66	48,00	646,56	0,0212

Figura 7.19   Efeito dos lotes grandes econômicos em produções convencionais

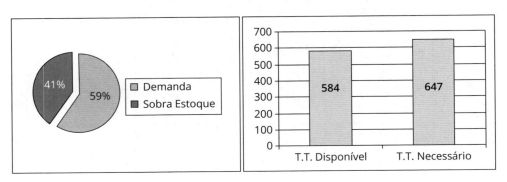

Nessa situação, até porque a injetora é um gargalo, caso se consiga ganhar algum tempo produtivo na máquina, a tendência seria a de incluir um novo lote de produção para dentro da máquina, talvez daquela peça que está sendo terceirizada. Contudo, a teoria do lote econômico dentro da ME propõe outra saída. Caso consigamos reduzir os tempos de *setup* de 2,4 horas em média (tinha-se *setup* com mais de 3 horas) para 1,5 hora, por exemplo, podemos repassar essa redução para os tamanhos dos lotes econômicos, gerando ganhos significativos nos níveis de estoques e no carregamento da injetora.

Vamos utilizar a Tabela 7.2 para analisar como se comportaria a programação da injetora caso os lotes econômicos sejam reduzidos em função da redução dos *setups*. Voltando aos dados da CUBA TW, onde o lote econômico foi reduzido de 2.000 para 450 peças, para atender à demanda mensal de 2.541 peças, o PCP necessitaria programar seis lotes (giro) padrões de 450 peças, ou seja, 2.700 peças de produção, sobrando em estoque 160 peças (os valores na tabela estão arredondados). O tempo total de produção desses seis lotes seria de 71,42 horas, composto por 62,42 horas de produção e 9 horas de *setup*, fazendo com que, em média, cada uma das 2.700 peças consuma um tempo de 0,0265 horas. Para as demais 15 peças produzidas nessa injetora, as quantidades e tempos foram calculados da mesma forma.

Tabela 7.2 Produção enxuta (lotes econômicos pequenos) da injetora

	PEÇAS	Demanda	Lote	Produção	Sobra	Giro	T/P. Prod.	T. *Setup*	T. T. Prod.	T. *Setup*	T. T.	T. Peça
1	CUBA TW	2.541	450	2.700	160	6	0,0231	1,5	62,42	9,00	71,42	0,0265
2	TAMPA AZUL SP/FV	557	600	600	43	1	0,0209	1,5	12,52	1,50	14,02	0,0234
3	TAMPA AZUL TW	1.967	495	1.980	13	4	0,0156	1,5	30,97	6,00	36,97	0,0187
4	TAMPA BRANCA TW	738	495	990	252	2	0,0156	1,5	15,48	3,00	18,48	0,0187
5	TAMPA MARROM TR	415	480	480	65	1	0,0155	1,5	7,44	1,50	8,94	0,0186
6	PAINEL MARRON TR	416	480	480	64	1	0,0160	1,5	7,66	1,50	9,16	0,0191
7	PAINEL BEGE TR	981	480	1.440	459	3	0,0160	1,5	22,98	4,50	27,48	0,0191
8	TAMPA BEGE TR	979	480	1.440	461	3	0,0155	1,5	22,31	4,50	26,81	0,0186
9	CORPO DO CESTO CW	1.727	480	1.920	193	4	0,0371	1,5	71,27	6,00	77,27	0,0402
10	CORPO SUPERIOR CW	1.576	480	1.920	344	4	0,0203	1,5	38,92	6,00	44,92	0,0234
11	SAIA CW	1.541	400	1.600	59	4	0,0183	1,5	29,25	6,00	35,25	0,0220
12	SAIA SP	356	560	560	204	1	0,0228	1,5	12,78	1,50	14,28	0,0255
13	PAINEL BRANCO SP/FV	570	560	1.120	550	2	0,0203	1,5	22,70	3,00	25,70	0,0229
14	TANQUE S/ABA C/BUCH/RET.AG	588	500	1.000	413	2	0,0206	1,5	20,55	3,00	23,55	0,0236
15	TANQUE C/ABA-C/BUC E RET TR	1.404	480	1.440	36	3	0,0206	1,5	29,59	4,50	34,09	0,0237
16	RODAPÉ TW	2.274	450	2.700	426	6	0,0122	1,5	33,02	9,00	42,02	0,0156
	Total	18.629		22.370	3.741	47			439,86	70,50	510,36	0,0225

Comparando com a situação anterior, com auxílio da Figura 7.20, podemos analisar qual seria o efeito para a injetora de se reduzir os tamanhos dos lotes econômicos e *setups*. Primeiro, a produção de peças no mês que iria para máquinas montadas e vendidas aumentaria de 59% para 83%, e as sobras que seriam armazenadas cairiam para 17%. Ao mesmo tempo, onde não se tinha capacidade de produção para acompanhar a demanda, agora se teria capacidade não só para acompanhar a demanda mensal, como para se incrementar mais 74 horas (584 horas menos 510 horas) com futuras ampliações da produção.

Figura 7.20   Efeito dos lotes econômicos pequenos em produções enxutas

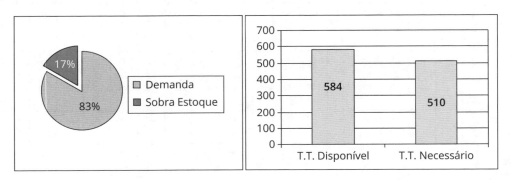

Porque seguimos essa lógica de analisar a redução dos lotes econômicos com base em uma redução dos *setups*, e não simplesmente recomendamos a compra de uma nova injetora? Como sabíamos disso? Novamente, agradeço ao Monden e seu livro de 1984, do qual reproduzo a Figura 7.21. Nela podemos ver que se reduzirmos um *setup* de 120 minutos para 12 minutos, podemos trocar uma programação de um lote econômico de 200 peças por uma programação de 10 lotes econômicos de 20 peças, sem alterar o tempo total de produção. Ou seja, todos na fábrica deveriam saber que:

✓ sempre que se conseguir reduzir os tempos de preparação (internos ou externos), essa redução pode ser passada para o tamanho dos lotes econômicos sem afetar a capacidade de produção.

Logo, se podemos agora produzir 10 lotes econômicos onde antes produzíamos apenas um, o ganho de tempo de máquina se dará pelo melhor nivelamento da produção à demanda, ou seja, reduzindo a formação de estoques. Com base nessa análise comparativa, partimos então, junto com o grupo de melhorias da empresa, para um trabalho de TRF no sentido de viabilizar a redução nos lotes econômicos e implantar a programação puxada. No próximo capítulo ilustraremos, dentro da teoria da TRF, algumas soluções encontradas para a redução dos tempos de troca na injetora, onde conseguimos chegar a uma hora.

Figura 7.21   Redução do tamanho dos lotes econômicos com base na redução dos *setups*

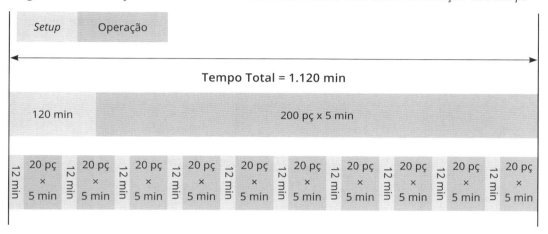

Contudo, o que estamos discutindo aqui dentro do conceito de lote econômico é por que, se são tão óbvios os benefícios resultantes da redução dos tamanhos dos lotes econômicos, as empresas não trabalham com afinco na busca por lotes econômicos pequenos? O exemplo da injetora ajuda a responder essa questão, pois basta reparar, nas duas tabelas, na coluna de tempo médio de produção por peça. Com lotes econômicos grandes se consegue produzir peças com tempos unitários médios de 0,0212 horas, enquanto que com lotes econômicos pequenos esses tempos sobem para 0,0225 horas por peça. Como o sistema de custos padrão das empresas está em geral atrelado aos tempos médios de produção, parece ser mais vantajoso obter tempos de 0,0212 horas por peça para distribuir custos fixos (diretos e indiretos) e mão de obra do setor. Na realidade, se fosse possível aumentar ainda mais os lotes econômicos de produção para reduzir mais esses tempos, o sistema de custos acharia uma boa ideia na lógica convencional de agregação de valor. É a síndrome da eficiência setorial, em detrimento da eficácia da produção em fluxo da manufatura enxuta. E entender corretamente o conceito de lote econômico tem tudo a ver com isto.

Finalmente, antes de passarmos para o próximo capítulo, onde, com a ajuda do mestre Shingo, discutiremos como transformar *setups* de duas horas em 12 minutos, cabe reforçar um último ponto em relação ao lote econômico. De onde vou tirar recursos para investir na redução dos lotes econômicos? Para responder a essa pergunta vamos recorrer à fórmula do lote econômico para a entrega total, perguntando quanto deveria ser o valor de uma preparação (A) para que nosso lote econômico de 200 unidades passe para 20 unidades. Os cálculos da Figura 7.22 nos dizem que se os custos de preparação caírem de R$ 500 por ordem para R$ 5 por ordem eu posso economicamente reduzir meu lote de 200 para 20 unidades.

Figura 7.22   Custos de preparação para lotes econômicos diferentes

$Q^* = \sqrt{\dfrac{2 \cdot D \cdot A}{C \cdot 1}}$ C = 50 R$/un. D = 2.000 un./mês A = 500 R$/ordem I = 100 % a/m	C = 50 R$/un. D = 2.000 un./mês A = 5 R$/ordem I = 100 % a/m
$Q^* = \sqrt{\dfrac{2 \cdot 2.000 \cdot (500)}{50 \cdot 1}} = 200$ un./ordem	$Q^* = \sqrt{\dfrac{2 \cdot 2.000 \cdot (5)}{50 \cdot 1}} = 20$ un./ordem

Ou seja, admitindo que eu consiga reduzir um *setup* de 120 minutos, que me custa R$ 500, para 12 minutos a um custo de R$ 5, eu posso passar a produzir lotes de 20 unidades de forma econômica. Já vimos que isso é muito bom para nivelar a demanda e utilizar melhor o potencial produtivo da fábrica, reduzindo os nossos famosos desperdícios, mas de onde vou tirar recursos para investir na redução dos tempos de *setup*? Vou precisar fazer uma ferramenta progressiva, ou tenho que comprar um carrinho de *setup*, ou ainda tenho que mudar as máquinas de posição etc. Será que esses investimentos têm retorno?

Vamos recorrer ao cálculo dos custos totais dessas duas alternativas de lotes econômicos para verificar quanto me sobra se eu optar por lotes de 20 unidades com *setups* de 12 minutos a custos de R$ 5 cada ao invés de lotes de 200 unidades com *setups* de 120 minutos a custo de R$ 500 cada. A Figura 7.23 apresenta esses cálculos. Nela podemos ver que temos uma redução de R$ 9.000 por mês ao promover essa melhoria. Vamos multiplicar por 16 peças na Romi, e chegamos a R$ 144.000 por mês. Ou, quem sabe, estamos falando de 59 parafusos máquinas forjados, o que daria uma redução de R$ 531.000 por mês. Claro, eu sei, esses números são apenas os resultados de um exercício mental em cima dos valores das variáveis que eu escolhi convenientemente, mas o importante é que:

✓ Reduzir os custos de preparação é autossustentável (vale a pena investir nisto).

Figura 7.23 Custos totais para lotes econômicos diferentes

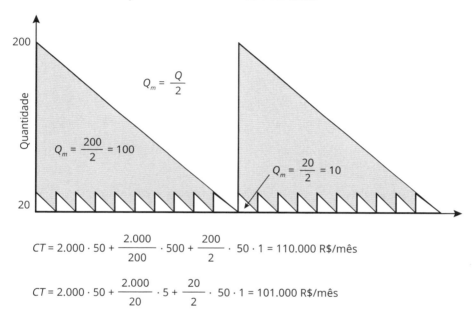

$$CT = 2.000 \cdot 50 + \frac{2.000}{200} \cdot 500 + \frac{200}{2} \cdot 50 \cdot 1 = 110.000 \text{ R\$/mês}$$

$$CT = 2.000 \cdot 50 + \frac{2.000}{20} \cdot 5 + \frac{20}{2} \cdot 50 \cdot 1 = 101.000 \text{ R\$/mês}$$

E é com esta última constatação que passamos para o próximo (e ufa último) capítulo, onde vamos mostrar na prática como conseguimos reduzir os tempos de *setup* para reduzir os lotes econômicos. Lotes econômicos menores reduzem os *lead times*, liberam capacidade e direcionam as melhorias contínuas. E da próxima vez que você for falar em lotes econômicos, muito respeito com eles, pois assim como Elvis, eles estão bem vivos.

8

REDUÇÃO DOS TEMPOS DE PREPARAÇÃO

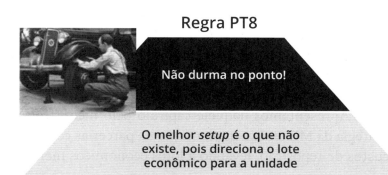

Regra PT8

Não durma no ponto!

O melhor *setup* é o que não existe, pois direciona o lote econômico para a unidade

8.1 Introdução

No capítulo anterior explicamos por que é necessário que os lotes econômicos sejam tão pequenos quanto possível dentro da estratégia de produção da diferenciação. Isso passou por discutir a importância dos tamanhos de lotes na formação dos *lead times* produtivos e em entender e aplicar o conceito de lote econômico. Hoje em dia sabemos que lotes econômicos pequenos dão mais flexibilidade ao sistema produtivo, permitindo o uso de supermercados abastecidos pela programação puxada, de forma a se ter um pronto-atendimento, que, por sua vez, possibilita um melhor nivelamento do plano-mestre à demanda utilizando previsões de curto prazo mais confiáveis, realimentando o ciclo virtuoso com programações de lotes econômicos menores, e assim sucessivamente. Sabemos também que lotes econômicos menores e padrões auxiliam as pessoas a planejar e decidir melhor com base na gestão a vista. Essa é a lógica da estratégia da ME para demandas variadas, mas repetitivas.

Neste capítulo final vamos detalhar como podemos obter lotes econômicos pequenos. A teoria do lote econômico explica que para se chegar a valores pequenos nos lotes há necessidade de se reduzir os custos de preparação, sejam eles externos, como no caso dos itens comprados de fornecedores, sejam eles internos, como no caso de preparações (*setups*) de máquinas ou linhas de montagem. A redução dos custos de reposição com fornecedores já foi apresentada no Capítulo 3, no item 3.5, e passa pelo desenvolvimento de parcerias na cadeia produtiva, trocando o sistema de concorrências de "soma zero" pelo de contratos de longo prazo que resultarão em ganhos para ambos os lados.

Como explicamos no Capítulo 3, no contexto de se obter previsões mais confiáveis de demanda, a implantação de um sistema logístico enxuto integrando a produção do cliente com a produção do fornecedor irá trazer ganhos significativos na redução daquelas atividades que, convencionalmente, se sobrepõem entre os dois sistemas, fazendo com que a cadeia produtiva consiga um retorno sobre seus investimentos maior do que conseguiria cada empresa individualmente. Apresentamos naquele capítulo pelo menos quatro pontos dentro da estratégia da ME onde a implantação de parcerias com fornecedores reduzirá os custos de reposição, levando a lotes econômicos menores:

✓ redução das funções de expedição e recepção de materiais;
✓ integração dos sistemas de ERPs;
✓ utilização de pedidos em aberto;
✓ aplicação da engenharia simultânea e padronização do produto.

Já para o caso de itens produzidos internamente, o custo a ser reduzido é o de preparação das máquinas ou linhas de montagem, que chamamos de *setup*. Sempre que precisamos trocar a ferramenta que está na máquina ou preparar uma linha, temos que desenvolver uma série de atividades, algumas burocráticas, como liberar ordens, para que isso seja possível, em geral com a máquina, ou a linha, parada. O exemplo mais popular de *setup*, utilizado por quase todos nos cursos sobre o assunto, é o da troca de pneus na Fórmula 1, dada a grande diferença estratégica entre se trocar um pneu no nosso carro e chegar atrasado em 10 minutos (600 segundos) no compromisso e se trocar um pneu, ou os quatro, em menos de 3 segundos na Fórmula 1 para ganhar uma corrida. Há inclusive uma lenda na nossa cultura esportiva, à qual dedico a regra PT8, que atribui ao tricampeão Nelson Piquet o dom de não só dormir na *grid* de largada, como também inventar o que hoje chamamos de troca rápida de ferramentas, ou TRF. A verdade, menos gloriosa para nós brasileiros, é que foi a equipe da Honda que levou das fábricas japonesas esse conhecimento para a troca de pneus na F1.

Neste capítulo vamos apresentar então essa prática para a redução dos tempos de preparação, cujo criador real foi Shingo, que pode ser visto na Figura 8.1 junto com seu livro de 1985 (no Japão foi editado em 1983), onde descreveu o sistema SMED (*Single Minute Exchange of Die*), hoje identificado como troca rápida de ferramenta (TRF). Diz a história (com H) que a TRF teve início quando Shingo, em 1950, conduziu um estudo de melhoria na eficiência da fábrica da Mazda da Toyo Kogyo em Hiroshima, onde identificou a diferença entre o *setup* interno e externo, e que em 1957 na Mitsubishi Heavy Industries, ainda em Hiroshima, ele fez a primeira conversão de *setup* interno em externo em uma plaina, para só então em 1969, na fábrica de carrocerias na planta principal da Toyota Motor Company, pelo que consta a pedido de Ohno, que buscava lotes econômicos pequenos, conseguir transformar o *setup* de uma prensa de 1.000 toneladas que exigia quatro horas em 3 minutos. Daí cunhando o nome SMED, para a troca abaixo de 10 minutos, para sua técnica e título do livro.

Figura 8.1 Shingo, o pai da criança, e seu livro de SMED de 1985

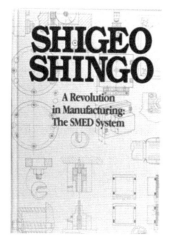

Já comentei que os nomes criados por Shingo (ou por seus editores), segundo meu ponto de vista, acabam trazendo alguns problemas para a implantação da ME. Assim como "estoque zero" atrapalha mais do que ajuda a programação puxada, SMED (troca em um "simples" minuto, ou seja, abaixo de 10 minutos) nem sempre é viável economicamente ou, mesmo, necessária para o tamanho do lote econômico que buscamos. Já vi inclusive o absurdo de um aluno em um trabalho de TCC aplicar a técnica SMED para chegar a 20 e tantos minutos no *setup* de uma máquina. Tive que explicar que ele não tinha feito SMED, mas sim TRF. Mesmo o nome troca rápida de ferramenta (TRF), que eu uso, também trás seus problemas porque leva a crer que esse conjunto de técnicas desenvolvido por Shingo para o gerenciamento do *setup* se restringe à troca do ferramental, coisa que hoje nas máquinas modernas já vem até automatizada. Tenho que explicar nas empresas que a TRF é muito mais uma questão de gestão das atividades do que investimento em tecnologia. Por isto preferi colocar como título do capítulo "redução dos tempos de preparação", que considero mais abrangente.

Voltando para a técnica desenvolvida por Shingo, como conta a história, já em 1950 ele identificou que a maior parte das atividades desenvolvidas durante um *setup* consistia em processamentos iniciais e ajustes (50%), preparação da matéria-prima, dispositivos de montagem, acessórios etc. (30%) e centragem e determinação das dimensões das ferramentas (15%), e que apenas 5% do tempo gasto era com a remoção e fixação das matrizes e ferramentas, conforme ilustrado na Figura 8.2. A partir dessa constatação ele passou a buscar soluções que levassem à redução, ou até eliminação, desses tempos de máquina parada, principalmente os que não estavam relacionados com remoção e fixação da ferramenta em si. Dessa forma, ele chegou a seu método dividindo-o em quatro etapas, chamadas por ele de estágios conceituais:

✓ estágio inicial: condições de *setup* interno e externo não se distinguem;

✓ estágio 1: separando *setup* interno e externo;

✓ estágio 2: convertendo *setup* interno em externo;

✓ estágio 3: racionalizando todos os aspectos da operação de *setup*.

Figura 8.2 Diagnóstico de um *setup* convencional, segundo Shingo

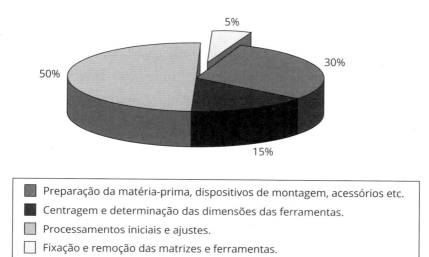

- Preparação da matéria-prima, dispositivos de montagem, acessórios etc.
- Centragem e determinação das dimensões das ferramentas.
- Processamentos iniciais e ajustes.
- Fixação e remoção das matrizes e ferramentas.

Tenho por mim que todo Engenheiro de Produção tem a obrigação de ler os livros do Shingo, em especial este, assim como o do Ohno (e o do Monden se o acharem). São relatos em primeira mão de como os sistemas produtivos eram antes de o STP ser desenvolvido. Mas, assim como fiz em todo este livro, vou apresentar o assunto à minha maneira, com base em minhas experiências pessoais, bem longe da indústria automobilística. Não me furto em dizer que não inventei nada. Como quase todos na área, comecei copiando os mestres japoneses e utilizando seus exemplos, até o ponto onde passei a ter os meus próprios casos para contar. Sendo assim, vou seguir os estágios conceituais do Shingo de uma forma um pouco diferente, pois acho que fica mais didático. A começar por uma grande divisão que leva a soluções diferentes, pois existem dois tipos de *setup*:

✓ *setup* para mudança de produto;
✓ *setup* por desgaste das ferramentas.

Para o desgaste das ferramentas o *setup* é inevitável e temos que aplicar a TRF; contudo, para a mudança de produtos, ao invés de supor que os *setups* são inerentes ao processo produtivo, antes de se aplicar a TRF deve-se responder à seguinte pergunta: como produzir itens diferentes sem promover *setups*? Existem três alternativas de resposta a essa pergunta que passam pelo conceito de desenvolvimento enxuto de produtos com engenharia simultânea e padronização:

- ✓ produção focalizada em células ou linhas cativas;
- ✓ modificação do projeto do produto, eliminando diferenças;
- ✓ produção de peças diferentes ao mesmo tempo.

Então, antes de apresentarmos as etapas que compõem a TRF, vamos descrever como um desenvolvimento enxuto de produtos contribui para a eliminação dos *setups*. Por favor, não confundam com o que chamam hoje em dia de *Lean Project Management*. Longe de mim entrar nessa seara, não é minha área, sou da produção e vou relatar aqui apenas o que nós da produção gostaríamos de ver no projeto dos produtos para trabalharmos melhor a estratégia da ME na fábrica. O pouco que sei desse assunto vem de um ótimo livro de 1989 do Lubben (*Just-In-Time: uma estratégia avançada de produção*), que usei no meu doutorado, e que dá enfoque ao projeto dos produtos e aos relacionamentos com fornecedores e clientes de uma cadeia produtiva. Se, por acaso, ele passar pela frente de vocês, coloquem-no na fila de leitura das próximas férias.

8.2 Eliminação dos *Setups* via Desenvolvimento Enxuto de Produtos

O objetivo do desenvolvimento enxuto de produtos (DEP) dentro da estratégia de produção da ME é evitar que o resultado do desenvolvimento de produtos só seja sentido depois de o produto entrar na etapa de produção, permitindo a eliminação de desperdícios (nesse caso, os *setups*) ainda enquanto projeto. Dessa forma, o DEP tem seu foco em ações proativas de melhorias, como ilustrado na Figura 8.3, que permitam a interação entre a engenharia e a produção. Isso é obtido com o que chamamos de engenharia simultânea.

O conceito de engenharia simultânea, como o próprio nome diz, tem por base desenvolver projetos de novos produtos com a participação, na medida do possível, de todos os interessados nesses projetos, incluindo-se clientes e fornecedores (internos e externos). Essa ideia surgiu da constatação de que além dos projetistas habituais do departamento de engenharia, os fornecedores, produtores e clientes devem ser ouvidos simultaneamente à etapa de projeto para contribuírem com sugestões que irão aperfeiçoar o fornecimento de itens, a técnica de produção e o uso do produto com reflexos, é claro, nos *setups* e tamanhos de lotes econômicos na produção.

Figura 8.3   A Estratégia da ME e o DEP

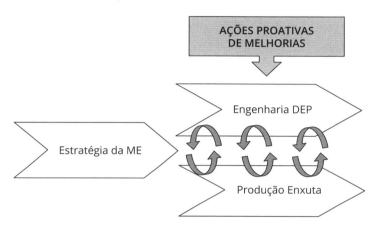

Tenho um exemplo interessante que presenciei quando do desenvolvimento de uma coleção de roupas em uma grande empresa de confecções. O projetista, ao passar pela fábrica, achou interessante o lado de baixo de uma malha e resolveu colocar em algumas referências da coleção a malha invertida para dar contraste. O protótipo feito dentro da engenharia ficou muito bonito, contudo, quando se partiu para a produção da coleção, começaram a aparecer muitos defeitos na confecção, com problemas de qualidade na malha que deveriam ter sido pegos durante a produção da mesma. O fato é que se esqueceu de avisar ao projetista que não se consegue inspecionar uma malha (na malharia, no beneficiamento e no corte) quando ela está na posição invertida. Se houvesse na época mais interação entre a engenharia e a fábrica, esse problema seria evitado. Essa interação é obtida quando se aproxima a engenharia da produção, eliminando os tais "muros" entre os setores envolvidos, hoje em dia facilitada com o apoio de tecnologias computacionais.

Tenho também um exemplo positivo dessa interação que vem da fábrica de artefatos de cimento onde os projetos dos postes utilizavam um conjunto grande de estribos, controlados via supermercados, que com o aumento da demanda passaram a ser feitos de forma automática em uma estribadeira moderna. O estribo que causava maior problema e era uma constante dor de cabeça para o meu amigo Décio, na máquina, com tempos altos de *setup*, era o "Zig" (em forma de Z), usado como apoio para a solda dos outros estribos. Durante alguns anos, enquanto evoluíamos em vários setores da empresa com a estratégia da ME, sempre ouvíamos da produção que o projeto dos postes já vinha pronto da área de engenharia e pouco se podia fazer para reduzir a variedade dos estribos. Até que um dia montamos um grupo de melhorias, encabeçado pela engenharia, para analisar esse problema. O resultado foi a completa eliminação desse tipo de estribo na estrutura dos postes pela redistribuição das cargas dos outros estribos.

Por essa e outras experiências, creio que não é difícil obter ajuda dos projetistas quando temos um objetivo claro a ser atingido. Todo engenheiro gosta de resolver problemas, e em geral só precisamos especificar qual é o problema. Por isto, considero importante na implantação da estratégia de produção da ME que a engenharia participe dos treinamentos para entender que a ME é uma estratégia de produção focada na diferenciação, e que o desenvolvimento enxuto dos produtos deve buscar aumentar a variedade de ofertas para o cliente sem comprometer os padrões da produção, postergando na medida do possível na cadeia produtiva a diferenciação. Não queremos dizer com isto que não podemos lançar produtos diferenciados, em geral necessários para compor uma coleção, mas não estamos na estratégia de focalização onde as margens de lucro são altas. Dessa forma, temos que preservar a classificação ABC, com concentração de demanda nos itens A e B. A ideia é que aos olhos do cliente ele veja variedade, mas aos olhos da fábrica tenhamos padronização, conforme ilustrado na Figura 8.4. O reflexo na organização e possível eliminação dos *setups* são grandes.

Relembrando nossa tática de programação da regra PT3 com foco agora nos *setups*, para os itens da classe A, com alto volume e com alta frequência, a tática é trabalhar com baixos estoques e lotes econômicos pequenos, viável visto que temos recursos focalizados onde o *setup* para mudança de produto é zero. Já para os itens da classe C, com baixo volume e baixa frequência, a tática é se trabalhar com lotes econômicos grandes que irão girar pouco, ou seja, montamos supermercados maiores, e uma estrutura fabril para a produção mista com muitos *setups* que deverão ser sequenciados. Entre as classes A e C têm-se os itens B, com frequência, mas com volumes mais baixos, onde a tática é intermediária, ou seja, com lotes econômicos um pouco maiores dado que irão repartir as capacidades produtivas, via *setup*, com alguns itens, e com supermercados planejados para giro médio.

Figura 8.4 Combinando flexibilidade com redução de *setups*

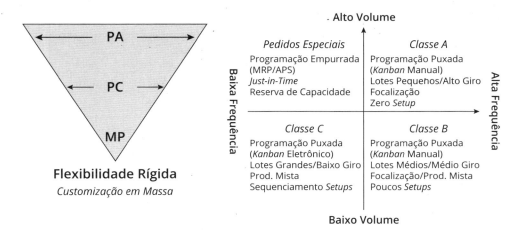

Para facilitar a explicação podemos resgatar o exemplo da malharia, onde conseguimos, com um trabalho junto à engenharia, padronizar e reduzir pela metade as malhas cruas por coleção, permitindo dessa forma implantar a programação puxada em toda a malharia. Aproveitamos a concentração da demanda para eliminar boa parte dos *setups* para mudança de malha e organizar o restante deles. Conforme ilustrado na Figura 8.5, na coleção de verão dos mais de 40 teares disponíveis na época na empresa, nove teares ficaram dedicados à meia malha fechada (151) e cinco à meia malha aberta (191), de forma que nesses teares não ocorriam *setups* para mudança de malha. Assim foi possível manter níveis muito baixos de estoques nos supermercados, dado que sempre havia um tear disponível, sem *setup*, para repor um cartão *kanban*. Já para a grande maioria das malhas da classe C, que ocupavam partes pequenas de teares, foi desenvolvida uma matriz de *setup* de forma a agrupar malhas de estrutura parecida em um ou dois teares. Assim montaram-se estoques de duas semanas para esses itens C, de forma que em uma semana se pudessem acumular os cartões *kanbans* para serem produzidos na semana seguinte de acordo com um planejamento de *setups*.

Figura 8.5 Eliminando *setup* para os itens A e organizando os dos itens C

Item	Classe	Malha	D (kg/dia)	TX (kg/h)	Teares/dia
1	A	151	3.800	18,73	8,45
2	A	191	2.800	23,87	4,89
3	B	1.074	400	14,40	1,16
4	B	511	775	29,24	1,10
5	C	5.346	73	14,60	0,21
6	C	5.346	50	19,38	0,11

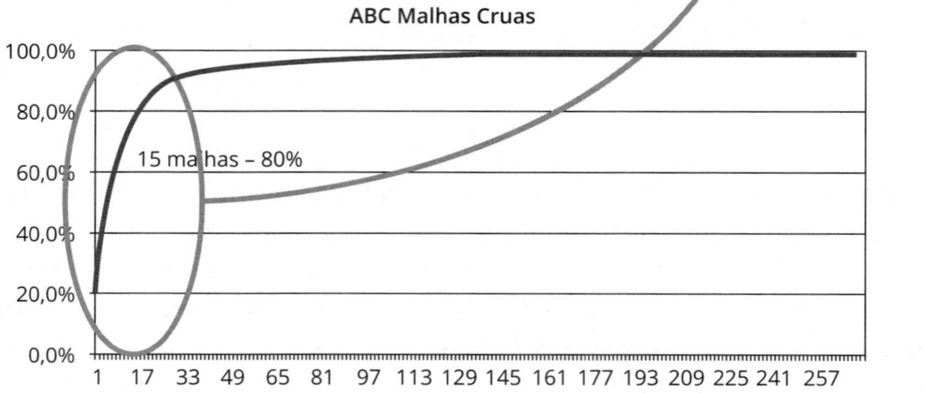

ABC Malhas Cruas

15 malhas – 80%

Esse exemplo da regra PT3, característico dos sistemas de produção em lotes, esclarece por que essa visão de demandas concentradas e focalização dos recursos da fábrica são muito importantes na questão da organização dos *setups* que, em geral, levam à eliminação de boa parte dos *setups* para mudança de modelos. Na Figura 8.6 apresento outro exemplo de como aproveitar a concentração da demanda para eliminar *setups* a partir de duas situações distintas na produção de braçadeiras. Para as duas braçadeiras mais vendidas foi desenvolvida uma ferramenta progressiva que permite, com um ajuste rápido, a produção das mesmas em uma célula com uma prensa apenas, de forma praticamente contínua em pequenos lotes, dado que suas demandas são regulares. Como passamos a ter uma focalização plena da célula, os supermercados dessas braçadeiras foram planejados para poucos dias com reposições constantes de lotes econômicos pequenos. Já para as braçadeiras da classe C (com menos de 30% da demanda) foi mantida a célula original com quatro máquinas que necessitavam de *setup*. Nessa célula, foi aplicada a TRF, que levou à redução do lote econômico de 500 para 250 peças, e inclusive foi mantida a programação empurrada contra a carteira de pedidos para as braçadeiras com demandas muito irregulares.

Figura 8.6 Eliminando *setup* das braçadeiras com a focalização

Além da possibilidade de focalização para eliminação dos *setups* de mudança de modelos, a engenharia com base no desenvolvimento enxuto de produtos também pode colaborar com a estratégia da ME modificando o projeto do produto para eliminar as diferenças que necessitariam de *setup* para sua produção. Vamos apresentar o exemplo da produção de radiadores para transformadores, ilustrado na Figura 8.7. Os radiadores são os trocadores de calor que os transformadores precisam para resfriar o óleo, e são soldados ao corpo do transformador na caldeiraria. Na época, para reduzir estoques e melhorar a qualidade, a empresa buscava trocar parte da produção externa de radiadores pela fabricação própria, e já havia tentado anteriormente, mas o excesso de variedade tornava economicamente inviável a produção. Existiam 147 projetos distintos de radiadores na fábrica de transformadores, conforme a tabela da Figura 8.7.

Figura 8.7   Reduzindo a variedade de radiadores

Radiadores	Antes	Depois	% Redução
10 a 15 kva	28	10	64
25 a 75 kva	119	32	73
Todos	147	32	78

Antes de se abrir a discussão com a engenharia, via grupo de melhorias, sobre a racionalização dos radiadores, a desculpa que ouvíamos na fábrica era, novamente, de que os projetos eram sob encomenda dos clientes. Na realidade, dentro do grupo se identificou que os clientes solicitavam um radiador para dissipar "tanto % de calor", mas não estavam muito interessados no formato em si, e aceitavam sua mudança desde que a qualidade melhorasse e o custo não aumentasse. Ao se discutir as reais limitações dos clientes e entendendo as vantagens em se padronizar as medidas dos radiadores na estratégia da ME, o grupo conseguiu chegar a apenas 32 tipos de radiadores, sendo que dentro desses 10 radiadores serviam tanto para a faixa de 10 a 15 kva, como para a faixa de 25 a 75 kva. Uma redução de 78% na variedade, conforme se pode ver na tabela da Figura 8.7.

Ao se padronizar os radiadores, as vantagens foram imediatas, todos os processos de fabricação (corte, dobra, furação, solda e teste) dos mesmos foram simplificados, permitindo a aplicação das práticas da ME na montagem de uma fábrica interna. As barras cortadas se reduziram para apenas seis medidas. Os estoques foram reduzidos de três dias para meio dia de produção, com o uso do sistema *kanban* (possível dado à existência de menos itens com mais giro de lotes menores). Com a padronização dos tempos produtivos, operadores polivalentes passaram a se deslocar entre a soldagem do corpo na caldeiraria e a soldagem dos radiadores na fábrica montada, reduzindo dessa forma a ociosidade e filas de espera.

Em relação aos *setups*, o aumento da demanda pela concentração das medidas permitiu a utilização de células para a dobra e furação, reduzindo os tempos de atravessamento. Desenvolveu-se uma ferramenta que permitia, com a simples troca dos pulsões (de um a quatro), produzir radiadores diferentes sem a retirada da mesma. Na fotografia da Figura 8.8 se pode ver uma barra sendo furada com dois pulsões. Para trabalhar no lote seguinte, digamos que com quatro furos na barra, bastava acrescentar os outros dois punções na ferramenta.

8.8   Eliminando os *setups* na furação dos radiadores

Além da redução de variedades e da focalização da produção, existe uma terceira forma de se eliminar os *setups* para mudança de produtos na fábrica. Ela consiste em produzir peças diferentes a partir de um mesmo ferramental. O exemplo clássico do Shingo é o de produzir em uma injetora todos os botões (ele, e eu, somos do tempo de botões) de controle da televisão na mesma ferramenta, já na proporção de uso na linha de montagem. A partir deste exemplo, citado em um treinamento de TRF, o grupo de melhorias da forjaria da fábrica de ferragens desenvolveu a ferramenta apresentada na foto à direita da Figura 8.9, que substituiu a da foto à esquerda, com a vantagem, como vocês podem ver, de permitir que sejam forjados dois formatos diferentes de peças sem *setup*.

Figura 8.9   Eliminando os *setups* com a produção de peças em grupo

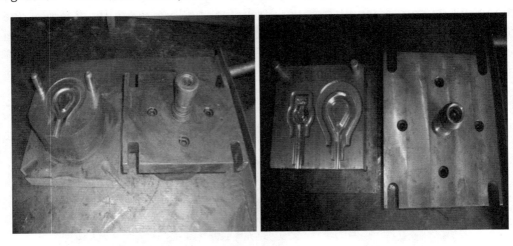

Em resumo, existem três alternativas para não realizarmos preparações. Todas passam pelo conceito de desenvolvimento enxuto de produtos e precisamos da ajuda do pessoal da engenharia. Elas são:

- ✓ produção focalizada em células ou linhas cativas;
- ✓ modificação do projeto do produto, eliminando diferenças;
- ✓ produção de peças diferentes ao mesmo tempo.

No caso de não conseguirmos eliminar o *setup* para troca de itens na máquina ou na linha, ou ainda, quando há a necessidade de trocar a ferramenta porque ocorreu o desgaste da mesma, temos que fazer um *setup*. Podemos então ir para a segunda parte do capítulo, onde apresento como tenho trabalhado com os grupos de melhorias o método desenvolvido pelo Shingo para gestão da troca de ferramentas, conhecido como TRF.

8.3   Troca Rápida de Ferramentas TRF

Nos sistemas convencionais, principalmente nos repetitivos em lotes, não há em geral nenhuma atenção aos padrões das atividades realizadas durante as preparações. Os motivos são os mesmos que levam à baixa produtividade descrita neste livro, principalmente a lógica empurrada de programação com lotes econômicos grandes e variáveis. Como não sabemos quando uma troca ocorrerá, pouco pode ser feito para organizar os recursos necessários ao *setup*, que em geral são gargalos no sistema, como as empilhadeiras, ou pontes rolantes, o ferramenteiro etc. Por isso, quando implantamos o sistema *kanban*, com lotes padrões, mesmo que nossa casa ainda não tenha robustos alicerces, já conseguimos evoluir pelo menos na organização dos *setups*, pois a gestão a vista dos supermercados e quadros *kanbans* nos permite gerenciar melhor as trocas e os recursos necessários.

Como já disse antes, tenho visto em algumas empresas uma visão limitada da aplicação da TRF com objetivo apenas de ganhar tempo de máquina, ao transformar em tempo produtivo o tempo de parada no *setup*. Em geral, essas aplicações ficam restritas às máquinas gargalos e não possuem a ênfase da melhoria contínua pela eliminação dos desperdícios na busca de lotes econômicos cada vez menores. Na realidade, a melhor forma de aplicar o método da TRF consiste em inicialmente formar uma equipe que irá dominar o método e facilitar a disseminação do mesmo pelos vários setores da empresa. É uma atividade típica para os grupos de melhorias por se obter resultados importantes rápidos e envolver engenharia, ferramentaria, líderes e operadores de máquinas. Uma vez iniciada, a melhoria contínua é garantida, pois os colaboradores ficam muito motivados com os resultados alcançados.

Como já falamos, o nome troca rápida de ferramentas (TRF) não condiz com o método desenvolvido por Shingo, pois ele é muito mais um método operacional de racionalização das atividades do que investimentos (em geral caros) em melhorias das ferramentas. Na Figura 8.10 apresento as quatro etapas sequenciais do método da TRF que serão detalhadas na sequência na forma como tenho utilizado, quais sejam:

- ✓ etapa 1: identificar e separar as atividades de *setup* interno e externo e eliminar as desnecessárias;
- ✓ etapa 2: converter as atividades do *setup* interno em externo;
- ✓ etapa 3: simplificar e melhorar pontos relevantes para o *setup*;
- ✓ etapa 4: montar uma ROP com *checklist* para o *setup*.

Figura 8.10   As quatro etapas do método da TRF

8.3.1   Identificar e Separar as Atividades de *Setup* e Eliminar as Desnecessárias

A primeira etapa do método da TRF consiste em identificar e classificar, através de uma filmagem, como as atividades de *setup* estão sendo feitas atualmente. É importante explicar ao grupo que o objetivo da filmagem é termos uma visão real da situação atual. Já me aconteceu de na hora da filmagem algumas ações não usuais serem feitas, como, por exemplo, a empilhadeira estar disponível ao lado da máquina, todos os acessórios à mão etc., dado que em geral alguns colaboradores já conhecem esse método de outras empresas onde trabalharam e tentam adiantar o processo. Vamos aproveitar esse momento para reforçar ao grupo que um "problema" na realidade é uma grande oportunidade de melhoria. De nada adianta escondê-lo.

Feita a filmagem, utiliza-se o filme para montar uma planilha com as atividades e tempos de cada operador envolvido no *setup*. Nessa planilha separam-se as atividades em três categorias:

- ✓ *setup* interno: atividades realizadas com a máquina parada;
- ✓ *setup* externo: atividades realizadas com a máquina operando;
- ✓ atividades desnecessárias: não fazem parte da troca, mas estão sendo realizadas nesse momento, como, por exemplo, aguardar que uma talha, ou uma empilhadeira, fique livre e venha a auxiliar na movimentação do ferramental, ou esperar que um ferramenteiro venha ajudar na troca e regulagem da matriz.

Vamos utilizar como exemplo o trabalho de TRF feito pelo grupo de melhorias da estamparia da empresa de eletroferragens na prensa de 80 toneladas, cuja planilha da situação inicial, onde apenas o operador da máquina efetuava a troca, é apresentada na Figura 8.11, com um tempo total de 11:57 minutos. Em geral, como se pode ver nessa planilha, quando o método da TRF é aplicado pela primeira vez, todas as atividades são realizadas com a máquina parada. Deve-se então discutir com o grupo de melhorias uma reclassificação das atividades em internas, externas e desnecessárias.

Na planilha apresentada na Figura 8.12 temos essa classificação inicial realizada pelo grupo de melhorias para o *setup* da prensa de 80 toneladas. Como se pode ver nessa planilha, as atividades 4 (retirar a bica presa nas molas) e 5 (guardar a chave) foram classificadas como desnecessárias, e as atividades 6 (buscar carrinho), 7 (posicionar o carrinho na prensa), 9 (levar a ferramenta até a banca), 10 (guardar a ferramenta na banca e apanhar a outra), 11 (levar a ferramenta até a prensa) e 12 (posicionar o carrinho) foram classificadas como externas. As demais são de *setup* interno.

A planilha apresentada na Figura 8.13 mostra um resumo dos tempos atuais já classificados. Dos 11:57 minutos gastos no *setup* da prensa, 70% dos tempos (8:25 minutos) são gastos com atividades de *setup* interno; 27% dos tempos (3:13 minutos) com atividades de *setup* externo; e 3%, ou 19 segundos, com atividades desnecessárias.

Figura 8.11   Planilha da situação inicial das atividades de *setup* da prensa de 80 toneladas

Nº	\multicolumn{3}{c}{Operador}			Fim	Tempo	\multicolumn{3}{c}{Classificação}		
	Início	Descrição	Recursos Utilizados	Fim	Tempo	INT.	EXT.	DES.
	\multicolumn{6}{c}{*Setup* da Prensa Excêntrica de 80 To. – Situação inicial}			
1	0:00:00	Soltar as molas	Chave 38 mm	0:00:45	0:00:45			
2	0:00:45	Soltar as porcas do porta espiga	Chave 38 mm	0:01:11	0:00:26			
3	0:01:11	Retirar o porta espiga	Manual	0:01:15	0:00:04			
4	0:01:15	Retirar a Bica (calha) presa nas molas	Manual	0:01:20	0:00:05			
5	0:01:20	Guardar a chave	Chave 38 mm	0:01:34	0:00:14			
6	0:01:34	Buscar carrinho	Carrinho	0:02:13	0:00:39			
7	0:02:13	Posicionar carrinho	Carrinho	0:02:39	0:00:26			
8	0:02:39	Puxar a ferramenta em cima de caminho	Carrinho	0:02:49	0:00:10			
9	0:02:49	Levar a ferramenta até a banca	Carrinho	0:03:14	0:00:25			
10	0:03:14	Guardar a ferramenta na banca e apanhar a outra	Carrinho	0:03:55	0:00:41			
11	0:03:55	Levar a ferramenta até a Prensa	Carrinho	0:04:25	0:00:30			
12	0:04:25	Posicionar o carrinho na Prensa	Carrinho	0:04:57	0:00:32			
13	0:04:57	Empurrar a ferramenta embaixo do martelo	Manual	0:05:00	0:00:03			
14	0:05:00	Retirar o carrinho	Manual	0:05:04	0:00:04			
15	0:05:04	Posicionar a ferramenta	Manual	0:05:14	0:00:10			
16	0:05:14	Abaixar o martelo	Carrinho	0:05:52	0:00:38			
17	0:05:52	Colocar o porta espiga	Manual	0:06:04	0:00:12			
18	0:06:04	Apertar o porta espiga	Chave 32 mm	0:06:45	0:00:41			
19	0:06:45	Prender a ferramenta	Chave 32 mm	0:09:50	0:03:05			
20	0:09:50	Ligar a prensa	Manual	0:09:57	0:00:07			
21	0:09:57	Regular o martelo	Manual	0:10:41	0:00:44			
22	0:10:41	Regular a primeira peça	Manual	0:11:57	0:01:16			

Figura 8.12 Planilha com a classificação inicial das atividades de *setup* da prensa de 80 toneladas

		Setup da Prensa Excêntrica de 80 Ton – Classificação inicial						
Nº	Operador					Classificação		
	Início	Descrição	Recursos Utilizados	Fim	Tempo	INT.	EXT.	DES.
1	0:00:00	Soltar as molas	Chave 38 mm	0:00:45	0:00:45	▓		
2	0:00:45	Soltar as porcas do porta espiga	Chave 38 mm	0:01:11	0:00:26	▓		
3	0:01:11	Retirar o porta espiga	Manual	0:01:15	0:00:04	▓		
4	0:01:15	Retirar a Bica (calha) presa nas molas	Manual	0:01:20	0:00:05			▓
5	0:01:20	Guardar a chave	Chave 38 mm	0:01:34	0:00:14			▓
6	0:01:34	Buscar carrinho	Carrinho	0:02:13	0:00:39		▓	
7	0:02:13	Posicionar o carrinho na Prensa	Carrinho	0:02:39	0:00:26		▓	
8	0:02:39	Puxar a ferramenta em cima de Carrinho	Carrinho	0:02:49	0:00:10	▓		
9	0:02:49	Levar a ferramenta até a banca	Carrinho	0:03:14	0:00:25		▓	
10	0:03:14	Guardar a ferramenta na banca e apanhar a outra	Carrinho	0:03:55	0:00:41		▓	
11	0:03:55	Levar a ferramenta até a Prensa	Carrinho	0:04:25	0:00:30		▓	
12	0:04:25	Posicionar o carrinho	Carrinho	0:04:57	0:00:32		▓	
13	0:04:57	Empurrar a ferramenta embaixo do martelo	Manual	0:05:00	0:00:03	▓		
14	0:05:00	Retirar o carrinho	Manual	0:05:04	0:00:04	▓		
15	0:05:04	Posicionar a ferramenta	Manual	0:05:14	0:00:10	▓		
16	0:05:14	Abaixar o martelo	Carrinho	0:05:52	0:00:38	▓		
17	0:05:52	Colocar o porta espiga	Manual	0:06:04	0:00:12	▓		
18	0:06:04	Apertar o porta espiga	Chave 32 mm	0:06:45	0:00:41	▓		
19	0:06:45	Prender a ferramenta	Chave 32 mm	0:09:50	0:03:05	▓		
20	0:09:50	Ligar a prensa	Manual	0:09:57	0:00:07	▓		
21	0:09:57	Regular o martelo	Manual	0:10:41	0:00:44	▓		
22	0:10:41	Regular a primeira peça	Manual	0:11:57	0:01:16	▓		

290 MANUFATURA ENXUTA COMO ESTRATÉGIA DE PRODUÇÃO • Tubino

A primeira melhoria nessa etapa inicial do método da TRF consiste em eliminar as atividades desnecessárias. Nesse exemplo, o grupo definiu que não se deveria guardar a chave nesse momento de *setup* e que se iria separar a bica (calha para liberar a peça) das molas de forma a não precisar soltá-la. Nesse caso, o tempo total de quase 12 minutos não é tão grande, mas já participei de trabalhos de TRF onde as trocas convencionais são de duas ou mais horas, o que leva a um relaxamento dos operadores em relação aos tempos desnecessários ao *setup*, como por exemplo, aproveitar que a máquina está parada para ir ao banheiro, ou, o que é pior para a saúde, ir fumar um cigarro. Já filmamos um *setup* com tempo alto onde no meio do processo houve uma troca de turno, com um bom período de conversação entre os operadores que estavam saindo e os que estavam entrando para se inteirarem da situação. O que são 10 minutos no *setup* quando se gastam 120 minutos no total a cada dois ou três dias de produção de grandes lotes econômicos?

Figura 8.13   Planilha com resumo dos tempos da classificação inicial das atividades

Setup da Prensa Excêntrica de 80 Ton – Classificação Inicial		%
Somatório do Tempo Gasto com *Setup* Interno	0:08:25	70%
Somatório do Tempo Gasto com *Setup* Externo	0:03:13	27%
Somatório do Tempo Desnecessário	0:00:19	3%
Total do *Setup*	0:11:57	100%

Todas as atividades de espera durante o *setup* são desnecessárias e devem ser eliminadas. No setor metal mecânico, principalmente, as matrizes são pesadas e necessitam de equipamentos para movimentação Para evitar esperas e dependências de equipamentos de movimentação (em geral gargalos) devem-se empregar carrinhos de movimentação manual de baixo custo para armazenar e movimentar as matrizes durante o processo de *setup*. Na Figura 8.14 apresento uma foto do carrinho rotativo desenvolvido pela equipe de TRF da caldeiraria da fábrica de transformadores com base em um desenho (copiado do livro do Monden) que apresentei ao grupo no treinamento do *pré-kaizen*.

Figura 8.14   Carrinho rotativo para *setup*

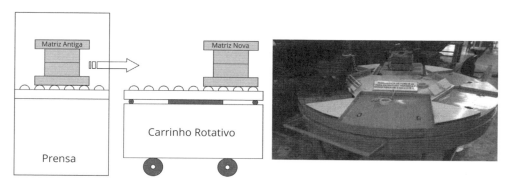

Esse carrinho ficou focalizado a duas prensas, onde se deslocava em cima de um trilho de dois metros. Tinha capacidade para armazenar seis ferramentas e sua altura já estava no padrão necessário para tirar a ferramenta antiga, girar e colocar a ferramenta nova. Como se pode ver na Figura 8.15, além de se ganhar em espaço físico e movimentação em relação ao carrinho anterior, foi possível reduzir o *setup* de 5 minutos e 23 segundos para 1 minuto e 47 segundos.

Figura 8.15   Ganhos com a introdução do carrinho rotativo para *setup*

Indicadores	Medida	Antes	Depois	Redução
Tempo de *setup*	min e seg.	5 min e 23 seg.	1 min e 47 seg.	68%
Espaço Físico	m²	5	2	60%
Movimentação	m	15	2	87%

Outra atividade tipicamente desnecessária durante o *setup* é a saída do operador da máquina para a busca de ferramentas. Em praticamente todos os *setups* convencionais que filmamos ocorreram esses deslocamentos para se buscar em outro local as ferramentas necessárias ao processo de troca, sejam em *setups* de injetoras (a chave estava parada na outra injetora), prensas (só existia uma alavanca que teve que ser procurada no setor) ou estamparias (o rodo necessário estava na lavanderia de quadros), conforme apresentado nas fotos da Figura 8.16. Para acabar com esses deslocamentos e buscas desnecessários se deve investir em um carrinho (ou um armário próximo) de ferramentas focalizada a máquina.

Figura 8.16 Deslocamentos para buscar ferramentas

Uma atividade comum desnecessária em empresas que ainda não trabalharam a TRF, ou que pelo menos não deram foco ao chamado 5S ligado à qualidade total, é o tempo gasto para encontrar as ferramentas para o próximo *setup* no armário, ou bancas, de ferramentas. A Figura 8.17 apresenta na fotografia à esquerda a situação anterior ao trabalho de TRF pelo grupo de melhorias na estamparia da fábrica de eletroferragens. Como se pode ver nessa fotografia, não havia identificação no armário nem nas ferramentas, sendo que as mesmas eram guardadas em qualquer lugar, o que dificultava sua busca, fazendo o *setup* externo ir a 15 minutos.

Com a organização dos armários das ferramentas, conforme pode ser visto nas fotos à direita na Figura 8.17, identificando e documentando os locais específicos para cada uma delas, foi possível eliminar o desperdício de tempo na busca das ferramentas (atividade desnecessária), reduzindo o *setup* externo para apenas 5 minutos. Também foi possível nessa organização identificar e fazer o descarte das ferramentas que não eram mais utilizadas.

Figura 8.17   Organização dos armários de ferramentas

Uma vez eliminadas as atividades desnecessárias, deve-se separar as atividades internas das externas. Quando a máquina estiver parada para a troca da matriz ou ferramenta, o operador deve executar apenas as operações do *setup* interno, ou seja, a remoção da matriz ou ferramenta antiga e a fixação da nova. Todas as atividades referentes ao *setup* externo, como preparação e transporte das matrizes e lotes de produção, gabaritos, ferramentas e dispositivos de fixação, devem ser feitas enquanto a máquina ainda estiver operando. A simples separação e organização das operações internas e externas podem reduzir o tempo de parada de máquina entre 30 e 50%. Um exemplo típico de *setup* externo que deve ser feito com a máquina trabalhando consiste na preparação das matérias-primas para a produção. Na Figura 8.18 apresento dois exemplos de atividades externas que estavam sendo executadas com a máquina parada na situação inicial, a preparação das matérias-primas da injetora (se gastavam mais de 10 minutos) e a busca da malha crua para o tingimento.

Figura 8.18   Preparar matérias-primas como *setup* externo

Para permitir a preparação das atividades de *setup* externo deve-se sinalizar o momento em que ocorrerá o início da troca. Hoje em dia é comum ver nas máquinas lâmpadas de sinalização para o estado de funcionamento das mesmas. Uma das cores pode ser escolhida para sinalizar a proximidade do *setup* de forma a disparar as atividades de *setup* externo antes da parada da máquina. Nas fotos da Figura 8.19 se pode ver um sistema que foi implantado na forjaria a partir do trabalho de TRF no setor e um sistema de sinalização que já vem com as máquinas de estamparia de quadros em confecções.

Figura 8.19   Lâmpadas sinalizadoras (*andons*) para início de *setup*

Em algumas situações podem-se desenvolver quadros de aviso (ou de sequenciamento) para o *setup* de forma a permitir que o pessoal saiba quando se tem que disparar as atividades externas necessárias para o *setup*. Na Figura 8.20 apresentamos o quadro de aviso de *setup* que foi desenvolvido pelo grupo de melhorias para a preparação da receita de tintas para a tinturaria de malhas.

Antes desse quadro o normal era a receita chegar atrasada na máquina dado que, como ela tem um prazo de validade, ela não podia ser feita com muita antecedência, e esperava-se a máquina parar para providenciá-la. Nada que atrapalhasse o *setup* de 60 minutos quando tínhamos um JET com quatro bocas a ser preparado. Com o trabalho de TRF, a meta do grupo de melhorias passou a ser de fazer a preparação do JET em menos de 20 minutos, e para tanto as receitas deviam chegar em sincronia com a máquina parando. Dessa forma foi desenvolvido esse quadro com o número de cada JET onde se identificava com um cartão branco a receita que necessita de material para o *setup*, marcando no cartão o horário previsto de descarga, momento em que a nova receita deverá estar junto à máquina.

Figura 8.20 Quadro de avisos para *setup* da tinturaria

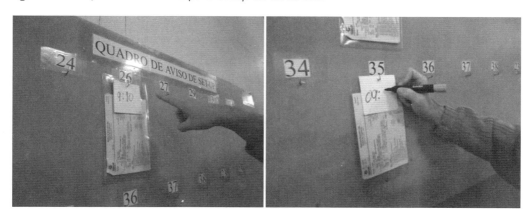

Uma atividade muito comum nos *setups* que são convencionalmente feitos com a máquina parada, ou seja, como *setup* interno, consiste no deslocamento imediato do operador para longe da máquina para guardar (ou buscar) algum item, ou as peças produzidas. Alguns exemplos dessas atividades que sempre encontramos ao filmar *setups* convencionais podem ser vistos na Figura 8.21. No *setup* da estamparia, com a máquina parada, a operadora levava os quadros retirados para o setor de lavação de quadros. Na tinturaria, o operador do JET deixava a máquina parada no *setup* para levar o lote úmido para a fila do secador. Imagine a equipe da F1 deixar o carro parado no *pitstop* para levar os pneus usados para dentro do *box*.

Figura 8.21   Deslocamentos para guardar itens durante o *setup* interno

Logo, os deslocamentos dos operadores para longe da máquina devem ser considerados como atividades do *setup* externo, ou até mesmo como desnecessárias caso consigamos focalizar os recursos, e devem ser realizados antes ou depois da parada da máquina. Um entrave para isso é, que, em sistemas convencionais, temos apenas o operador da máquina para executar o *setup* (eventualmente, um ferramenteiro quando se precisa de ajustes mais técnicos), e ele em geral não pode abandonar o seu posto para providenciar o *setup* externo. A autonomação, discutida no capítulo anterior, é uma das alternativas para liberar o operador da atenção constante da máquina.

O mais comum nesses casos é investirmos em operadores de apoio para executar essas atividades de *setup* externo enquanto a máquina estiver operando. Esse investimento é tranquilamente recompensado não só pelo aumento de disponibilidade da máquina, como principalmente pela redução dos lotes econômicos e flexibilidade necessária à estratégia de produção da diferenciação a que se propõem a ME. Talvez, se você quiser chegar ao SMED (troca em segundos), você precise de uma equipe de vinte pessoas como na F1, mas em geral, uma redistribuição das pessoas com investimentos baixos no setor é suficiente para organizarmos as rotinas externas dos *setups*.

Na Figura 8.22 reapresento o esquema proposto para as 28 máquinas de tingimento da empresa de confecção que foram separadas em cinco células. Além dos cinco tintureiros encarregados das suas funções na célula, foram criadas também quatro posições de ajudantes, chamados de *milk run* pelo grupo de melhoria, encarregados de todas as funções complementares das células, como por exemplo as atividades externas dos *setups*. Para melhorar o nível de polivalência do grupo foi aplicada uma dinâmica de rodízio entre os nove tintureiros de cada turno, de forma que a cada quatro semanas cada um deles assumisse a função de *milk run*.

Figura 8.22   Quadros de distribuição das equipes para TRF na Tinturaria

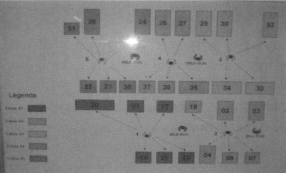

8.3.2   Converter as Atividades do *Setup* Interno em *Setup* Externo

Uma vez que eliminamos as atividades desnecessárias e separamos as atividades de *setup* em internas, realizadas com a máquina parada, e externas, realizadas com a máquina em produção, a segunda etapa do método consiste em proceder a uma análise criteriosa das atividades inicialmente classificadas como internas, no sentido de verificar se realmente essa é uma atividade que só pode ser executada com a máquina parada, bem como se não existe uma alternativa melhor que permita transferi-la, total ou parcialmente, para atividade externa. Em geral essa segunda etapa exige investimentos em tecnologia.

Um exemplo clássico (veja domingo na corrida de F1) consiste em rever a atividade interna de aquecimento de matrizes nos processos de fundição e forjamento e utilizar o calor perdido pelo forno nessas operações para preaquecer as matrizes que irão entrar em operação, evitando-se assim, além da perda de tempo interno, custos decorrentes da produção de itens defeituosos no início da produção. No final dos anos 1980 visitei uma empresa que fazia peças de reposição para tratores cuja forjaria esquentava as ferramentas dando "porradas" nas peças incandescentes e sucateando o início dos grandes lotes econômicos. Não preciso dizer que os estoques na empresa eram de mais de três meses e, mesmo assim, ainda faltavam itens para entregar aos clientes. Naquele tempo se ganhava mais dinheiro investindo em aço do que vendendo peças; hoje em dia quem entrar com o pneu frio na pista não vai ganhar mais nada.

Outra forma de reduzir os tempos de *setup* interno consiste em transferir, pelo menos parcialmente, para externo o ajuste do ferramental, empregando-se dispositivos intermediários que padronizem a forma de fixação, visto que as regulagens são demoradas (de 50 a 70% do tempo total de *setup* interno) e requerem a habilidade de um ferramenteiro, que é um recurso gargalo, nem sempre disponível no momento. Uma forma de reduzir essa complexidade consiste em padronizar os pontos de fixação das ferramentas de forma que as regulagens sejam mínimas e possam ser feitas pelo próprio operador. Na Figura 8.23 são apresentados dois exemplos de padronização dos pontos de fixação da ferramenta para simplificar sua regulagem, originalmente apresentados por Shingo.

Figura 8.23 Padronização dos pontos de fixação das ferramentas

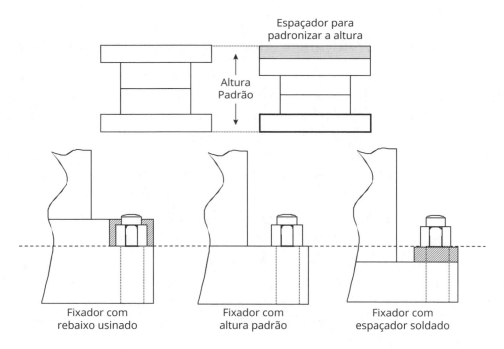

Pode-se ainda usar uma ferramenta de fixação suplementar padronizada para todas as matrizes de forma a passar as atividades internas de ajuste com a máquina parada para um ajuste nessa ferramenta suplementar externa. Apesar de cada matriz ter sua regulagem diferente conforme o item para a qual se

destina, projeta-se um dispositivo padrão de fixação intermediária onde essa matriz é regulada e fixada como uma atividade externa de *setup*, ou seja, com a máquina operando o item anterior. Quando a máquina para, é realizada a troca do conjunto "matriz-dispositivo auxiliar" de forma rápida. Empregando-se ainda sistemas de guias com acionamento pneumático para direcionar o posicionamento do conjunto, chega-se ao chamado por Shingo de *setup* em um toque (OTED – *One Touch Exchange of Die*).

Nos centros de usinagem modernos têm-se os magazines de ferramentas, conforme ilustrado na Figura 8.24 na fotografia à direita, onde um conjunto de ferramentas já está disponível para uma grande gama de peças, evitando-se que cada ferramenta necessária seja "marcada" e trocada individualmente, como na fotografia à esquerda. Para lotes individuais pode ser que o investimento em magazines não seja compensador, mas quando a demanda cresce e precisamos aumentar a variedade e tamanhos dos lotes, os magazines se tornam um investimento necessário. Na tabela apresentada na Figura 8.25 pode-se ver o grande tempo (mais de 34 minutos) gasto com um conjunto de atividades de *setup* interno, obtida em um trabalho de TRF com o grupo de melhorias da empresa, para a troca e regulagem da broca e fresa em um centro de usinagem que pode ser evitado caso a empresa em questão invista em magazines. Onde possível, a focalização da produção irá facilitar a definição de que ferramentas devem estar no magazine no chamado *pré-setup* desses centros de usinagem.

Figura 8.24 Transferência do *setup* interno para externo com o uso de magazines

Figura 8.25 Atividades do setup interno para troca e regulagem da broca e fresa do CNC

		TRF Centro Usinagem 3 – Situação inicial						
			Operador					
			Operador CNC					
Nº	Linha do Tempo	Descrição	Recursos Utilizados	Fim	Tempo (seg.)	INT.	EXT.	DES.
1	0:00:00	Verificar ferramenta (broca) de usinagem		0:05:43	0:05:43	x		
2	0:05:43	Tirar ferramenta da máquina		0:06:16	0:00:33	x		
3	0:06:16	Trocar ferramenta na sala de usinagem (broca)	Suporte + chaves especiais	0:08:19	0:02:03	x		
4	0:08:19	Medir ferramenta (broca)	bancada de medição	0:09:28	0:01:09	x		
5	0:09:28	Colocar ferramenta na máquina		0:11:07	0:01:39	x		
6	0:11:07	Verificar "nova" ferramenta (broca)		0:12:47	0:01:40	x		
7	0:12:47	Verificar medidas da peça	paquímetro + OP	0:15:07	0:02:20	x		
8	0:15:07	Apontar início de produção	OP + terminal	0:15:57	0:00:50	x		
9	0:15:57	Verificar programa (apresentou problema)		0:18:12	0:02:15	x		
10	0:18:12	Iniciar usinagem controlada		0:21:44	0:03:32	x		
11	0:21:44	Verificar segunda ferramenta (fresa)		0:21:54	0:00:10	x		
12	0:21:54	Trocar ferramenta na sala de usinagem (fresa)	Suporte + chaves especiais	0:23:49	0:01:55	x		
13	0:23:49	Medir ferramenta (fresa)	bancada de medição	0:24:49	0:01:00	x		
14	0:24:49	Colocar ferramenta na máquina		0:25:50	0:01:01	x		
15	0:26:50	Verificar "nova" ferramenta + peça (fresa)		0:29:09	0:03:19	x		
16	0:29:09	Iniciar usinagem controlada	paquímetro + OP	0:34:37	0:05:28	x		
17	0:34:27	Iniciar usinagem						

8.3.3 Simplificar e Melhorar Pontos Relevantes para o *Setup*

Uma vez separadas as atividades internas das externas, e transferidas, tanto quanto possível, as atividades internas para as externas, o terceiro estágio da TRF consiste em analisar detalhadamente as atividades que sobraram buscando simplificar e melhorar ainda mais alguns pontos relevantes do *setup*, sugeridos por Shingo, como:

- ✓ usar operações paralelas;
- ✓ usar sistemas de colocações finitas (ou focalização dos recursos);
- ✓ empregar fixadores rápidos;
- ✓ eliminar a tentativa e erro.

Máquinas de grande porte envolvem posições de *setup* em quase todo o seu perímetro. Com apenas um operador executando o *setup*, invariavelmente muitos dos seus movimentos são realizados somente para se deslocar de um ponto a outro. Porém, se um segundo operador é convocado para ajudá-lo, o tempo total despendido por cada operador tende a ser menor do que 50%, em função da eliminação das atividades desnecessárias de deslocamento. Por exemplo, se uma troca leva 15 minutos para ser feita por um operador, pode ser realizada em 5 minutos por dois operadores. Nas fotografias da Figura 8.26 podemos ver o uso de operações paralelas no *setup* de uma injetora para a troca do bico injetor e limpeza do canhão, e na tinturaria, para carga e descarga das malhas nos Jets com mais de uma boca.

Figura 8.26   Operações paralelas no *setup* de injetoras e *jets*

Outro exemplo de operações paralelas pode ser encontrado nas confecções, onde a fixação e ajuste dos quadros em estamparias são as atividades mais demoradas e repetitivas no *setup*, levando de dois a três minutos por quadro, fora o deslocamento no entorno da máquina. Ao fazermos um trabalho de TRF com o grupo de melhorias da estamparia constatamos que, em geral, essas atividades eram realizadas apenas pelo operador da máquina, conforme pode ser visto na Figura 8.27, dado que exigem experiência no assunto. Contudo, o emprego de um dispositivo padrão nessas máquinas chamado de "olho mágico" deveria simplificar essa regulagem, permitindo que um ou mais auxiliares de produção também pudessem fixar os quadros. Esse dispositivo de regulagem consiste em uma luz emitida pelo braço da máquina que deve ser centrada com uma marcação de "x" no quadro limpo que está entrando. Essa marcação não estava sendo limpa corretamente no setor de lavação dos quadros e, portanto, tinha sido abandonada. Com o trabalho do grupo de melhoria da TRF, mostrando a necessidade de se empregar pelo menos dois operadores na troca de quadros, foi possível reativar o uso do olho mágico e reduzir o *setup* de 55 para 34 minutos.

Figura 8.27 Operações paralelas em estamparias de quadros

O segundo ponto que pode ser melhorado nas atividades de *setup* é chamado de "sistema de colocações finitas", que nos diz que, apesar de uma máquina, ao ser projetada pelo fabricante, ser capaz de assumir posições em uma escala contínua, quando colocada em operação apenas algumas dessas posições serão empregadas, principalmente quando se focaliza a produção numa gama restrita de itens. O melhor exemplo que encontrei está dentro da própria sala de aula, basta olhar para o projetor fixado no teto. Os projetores possuem um sistema de regulagem de foco que permite seu uso em diferentes ambientes, contudo, quando colocados em seus suportes na sala de aula e regulados o foco, não precisamos mais perder tempo com essa regulagem.

Na Figura 8.28 apresento um desenho com um exemplo do Shingo (acho que do Monden também) com três limitadores de altura para os golpes da prensa, que podem ser alterados no *setup* rapidamente. Já na fotografia da direita temos um exemplo similar de regulagem rápida finita na máquina de corte das barras na entrada da célula de braçadeiras.

Figura 8.28   Limitadores de curso padronizados em determinadas posições

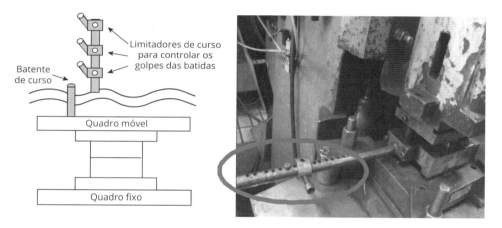

O terceiro ponto a que se deve dar atenção para melhorias no *setup* é o sistema de fixação, onde o parafuso é o tipo mais utilizado, em geral em grande número dado o excesso de segurança inicial do projetista da ferramenta. Logo, em equipamentos onde os pontos de fixação por parafusos são numerosos deve-se rever o projeto do ferramental através de uma análise estrutural, buscando reduzir o número de dispositivos de fixação à quantidade correta e padronizar os dispositivos de fixação, reduzindo a sua altura à mínima necessária para dar o aperto e desaperto da ferramenta.

Um bom exemplo desse excesso de segurança pode ser visto na Figura 8.29, onde a porca do parafuso de fixação do porta espiga da prensa de forja antes do grupo de melhorias trabalhar a TRF demorava 0:26 minutos para sair e 0:41 minutos para voltar a dar o aperto. Com a simples redução do seu tamanho para a medida adequada, os tempos passaram para 0:22 minutos na retirada e 0:23 minutos no aperto.

Figura 8.29 Redução do tamanho dos parafusos de fixação da prensa de forja

Como o sistema de parafusos com porcas é a forma de fixação mais demorada, pois a ferramenta só pode ser retirada quando a última volta do parafuso for atingida, e só pode ser apertada após descer por todas as voltas do parafuso, deve-se, na medida do possível, substituir os parafusos convencionais por dispositivos de fixação rápida. Um exemplo prático pode ser visto na Figura 8.30, onde o sistema de parafusos anteriormente utilizados para fixação da matriz na prensa, que consumiam 4:46 minutos para serem retirados, com o trabalho de TRF do grupo de melhorias da estamparia foi substituído por um sistema de engate rápido que permitiu a troca em apenas 2:02 minutos.

Figura 8.30 Exemplo de fixador rápido na prensa

Outro exemplo prático da necessidade do uso de engates rápidos, apresentado na Figura 8.31, encontramos no trabalho de TRF desenvolvido com o grupo de melhorias da injetora de peças para máquinas de lavar, onde 12:49

minutos eram gastos com a fixação de forma manual das mangueiras de refrigeração da máquina. Na época recomendamos que esse tempo poderia ser evitado caso a empresa investisse em um sistema de engate rápido de mangueiras (na foto, o sistema da empresa suíça *Stäubli*).

Figura 8.31   Engate rápido de mangueiras em injetoras

O quarto ponto que deve ser melhorado nas atividades de *setup* consiste em eliminar a tentativa e erro, muito comum em *setups* convencionais, pois como a TRF não faz parte da estratégia da empresa, padrões de *setup* não são seguidos, e o operador acaba recorrendo à tentativa e erro nas regulagens, conforme ilustrado na Figura 8.32, gerando em cada tentativa uma amostra que será descartada até que se chegue ao padrão desejado. Perde-se material e tempo. A desculpa, se é que há, é de que com a falta de focalização da produção existente em estruturas departamentais, várias máquinas podem executar a mesma operação em um item, tendo cada uma delas regulagens diferentes, que dificultariam o processo. Por outro lado, ao se abandonar as regulagens padrões, com o passar do tempo o desgaste e sujeira dos componentes das máquinas tornam inúteis essas regulagens.

Figura 8.32 Sistema de tentativas e erro e seus desperdícios

É fácil encontrar exemplos dessas situações quando fazemos o trabalho de TRF com os grupos de melhorias das empresas. O abandono do "olho mágico" na estamparia da empresa de confecções é um desses casos, pois em algum momento a falta de manutenção adequada nos quadros com a limpeza correta da marcação levou ao abandono dessa regulagem, que passou a ser feita na base de tentativa e erro, deixando de exigir a limpeza correta do quadro, até que quebramos esse ciclo com a aplicação da TRF.

Mais um exemplo simples pode ser visto nas fotos da Figura 8.33, onde originalmente se usavam sucatas de chapa de aço para fazer a regulagem do calço das molas da prensa de 80 toneladas, no sistema de tentativa e erro, com retiradas de amostras, até que o calço ficasse corretamente na altura desejada. A solução simples, dado o baixo custo, foi adquirir novos calços com tamanhos adequados para a regulagem das molas, que passou a ser precisa.

Figura 8.33 Padronização dos calços das molas da prensa

Por outro lado, apesar de o processo de tentativa e erro ser facilmente identificado quando os grupos de melhorias trabalham esse método de TRF, nem sempre a sua eliminação é simples em função dos custos envolvidos. No trabalho realizado com o grupo da injetora de peças plásticas, em função dos desgastes das matrizes, havia necessidade de se fazer um preenchimento das mesmas com a colagem de papelão e posterior medição da abertura na máquina, consumindo vários minutos, conforme se pode ver na Figura 8.34. A solução seria retificar as faces dos moldes, com um custo elevado, que acabou ficando como sugestão para ação futura, inclusive porque não havia duplicatas de muitos dos moldes para serem utilizados enquanto fosse feito o processo de restauração.

Figura 8.34 Tentativas e erro na fixação da matriz da injetora

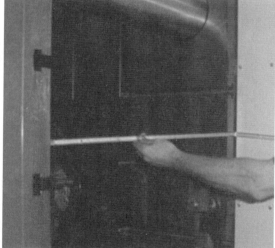

8.3.4 Montar Rotina de Operações-padrão com Checklist para o *Setup*

Uma vez identificadas e separadas as atividades de *setup* interno e externo, e eliminadas as desnecessárias, convertidas na medida do possível as atividades do *setup* interno em externo, e simplificado e melhorado os pontos relevantes para o *setup* abordados no tópico anterior, as operações de *setup* resultantes desse processo de melhorias devem ser padronizadas em uma rotina de operações-padrão (ROP).

Assim como o *setup* dos pneus na F1, por fazerem parte de um conjunto de ações estratégicas da ME, essas atividades de *setup* na fábrica devem ser vistas como atividades produtivas e executadas de uma forma padrão, seguindo sua ROP. Essa ROP servirá também para promover o treinamento de novos operadores no setor.

Para apresentar essa etapa vamos voltar com o exemplo do trabalho de TRF feito pelo grupo de melhorias da estamparia da empresa de eletroferragens na prensa de 80 toneladas, cuja planilha da situação inicial, onde apenas o operador da máquina efetuava a troca, foi apresentada na Figura 8.10, com um tempo total de 11:57 minutos. Após as reuniões de trabalho do grupo de melhorias, com base na teoria da TRF discutida aqui, foi proposto um conjunto de seis ações de melhorias, como segue:

✓ atividades internas realizadas pelo operador da prensa e externas pelo preparador;

✓ adaptação de sinalizador (*andon*) para *setup* e paradas;

✓ aproximação da banca de ferramentas à prensa;

✓ aquisição de calços para as molas;

✓ redução do parafuso sextavado do porta espiga;

✓ encaixe da bica (calha) no molde.

Uma vez realizadas essas melhorias, foi possível ao grupo propor duas ROP para o *setup* da prensa, conforme apresentado na Figura 8.35, uma com as atividades internas que o operador deve executar quando a máquina parar e outra com as atividades externas que o preparador deve realizar com a máquina em produção, assim que o *Andon* sinalizar o próximo *setup*. Com esse trabalho o grupo de melhorias conseguiu reduzir o tempo de máquina parada em *setup* de 11:57 minutos para apenas 4:14 minutos. E a partir dessa redução de mais de 64% no tempo de *setup* foi possível reduzir os lotes econômicos de produção nessa célula de armação secundária de 500 para 250 unidades. Talvez mais importante do que o ganho de tempo tenha sido que a partir desse primeiro trabalho de TRF na empresa, com uma teoria relativamente simples, todos passaram a enxergar melhorias nas máquinas para redução dos *setups* e aumento da produtividade, e novos grupos de melhorias para aplicar a TRF foram formados.

Figura 8.35 Tabelas das ROP para a prensa de 80 toneladas

Nº	Operador					Classificação		
	Início	Descrição	Recursos Utilizados	Fim	Tempo	INT.	EXT.	DES.
1	0:00:00	Soltar as molas	Chave 38 mm	0:00:31	0:00:31			
2	0:00:31	Soltar as porcas do porta espiga	Chave 38 mm	0:00:53	0:00:22			
3	0:00:53	Retirar o porta espiga	Manual	0:00:59	0:00:06			
4	0:00:59	Puxar a ferramenta em cima de carrinho	Carrinho	0:01:21	0:00:22			
5	0:01:21	Empurrar a ferramenta embaixo do martelo	Manual	0:01:30	0:00:09			
6	0:01:30	Retirar o carrinho	Manual	0:01:34	0:00:04			
7	0:01:34	Posicionar a ferramenta	Manual	0:01:38	0:00:04			
8	0:01:38	Abaixar o martelo	Carrinho	0:01:44	0:00:06			
9	0:01:44	Colocar o porta espiga	Manual	0:01:48	0:00:04			
10	0:01:48	Apertar o porta espiga	Chave 32 mm	0:02:11	0:00:23			
11	0:02:11	Prender a ferramenta	Chave 32 mm	0:03:40	0:01:29			
12	0:03:40	Ligar a prensa	Manual	0:03:43	0:00:03			
13	0:03:43	Regulagem do martelo	Manual	0:03:53	0:00:10			
14	0:03:53	Regulagem da primeira peça	Manual	0:04:14	0:00:21			

Título da tabela: *Setup* da Prensa Excêntrica de 80 Ton – Situação Melhorada

Nº	\multicolumn{5}{c}{Setup da Prensa Excêntrica de 80 Ton. – Situação Melhorada}						Classificação			
	\multicolumn{5}{c}{Operador}					\multicolumn{3}{c}{Classificação}		
	Início	Descrição	Recursos Utilizados	Fim	Tempo	INT.	EXT.	DES.
1	0:00:00	Buscar carrinho (pré-setup)	Carrinho	0:00:00	0:00:00			
2	0:00:00	Posicionar o carrinho na Prensa	Carrinho	0:00:59	0:00:59			
3	0:00:59	Ajudar na retirada e colocação das ferramentas	Carrinho	0:01:30	0:00:31			
4	0:01:30	Levar a ferramenta até a banca	Carrinho	0:01:55	0:00:25			
5	0:01:55	Guardar a ferramenta na banca e apanhar a outra	Carrinho	0:02:36	0:00:41			
6	0:02:36	Levar a ferramenta até a Prensa	Carrinho	0:03:06	0:00:30			
7	0:03:06	Posicionar o carrinho	Carrinho	0:03:38	0:00:32			

Finalizando este capítulo sobre redução nos tempos de preparação e aproveitando para dar novamente ênfase na gestão a vista na fábrica dentro da estratégia de produção da ME, aproveito para mostrar uma boa alternativa hoje em dia, com o avanço da tecnologia digital, para incrementar as rotinas padrões com o uso de fotografias no documento, como se pode ver na Figura 8.36 na pasta desenvolvida pelo grupo de melhorias da estamparia desta empresa de confecção para a ROP do *setup* na célula 5.

Figura 8.36   Pasta da ROP para o *setup* na célula 5 da estamparia

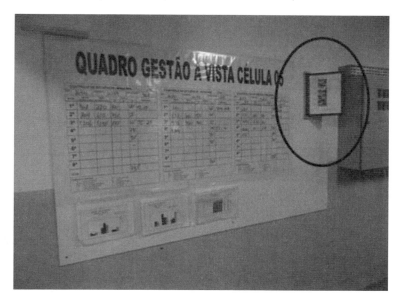

Já na Figura 8.37 apresento no detalhe uma parte da ROP desenvolvida pelo grupo de melhorias do beneficiamento para as atividades externas do *setup* da tinturaria na mesma empresa. Nesse caso, é apresentado, passo a passo com fotografias, como o tintureiro encarregado nesta semana pelo *setup* externo, que o grupo denominou de *milk run*, deve percorrer o setor para providenciar os insumos necessários para a retirada da malha tinta do Jet e colocação do próximo lote de malha crua.

O grupo de melhorias da tinturaria dessa empresa de confecções, assim como os demais trabalhos realizados por grupos de outros setores, obteve ganhos significativos com a aplicação da TRF, resumidos na tabela apresentada na Figura 8.38, chegando-se a 70% nas máquinas com quatro bocas. Nesse caso, como as máquinas possuem um tamanho de lote fixo por boca, os ganhos da aplicação da TRF não foram na redução do lote econômico, mas sim no sentido de buscar uma garantia da qualidade e do atendimento dos tempos de programação, muito importantes em uma empresa verticalizada, bem como um aumento de capacidade e produtividade do setor.

Figura 8.37　O uso de fotografias na ROP para tinturaria

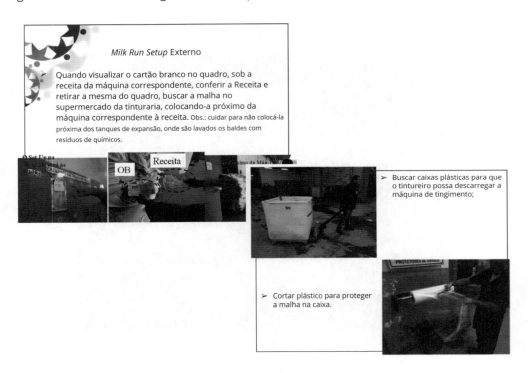

Figura 8.38　Redução nos tempos de *setup* na tinturaria

Máquina	Nº de Bocas	Tempo (Minutos) Método Antigo	Método Atual	Redução
35	2	33	16	52%
30	2	33	16	52%
20	4	66	20	70%
36	1	17	12	29%

E aqui chegamos ao fim da descrição dessa forma particular de ver a manufatura enxuta como uma estratégia de produção. Nestes oito capítulos tentei descrever com a ajuda do nosso ciclo virtuoso, e algumas piadas para relaxar, como as diferentes práticas, ou ferramentas, dessa estratégia interagem para melhorar a eficácia dos sistemas produtivos. Busquei ater-me às questões que entendo e que pratiquei em minhas experiências de forma a pontuar ao máximo a teoria desenvolvida como professor universitário com a vivência em algumas empresas que, acreditam, como eu, ser esse um caminho viável para crescer, com base no treinamento de seus colaboradores e estímulo à participação nos grupos de melhorias. Deixo novamente meus agradecimentos a essas empresas e seus colaboradores por me permitirem palpitar em seus processos produtivos e crescer enquanto engenheiro de produção. No mais, meus caros leitores, PT saudações a todos, e nos encontramos pelas marolas da vida.

BIBLIOGRAFIAS HISTÓRICAS CITADAS

IMAI, Masaaki. *Kaizen*: the kay to Japan's competitive success. New York: McGraw--Hill, 1986.

_____ . *Kaizen*. São Paulo: MacGraw-Hill, 1989.

LUBBEN, Richard T. *Just-in-time*: uma estratégia avançada de produção. São Paulo: MacGraw-Hill, 1989.

MONDEN, Yasuhiro. *Sistema TOYOTA de Produção*. São Paulo: IMAM, 1984.

OHNO, Taiichi. *Toyota production system*: beyond large-scale production. Portland: Productivity, Inc., 1988.

_____ . *O sistema Toyota de produção*: além da produção em larga escala. Porto Alegre: Bookman, 1997.

SHINGO, Shingeo. *A revolution in manufacturing*: the SMED System. Cambridge: Productivity Press, 1985.

_____ . *Sistema de troca rápida de ferramentas*: uma revolução nos sistemas produtivos. Porto Alegre: Bookman, 2000.

TUBINO, Dalvio F. *Planejamento e controle da produção*: teoria e prática. São Paulo: Atlas, 2007.

WOMACK, James P. et al. *The machine that changed the world*. New York: Rawson Associates, 1990.

WOMACK, James P. et al. *A máquina que mudou o mundo*. Rio de Janeiro: Campus, 1992.

Formato	17 x 24 cm
Tipologia	IowanOldSt BT 10/13,5
Papel	Offset Sun Paper 75 g/m² (miolo)
	Supremo 250 g/m² (capa)
Número de páginas	336
Impressão	Bartira